U0139245

劉文起著

文史哲學集成
三〇〇八

王符《潛夫論》所反映之東漢情勢

文史哲出版社印行

國立中央圖書館出版品預行編目資料

王符《潛夫論》所反映之東漢情勢 / 劉文起著.
-- 初版. -- 臺北市 : 文史哲, 民84
面; 公分. -- (文史哲學集成 ; 353)
ISBN 957-547-988-2(平裝)

1. 潛夫論 - 評論 2. 中國 - 歷史 東漢(25-220)

122.81 84013754

文史哲學集成 353

王符《潛夫論》所反映之東漢情勢

著者：劉文起
出版者：文史哲出版社
登記證字號：行政院新聞局局版臺業字五三三七號
發行人：彭正雄
發行所：文史哲出版社
印刷者：文史哲出版社
台北市羅斯福路一段七十二巷四號
郵撥○五一二八八一二彭正雄帳戶
電話：三五一一○二八
實價新台幣四四○元
中華民國八十四年十二月初版

版權所有・翻印必究

ISBN 957-547-988-2

自序

昔嘗讀范蔚宗《後漢書》，深服其褒尚學術，表章節義，范氏夙恥爲文士，常謂情意所託，當以意爲主，以文傳意，言之皆有實證，則可以無浮夸空虛，工巧圖繢之累。其於獄中與諸甥姪書，有所謂「以意爲主，則其旨必見，以文傳意，則其詞不流」者，此固《後漢書》爲後世所稱道處，而其志貴德義，抑勢力，進處士，黜奸雄，尤爲可觀，王鳴盛曰：「論儒學則深美康成，褒黨錮則推崇李杜，宰相多無述而表逸民，公卿不見采而推尊獨行」《十七史商榷》，蓋范氏立言如此，誠可極於遠古矣。

唯今於范氏之書，乃有意未安者，《後漢書》以王充、王符、仲長統三人同傳，並盛稱王充「好論說，始若詭異，終有理實」；王符「指訐時短，討謫物情，足以觀見常時風政」；仲長統「性俶儻，敢直言，不矜小節」，三子皆作實言，非爲空談，然范〈論〉乃曰：「數子之言當世失得皆究矣，然多謬通方之訓，好申一隅之說。貴清靜者，以席上爲腐議，束名實者，以杜下爲誕辭，或推前王之風，可行於當年，有引救敝之規，宜流於長世，稽之篤論，將爲敝矣。」〈贊〉並以「舉端自理，滯隅則失」譏之，是非然否，兩疑則惑，王充《論衡》，治之者衆，仲長統《昌言》，僅留輯本，王符《潛夫論》篇雖完足，而治之尚鮮，其書「洞悉政體似《昌言》，而明切過之，辨別是非似《論衡》，而醇正過之。」《四庫全書總目提要》竊雖不敏，固嘗有志於斯矣。

《潛夫論》三十六篇，人文化成之勝義，洵足多見，故前史列之於子部儒家，唯其揭舉時敝處，誠可比於史傳，足以爲法，乃今日治秦漢史者，雖偶或徵引，實未能探賾索隱，求其會通，治兩漢思潮者，或崇論閎議，殊難免空虛寡實之失，故今茲所作，合史實義理而爲之，以明東漢凌遲之際，王符書生道義可貴之意。

全書二十餘萬言，計分六章，第一章緒論，介紹王符其人及其書；第二章至第五章，分就東漢之政治、經濟、社會、羌亂諸多情勢，既稽其史實，探其原因，並指陳王符之因應之道，以明其議論前後，條理秩然之脈絡；第六章結論，乃論述王符著述旨趣，闡釋《潛夫論》一書之時代意義。凡所立論，既求明其出處，亦圖詳其所指，然臆斷疏陋之失，恐不能免，知音碩學，幸教之誨之。

劉文起　序於汐止山居

中華民國八十四年十二月

王符《潛夫論》所反映之東漢情勢目次

第一章　緒　論

兩漢四百年間，無論學術、文治、武功諸事，所謂「號令文章，煥焉可述」《漢書．武帝紀贊》、「功光祖宗，業垂後嗣」《漢書．宣帝紀贊》，實有輝煌之成就。唯一般而言，東漢治績，實遠遜於西漢，故紹續鴻業，亦僅限於光武、明、章而已，其後均因外戚專權，宦官得勢，及豪門權貴之助紂爲虐，遂使王朝政經失序，社會貧富對立，國防外患頻仍，而致國家整體結構瀕於瓦解。和、安之後百餘年間，當朝上下既多非其人，政教舉措，復漫無章法，東漢之將亡，實屬必然。唯此須指陳者，雖處變局之中，仍有志士君子，不甘淪亡，挺身而起，力挽狂瀾，故清顧炎武《日知錄》嘗寄以贊美曰：「光武……尊崇節義，敦厲名實，所舉用者莫非經明行修之人，而風俗爲之一變。至其末造，朝政昏濁，國事日非，而黨錮之流，獨行之輩，依仁蹈義，舍命不渝，風雨如晦，鷄鳴不已。三代以下，風俗之美，無尙於東京者，故范曄之論，以爲桓靈之間，君道粃僻，朝綱日陵，國隙屢啓，故自中智以下，靡不審其崩離，而強權之臣，息其闚盜之謀，豪俊之夫，屈於鄙生之義，所以傾而未顚，決而未潰，皆仁人君子心力之爲，可謂知言者矣。」〈卷十七〉王符雖未登仕宦，未與論朝議，然亭林先生所言仁人君子者，王符則實爲佼佼者，《潛夫論》一書，即其風化時政之心力所爲者。唯王符其人及其書，前人所記，頗多語焉不詳處，故先分節述之。

第一節　王符生平介紹

范曄《後漢書》以王符與王充、仲長統同傳，王符本傳扣除「著其五篇云爾」一語及相關《潛夫論》五篇文字後，言及王符生平之處，實未爲詳盡，范曄曰：

王符字節信，安定臨涇人也。少好學，有志操，與馬融、竇章、張衡、崔瑗等友善。安定俗鄙庶孽，而符無外家，爲鄉人所賤。自和、安之後，世務游宦，當塗者更相薦引，而符獨耿介不同於俗，以此遂不得升進，志意蘊憤，乃隱居著書三十餘篇，以譏當時失得，不欲章顯其名，故號曰《潛夫論》。其指訐時短，討讁物情，足以觀見當時風政，……後度遼將軍皇甫規解官歸安定，鄉人有以貨得鴈門太守者，亦去職還家，書刺謁規，規臥不迎，既入而問：「卿前在郡食鴈美乎？」有頃，又白王符在門，規素聞符名，乃驚遽而起，衣不及帶，屣履出迎，援符手而還，與同坐，極歡。時人爲之語曰：「徒見二千石，不如一縫掖。」言書生道義之爲貴也。符竟不仕，終於家。〈王符傳〉

二百餘字中雖略事述及王符身世、志節、交往及著書旨趣，然其生卒記載，竟付闕如。依後人考定，王符之生卒年歲，計有如下多種考述：

有以爲不可考者：如《四庫全書總目提要》曰：

> 符生卒年月不可考。

有以爲生於和、安之際，卒於桓、靈之際者：如容肇祖曰：

> 王符……生約在漢和帝安帝間（公曆紀元前後的幾年中）。（註一）

侯外廬等人亦曰：

> 他的生年似不致前于馬融（馬融生于章帝建初四年，享年八十二歲），卒年不得後于皇甫規（皇門規卒于靈帝熹平三年，享年五十一歲），因此他的生年約在和、安之際，卒年約在桓、靈之際。（註二）

有以爲生於章帝末年、和帝初時，卒於桓帝延熹八年以前者：如金發根一則曰：

> 王符既與馬融等人爲友，則其年齡當與彼等相若，所以我們似可先假定他也生於章帝建初時期。（註三）

二則又曰：

> 如果王符是生於建初四、五年前後，則其時已是八十餘歲的老翁，去造訪皇甫規時，在常理上，皇甫規對他當執長輩之禮，而不應援其手而還。因此我們可以修正前述的假定，王符出生應比其友人馬融等爲晚，可能在章帝末年，或和帝初年。（註四）

而論王符之卒年，金先生曰：

至於他的卒年，則證據較少，但是就往訪皇甫規一事，至少延熙六年時他還活著，從傳末「符竟未仕，終於家」一語看來，他在延熹六年之後還活了幾年。我推想至遲在延熹八年以前已經去世，不至於晚到桓靈之際，王符大約享年七十五歲左右。（註五）

有以爲生在章帝末、和帝初，卒於桓、靈之際，或靈帝初年者：如賀凌虛曰：

金氏指證容肇祖等人所推定王符生於和帝、安帝之間爲不足信，實在相當合理，原因王符如果生於和帝、安帝之間，他將較馬融等人年輕二十幾三十歲，當他弱冠之時，馬融、竇章、張衡、崔瑗等人，或同校書東觀，或爲太史令，或爲貴戚吏，並均從此宦達，他似乎沒有機會跟他們爲友，尤其是〈救邊〉等四篇所描述，應屬永初至元初的羌亂無疑，那麼其時他大不了才十歲左右，縱令該幾篇不是成書於當年，但亦難有如此翔實、深刻的親身經歷。……因此金氏認爲王符係生於章帝末或和帝初的推論是可以接受的。……我們又憑什麼因爲該傳在他於延熹六年過訪皇甫規之後即無所記敘，而斷定他必然在延熹八年以前，亦即在其間一年多的時間內去世，而不能多活三、五年，亦即可能活到桓靈之際，或靈帝初年呢？似乎他的卒年比他的生年還不易斷定，但他活了七十多至八十歲，大致應無問題。（註六）

有以爲生在章帝建初五年前後，卒在延熹六年稍後者：如劉紀華曰：

《後漢書》本傳中所載的四人，年齡盡皆相若，便不是一件偶然的事，當爲范蔚宗有心安排，藉以說明王符之生年亦與此四人相若。……此四人既皆生於章帝建初年間，則王符便不當獨獨例外，所以我們可以假定王符的生年是在建初五年前後的一、二年中。……四人既皆在三十歲以後始入仕，……王符不得升進，所試之時，亦絕非一日，故而「志意蘊憤，乃隱居著書三十餘篇」一定是三十歲以後的事了。《潛夫論》一書中〈勸將〉、〈救邊〉、〈邊議〉、〈實邊〉等四篇已可確考爲安帝永初羌亂禍起之時的作品，約完成於西元一一一——一一六年之間，若王符其時是三十餘歲，則向前推論，王符的生年自然應在西元八十年前後，而與張衡、崔瑗、馬融、竇章等人相若了，……其友馬融既卒於延熹九年，則王符卒於延熹六年稍後，便不是不可能的事了。（註七）

有以爲生於章帝建初五年，卒於桓靈之際者：如王步貴曰：

王符的生年當跟其摯友差不多，所以推斷王符的生年，大約也是在東漢章帝建初五年，即公元八〇年前後。……皇甫規解官歸安定是在桓帝延熹五年（公元一六二年），以此推斷，他的卒年當在東漢桓、靈之際，即約在公元一六七年左右，享年可能在八十歲以上。（註八）

有以爲生於章帝建初七年，卒於桓、靈之際者：如劉文英曰：

據《東觀漢記·符瑞志》記載，章帝建初七年，岐山發現一個銅器，形似酒罇，采色青黃，刻有古文。同時又捕到一隻十分罕見的白色的野鹿，一下子轟動天下。岐山與安定，上古同屬雍州，……因此岐山天降銅罇和白鹿的事，當時在安定一定家喻户曉。正因爲王符出身在這個時候，恰好遇此天命之『符』，所以他的父祖以此爲兒子取名，也是討個吉祥。……如果我們的推測可以成立的話，那麼王符的生年應該是公元八二年，他比馬融、張衡等人小三、四歲，但仍然屬於同輩。……公元一六二年，爲漢靈帝延熹五年，這是皇甫規解官歸安定和王符拜訪皇甫規的時間，若以此年爲卒年，則王符拜訪皇甫規後同年即去世。以情理推之，史傳未稱王符當時有疾，他在見到皇甫規後似還應有幾年的活動。所以斷在桓、靈之際，即公元一六七年左右，比較恰當。那樣，王符在見皇甫規後還生活了五年，享年在八十五歲上下。（註九）

上述諸說，《四庫全書總目提要》以范史未載王符生卒年月，故言不可考，此實失於草率；後此諸說，雖各有考定，而精粗不同，先以王符生年言之，侯外廬等人所論者，恐不可據信，蓋其推論先以王符嘗與馬融、皇甫規等人來往，故定王符生年似不致前於馬融，卒年則不得後於皇甫規，其說雖似合理，然前後包含之時間乃長達九十五年（從建初四年至熹平三年），王符能否如此長壽，實不無疑問，恐侯氏等人亦嘗疑惑於此，故又稱王符生年「約在和安之際，卒年約在桓靈之際」，較之建初四年，已將王符生年延後約二十餘年，而卒年則提前五、六年，變易既鉅，又未見論證，此實可怪；金發根先生先以《潛夫論》〈勸將〉、〈救邊〉、〈邊議〉、〈實邊〉等四篇，乃「安帝永初元年涼州羌亂之後未久，大約五年至十年之內寫定」，並稱倘如容肇祖所說，王符乃生於和安之際，「則其時還只有十餘歲，以〈救邊〉這四篇見解的成熟，所提建議的中肯，所記羌亂之翔實，邊民遭遇之慘，以及彼等呼號之沉痛，斷乎不是一個十餘歲的大孩子所能寫成的。范蔚宗的《後漢書西羌傳》有許多處即是引自這四篇的原文，可見容肇祖等人之說不足信。」其說誠是，然金先生又以章帝建初四年，王符已八十餘歲，與皇甫規相見，「皇甫規對他當執長輩禮，而不應援其手而還」，故修正其原先之假定（王符生於建初時期），而謂王符當生於章帝末、和帝初。是吾人今所欲斟酌者，依金先生所指，《潛夫論》一書，乃「王符在安帝永初五年之後，桓帝元嘉二年以前（西元一一一－一五二）寫成的」，倘從嚴解釋，王符若生於章帝末，和帝初（西元八八－八九），則王符寫作最早之年紀爲二十三歲，姑不論能否寫成如此成熟且爲范史徵引之文字，以馬融、張衡、竇章、崔瑗四人均在三十歲以後始入仕（註一〇），則與馬融等人夙相友善之王符，在二十三歲時，即「不得升進，志意蘊憤，乃隱居著書」，恐未合常理（若以王符生年與馬融相近較之，即無此情理不通處），而皇甫規與王符相見，觀皇甫規「驚遽而起，衣不及帶，屣履出迎」，此固因規「素聞符名」，然又豈非因王符年長之故？「援符手而還」者，援應爲扶持之意。故諸說之中，當以劉說爲近是。其餘若王步貴雖同劉說，但論證不精：劉文英以銅鐏白鹿爲證，恐係臆測，不待辯矣。

次論王符之卒年，此較其生年尤難推斷，侯氏等以爲王符當卒於桓靈之際，則較其「卒年不得後于皇甫規」之推斷依據，實已上推約五、六年，此除爲配合論定王符生於和安之際以合常理外，別無實質意義；王步貴亦以爲王符卒年在桓靈之際，其說之疏失，除不知皇甫規解官歸安定，乃在延熹六年，而非延熹五年（案：據皇甫規本傳，延熹五年，皇甫規「坐繫廷尉，論輸左校」；其「會赦，歸家」之時，依〈桓帝紀〉，乃六年三月戊戌日），即從延熹五年至桓靈之際，又有五年差距，王氏於此亦未明言其所以然之故；其他諸家之說，皆以延熹六年王符與皇甫規會見爲據，並推斷王符卒年當在延熹六年之後，近者或以爲在延熹六年稍後（劉紀華說），遠者則稱在靈帝初年（賀凌虛說），差距雖不爲大，然正確時間，則實難斷定，劉文英曰：「公元一六二年爲漢桓帝延熹五年，這是皇甫規解官歸安定和王符拜訪皇甫規的時間。若以此年爲卒年，則王符拜訪皇甫規後同年即去世。以情理推之，史傳未稱王符當時有疾，他在見到皇甫規後，似還應有幾年的活動，所以斷在桓靈之際，即公元一六七年左右，比較恰當。」劉氏以延熹五年爲皇甫規解官歸家之時，誤與王說相同，以王符「在見皇甫規後還生活了五年」，亦難謂精準，唯其推論之理，則較爲中肯。

王符生卒年歲，既如前所述（生於章帝建初五年，卒於桓帝延熹末年），則王符一生，正處東漢中後期，惟《潛夫論》所揭舉之諸種弊端，既有「古今共有之失」，亦有「當世獨具之弊」，「共失爲論政之本，獨弊則可見史實之變化」（註一一）。故王符於書中指訐之處，固不當單以東漢中後期獨有現象視之，實宜涵蓋整體東漢二百年而論（甚或可以上推西漢，下溯靈獻言之），然則拙著所以稱《王符潛夫論所反映之東漢情勢》者，即以此故。

第二節　《潛夫論》介紹

王符書名《潛夫論》著，范曄嘗釋之曰：「王符著書三十餘篇，以譏當時失得，不欲章顯其名，故號曰《潛夫論》。」乃後人頗有不以范說爲然者，如賀凌虛據〈敍論〉篇王符自述著書之動機，所謂「夫生於當世，貴能成大功，太上有立德，其下有立言，闒茸而不才，无器能當官，未嘗服斯役，無所效其勛，中心時有感，援筆記數文，字以綴愚情，財令不忽忘，芻蕘雖微陋，先聖亦咨詢，草創敍先賢三十六篇，以繼前訓。」而稱：「具見他著書的目的，在所以獻議立言，以備執政者採納，冀能有功於世。他雖未明謂欲求顯名，但並無不欲顯名之心，因此范曄對潛夫論一名的解釋，不無商榷的餘地。其眞正的意義，該與清人所用的《野叟曝言》書名相類，乃表示草民芻議之意，與求名或不求名實無所關聯。」（註一二）；劉文英據《周易．乾卦．文言》：「潛之爲言也，隱而未見，行而未成，是以君子弗用也。」而曰：「《潛夫論》者，潛夫之論，潛夫爲作者自謂，……潛夫首先表明作者是一位隱居山野，身在下位的處士，同時還表現了作者對于自我價值的一種認識和對世俗、時代的一種抗議，……范曄認爲潛夫之義是王符不欲章顯其名，這種看法是很膚淺的。」（註一三）

賀、劉二說，實有可以商議處，賀說先稱王符著書，雖未明謂欲求顯名，「但並無不欲顯名之心」，故以范氏所稱王符「不欲章顯其名」爲可議。王符有無「不欲顯名之心」，今檢以〈敍錄〉王符所稱「予豈好辯？將以明眞」二語，則王符著書固在揭舉事實眞相，其不欲章顯名聲，實可無庸置疑；賀說又以清人《野叟曝言》與《潛夫論》相比較，尤殊爲非是，蓋《野叟曝言》乃夏敬渠所作，夏氏「康熙間幕遊滇黔，足跡遍天下，抱奇多異，鬱鬱不得志，乃發之於是書。」（註一四），雖終身未仕，而與王符相同，然《野叟曝言》一書，實爲夏氏炫耀才學之作（註一五），其遊戲、幻想之成份，固比比皆是，與王符指訐時短討謫物情，實不相同，若必欲以草民芻議比況二人相似處，則夏氏欲迎鑾所獻書，乃《綱目舉正》，《浣玉軒集．自擬進綱目舉正表》云：「《綱目舉正》，蓋欲舉《綱目》中不正之論而悉正之也。而家貧身老，不刻匍匐入都，置篋有年，獻芹無路。」（註一六）而非《野叟曝言》也；又劉氏稱范曄之說爲「膚淺」，實則范曄所以稱王符「不欲章顯其名」者，當合上文「隱居著書」、「以譏當世失得」，下文「指訐時短」、「討謫物情」而觀之，此皆王符所稱「予豈好辯？將以存眞」（〈敍錄〉之意，以「膚淺」譏之，豈非過苛？唯劉紀華以「入世的潛夫」比況王符，盛稱其「滿懷淳厚熱烈的情感，摯愛人生，關切家國社會，救人救世是他們不變的本旨，而不移不屈，卻又是他們嚴守的原則。他們的潛隱，乃是要以堅強的志操，與同流而不合污的自由之身，更痛切，更客觀的指陳政風民俗的得失，所以他們是以獨善之己身，抱兼善之理想，不架空高談，而實實在在的落腳在人世之上，接受時代潮流的一切沖擊，卻又能於潮流中屹立不倒。王符便是這樣一位入世的潛夫。」《王符與潛夫論．序》此與范曄所言，實爲相合。

《潛夫論》三十六篇之成書時間，清《四庫全書總目提要》曰：「本傳之末，載度遼將軍皇甫規解官歸里，符往謁見事。規解官歸里，據本傳在延熹五年，則符之著書在桓帝時，故所說多切漢末弊政。惟桓帝時，皇甫規、段熲、張奐諸人屢與羌戰，而其〈救邊〉、〈邊議〉二篇乃以避寇爲憾，殆以安帝永初五年嘗徙安定、北地郡，順帝永建四年始還舊地，至永和六年又內徙，符安定人，故就其一鄉言之耶？」周中孚《鄭堂讀書記》亦曰：「以其本傳考之，節信之著書，當在桓帝之世。」二說皆失於疏略，故近世學者，多有考證（註一七）。綜合言之，先就全書之成書時間言之，依前文所言，王符與馬融等四人年皆相近，四人初入仕之年齡，皆在三十歲以後，王符「不得升進，志意蘊憤，乃隱居著書」，亦當在三十歲前後，而〈勸將〉、〈救邊〉、〈邊議〉、〈實邊〉等四篇，如金發根先生之考定爲安帝永初羌亂初起五年至十年之間寫定，若以永初五年所寫之〈勸將〉言之，此不獨可據以明證章帝建初五年出生之王符，正值三十歲左右，仕宦靡途，隱居著書，此篇亦正爲三十六篇中之最早者，若就《潛夫論》書中，未言及黨錮之禍論之，則《潛夫論》全書至遲至桓帝元嘉二年應已寫成（王符卒於桓帝延熹六年稍後，享年八十餘歲，晚年不復論述著書，亦人情常事）；次就單篇之撰述時間而論，今日所能考見者，如劉文英據「聖漢踐祚，載祀四八」，考定〈考績〉篇應不晚於西元一二四年，即安帝延光三年（註一八）；劉氏又據「邊既遠門，太守擅權。臺閣不察，信其姦言。令壞郡縣，敺民內遷。今又丘荒，慮必生心，故敍〈實邊〉第二十回」之言，乃定〈敍錄〉篇完成於安帝永初五年至順帝永建四年之間（註一九）；〈述赦〉篇則吾人可據順帝陽嘉三年詔曰：「嘉與海內洗心更始，其大赦天下，自殊死以下謀反大逆諸犯不當得赦者，皆赦除之。」《後漢書．順帝紀》以與此篇王符所稱：「今不顯行賞罰以明善惡，嚴督牧守以擒姦猾，而反數赦以勸之，其文常曰：『謀反大逆不道諸犯，不當得赦，皆除之，將與士大夫灑心更始。』歲歲灑之，然未嘗見姦人冗吏，有肯變心悔服稱詔者也。」相參驗，知王符所指，正就陽嘉三年詔書而言，則〈述赦〉篇當寫於順帝陽嘉三年之後；〈勸將〉等四篇，金發根先生考定爲安帝永初羌亂初起五年至十年之內寫定，其說誠是，另據《後漢書．龐參傳》載永初四年羌亂轉盛，龐參奏記於鄧騭，中有「參前數言宜棄西域，乃爲西州士大夫所笑」之言，西州士大夫，即指王符而言，王符所笑云云，《潛夫論》中，〈救邊〉曰：「前羌始反，公卿師尹咸欲捐棄涼州，卻保三輔，朝庭不聽，後羌遂侵略，而論者多恨不從咸議，余竊笑之，所謂媾亦悔，不媾亦有悔者爾。」〈邊議〉亦曰：「今邊陲搔擾，日啓族禍，百姓晝夜望朝庭救己，而公卿以爲費煩不可，徒竊笑之。」即其事也，此皆可以證成金說；〈交際〉篇，王符有言曰：「今則不然，多思遠而忘近，背故而向新，或歷載而益疎，或中路而相捐。」又曰：「夫處卑下之位，懷〈北門〉之殷憂，內見謫於妻子，外蒙譏於士夫，嘉會不從禮，餞御不逮衆，貨財不足以合好，力勢不足以杖急，歡忻久交，情好曠而不接，則人無故自廢疎矣。」王符所以作此言者，既欲以譏時俗之以浮華功利相尙，殆亦有一己自況之意，蓋馬融、竇章二人少雖與王符友善，然入仕後皆顯貴（竇章之女於順帝初年選入宮庭有寵，與梁皇后并爲貴人，竇章擢爲羽林郎將，遷屯騎校尉，其女早卒，順帝待之無衰，遷少府，又轉大鴻臚；馬融早年仕進，原不順遂，安帝時忤鄧氏，滯於東觀，十年不得調，順帝陽嘉二年，詔舉敦樸，馬融徵詣公車，對策，拜議郎，大將軍梁商表爲從事中郎，轉武都太守，桓帝時又爲南郡太守），王符性耿介而不同於俗，彼此之際，自益形疏遠，然則〈交際〉篇，或成於馬融、竇章仕途高升之順帝之後，亦未可知；又〈志氏姓〉篇，王符有言曰：「太后崩後，群姦相參，競加譖潤，破壞鄧氏，天下痛之。」鄧太后崩於安帝永寧二年，則此篇當寫成於安帝永寧二年之後，可以無疑。除此之外，其餘二十餘篇，皆無從知之矣（註二〇）

王符《潛夫論》自《隋書·經籍志》以下，歷代官私書目，均有著錄，今所傳版本以錢遵王述古堂景宋寫本最早（商務印書館《四部叢刊》本即據此本影印），明本則有黃丕烈士禮居舊藏明刻本，首尾完好，現藏北京圖書館，另有明胡維新《兩京遺編》本、程榮《漢魏叢書》本、何允中《廣漢魏叢書》本等，清嘉慶汪繼培撰《潛夫論箋》，乃據元刻《大德新刊》本，校以明程榮、何鏜二本，及他書所引者，「解謬達恉，傳信闕疑，博訪通人，致精極覈」《王紹蘭潛夫論箋序》，然汪氏未見宋本，所採類書，為數亦尠，故檢視其書，「精闢之見，雖所在多有，而疏略之處，蓋亦不免」《潛夫論集釋·凡例》，一九七九年四月中華書局有汪繼培《箋》與彭鐸《校正》合刊本，《校正》乃據北京圖書館所藏士禮居舊藏明刻本，馮舒校影宋寫本（即《四部叢刊》所收述古堂本）、及明刻《兩京遺編》本，并諸類書舊注所引覆校之，附識《箋》末，其增釋補正之處，千有餘條，實為王符功臣，同年十一月胡楚生先生又有《潛夫論集釋》一書問世，《集釋》之作，乃以《四部叢刊》景宋寫本為底本，佐以輔本九種（註二一），以相校讎，而古注類書，前賢識見，尤多所蒐羅，故書雖最為晚出，然於王符之書，所從事者，固用力最深（註二二），故拙著今茲所據，即以《集釋》為主。

《潛夫論》書中，王符自稱「中心時有感，援筆記數文」《敍錄》，其所欲申論者，范曄以為盡皆「指訐時短，討謫物情」之言，既足「以譏當時失得」，並可「觀見當時風政」，若詳言之，則書中所記述者，不獨為王符「親身遭受、目擊或耳聞的事」，且「該書的寫成與事實發生的時間相距甚近，所以《潛夫論》確是研究東漢最難得最可貴的直接史料之一。」（註二三）；而《潛夫論》所涉及者，非特「對東漢的政治及社會史實，有翔實的記載和比較客觀公正的批評」，亦且「對宇宙、鬼神、天道、人性、命運、知識等觀念，立君建國的目的，君臣的職責及其與人民的關係，取士、考課、制祿的制度，為政治國的原則，法令、教化的功用，富國、養民的方策等均有精闢的論述。」（註二四）質言之，東漢政治、經濟、社會、外患諸多弊端之揭露，及如何因應之道，即為王符著書之主要內容（即如宇宙、鬼神、天道、人性、命運、知識等觀念，王符亦莫不針對政治、社會而立論），前人嘗以「明達治體，所敷陳多切中得失，非迂儒矯激務為高論之比」《四庫全書簡明目錄》許之，洵為實言。故拙著於此，即以東漢之政治、經濟、社會、羌亂為綱，略事徵引，間有論斷，庶幾以明王符書生道義「剴切詳明，無所不備」《周泰元重刊《潛夫論》序》之意。

【附註】

註一　參見〈東漢幾個政治家的思想〉，文載國立第一中山大學語言歷史學研究所週刊第一集第二期。金發根先生曰：「『紀元』兩字之後，想是漏了『一百年』三字。」〈王符生卒年歲的考證及潛夫論寫定時間的推論〉。

註二　參見《中國思想通史》第二卷第十二章。又馬融享年八十八歲，皇甫規享年七十二歲，侯氏說失之不審。

註三　參見〈王符生卒年歲的考證及潛夫論寫定時間的推論〉，文載中央研究院歷史語言研究所集刊第四十本下冊。

註四　同註三。

註五　同註三。

註六　參見〈王符的生平、著作及其基本觀念〉，文載書目季刊第十二卷第一、二期合刊。

註七　參見《王符與潛夫論》第二章第一節。

註八　參見《王符思想研究》第二章。

註九　參見《王符評傳》第一章。

註一〇　參見劉紀華《王符與潛夫論》第一章第二節。

註一一　參見劉紀華《王符與潛夫論》第二章第一節。

註一二　同註六。

註一三　同註九。

註一四　見哈佛燕京學社木刻活字本《野叟曝言》附光緒七年知不足齋主人〈序〉。

註一五　清人之以小說見才學者，計有四種，《中國小說史略》以《野叟曝言》標於四種之首。夏氏炫耀才學種種，可參見王瓊玲〈野叟曝言光緒四年精鈔本析論——兼論野叟曝言版本問題〉，文載東吳大學中文學報第一期。

註一六　夏敬渠姪孫夏子沐嘗蒐集夏敬渠詩文史論，輯爲《浣玉軒集》，中有〈自擬綱目舉正表〉。

註一七　如金發根、賀凌虛、劉紀華、王步貴、劉文英等人均有考證，分見前註所引之相關著述。

註一八　劉文英曰：「漢代開國爲公元前二〇六年，歷經四八三百二十年，應是公元一一四年，即安帝元初元年。由於四八是舉其整數，本篇寫作絕不晚于公元一二四年，即安帝延光三年。」《王符評傳・第一章》。

註一九　劉文英曰：「東漢邊郡內遷，前後一共兩次。第一次在安帝永初五年（公元一一一年），詔令安定、北地、隴西三郡內遷（案：另有上郡徙衙，實爲四郡，劉氏說誤），至順帝永建四年（公元一二九年）始還舊地。第二次在順帝永和六年（公元一四一年），詔令安定、北地二郡內遷。參照〈實邊第二十四〉，此指第一次內遷，其時尚未還復舊地，因而本篇的寫作，必在安帝永初五年到順帝永建四年之間，即公元一一一—一二九年之間。」《王符評傳・第一章》

註二〇　金發根先生〈王符生卒年歲的考證及潛夫論寫定時間的推論〉文中，又以〈本政〉、〈思賢〉、〈浮侈〉諸篇王符之言，雖抨擊外戚，皆「辭約而義婉」，「也沒有明確的指爲何人」，但與《後漢書》梁冀本傳所載相參，則以爲王符所指外戚者，實指梁冀而言，梁冀伏誅於桓帝延熹二年，故金先生遂以此數篇爲延熹二年梁冀勢力徹底被剷除之前所作。案：王符抨擊外戚之言，除〈本政〉、〈思賢〉、〈浮侈〉之外，又見於〈述赦〉、〈賢難〉、〈斷訟〉諸篇，是王符之譏斥外戚，雖辭約義婉，乃屬全面亦且普遍，當非專指梁冀而言，一如〈勸將〉、〈救邊〉、〈邊議〉、〈實邊〉四篇，王符固以羌亂爲患之鉅，乃由當朝上下姑息怯懦之故，故雖多抨擊公卿權臣、郡守將帥之言，但王符亦並無專指某人而言，實不宜以主其事者如鄧騭、龐參、鄧遵、任尙之卒年以定此四篇之寫作時間。且〈浮侈〉篇中，王符論貴戚之奢侈浮華，除指斥其養生無度之外，並有喪葬逾制之言（文長不錄），若以此篇爲暗指梁冀而言，則應爲王符於梁冀被誅後寫成，而非延熹二年梁冀勢力徹底剷除之前所作，否則喪葬逾制，何所指乎？然眞實如何，難考定矣。

註二一 見《潛夫論集釋．凡例》。

註二二 計有「讎校本文之訛誤、訂正箋疏之疏謬、推揆立言之出處、勘定異說之是非、詮釋詞語之意義」諸事，詳見《潛夫論集釋．凡例》。

註二三 同註三。

註二四 同註六。

第二章 《潛夫論》所反映之東漢政治情勢

《潛夫論》本爲論政之書，王符嘗曰：「闒茸而不才，无器能當官，未嘗服斯役，無所效其勛，中心時有感，援筆記數文。」（〈敍錄〉），「无器能當官」，顯係自謙之語，實則王符所言，涵蓋面既廣，識見尤多不凡，故其人雖因耿介不同流俗，而「不得升進」（《後漢書．王符傳》），但其書「洞悉政體」（《四庫全書總目提要》），於東漢官場情勢，著墨甚多，此爲《潛夫論》一書之最大特色，而東漢政局種種，亦因《潛夫論》之闡釋，愈益彰顯明著。

東漢自光武建國，迄於靈、獻，立國近二百載，史家稱東漢國力不振，始自章帝之後（註一），王符身當章、和之際，終於桓、靈之前，帝國政局之由盛而衰，不獨親身驗證；桓、靈之後，帝國之瀕於喪亡，亦自有其合理之推演論斷，故《潛夫論》書中，全不見對和、安以後諸帝之謳歌頌揚，而感時傷懷之言，遂多見於字裏行間。今就書中所反映之東漢政治情勢，舉其犖犖大者，分述於后：

第一節 帝王天子之昏庸無能、權移臣下

漢世天子勢隆位重，尊無與上（註二），所謂「位臨臣庶，威重四海，動靜以禮，則星辰順序，意有邪僻，則晷度錯違」《後漢書・爰延傳》，天子之意旨與命令，夙爲政治決策之指標與行政律法之準則。而政制雖有其合理成份，卻因受限於一人專制之特性（註三），「便可使整個機構的活動爲之狂亂」《兩漢思想史》，徐復觀先生稱天下之「治」都屬「偶然的」、「亂」則屬「當然的」（註四），偶然與當然之分，全由帝王之一念及見聞知識所造成，故朝政雖有群臣百僚分工司職，並可向天子提供建言，然此合理成份之最終裁斷，仍屬帝王個人之專利，東漢中葉後諸帝之平庸愚劣，即爲此當然之理，提供鮮活之例證。

就史而論，東漢初始，光武以柔道治天下，「明愼政體，總攬權綱，量時度力，舉無過事。」《後漢書・光武帝紀》，爲東漢政局，奠定基礎；明帝奉建武制度，「善刑理，法令分明，日晏坐朝，幽枉必達，內外無倖曲之私，在上無矜大之色，斷獄得情，號居前代十二。」《後漢書・明帝紀》，故後世之言事，莫不先建武、永平之政；章帝一改明帝苛切政風，從事寬厚，「除慘獄之科，深元元之愛，著胎養之令，奉承明德太后，盡心孝道，割裂名都，以崇建周親，平徭簡賦，而人賴共慶，又體之以忠恕，文之以禮樂，故乃蕃輔克諧，群后克讓，謂之長者，不亦宜乎？」《後漢書・章帝紀》，章

帝以後諸帝，則因女主干政，戚宦橫行，凶豎得意，故史書貶斥實多，揄揚蓋寡，誠所謂「後嗣之愚主，見天下莫敢與之違，自謂若天地之不可亡也，乃奔其私嗜，騁其邪欲，君臣宣淫，上下同惡，目極角觝之觀，耳窮鄭衛之聲，入則耽於婦人，出則馳於田獵，荒廢庶政，棄亡人物，澶漫彌流，無所底極。」《昌言・理亂》，至若桓帝時，「五邪嗣虐，流衍四方」、「政移五倖，刑淫三獄」《後漢書・桓帝紀》，已是天怒人怨，莫此爲甚；靈帝以帝王之尊，更樂爲商賈弄狗之遊戲，「帝作列肆於後宮，使諸采女販賣，更相盜竊爭鬥。帝著商估服，飮宴爲樂。又於西園弄狗，著進賢冠，帶綬。又駕四驢，帝躬自操轡，驅馳周旋，京師轉放效。」《後漢書・靈帝紀》，而開西邸賣官，「自關內侯、虎賁、羽林，入錢各有差，私令左右賣公卿，公千萬，卿五百萬。」《後漢書・靈帝紀》，如段熲、樊陵、張溫等人，雖有功勤名譽，皆是先輸貨財而後登公位，更是窮斯爲濫，駭人聽聞；獻帝雖非昏蔽無知（註五），但徒施小惠，終無濟於大事，「獻生不辰，身播國屯，終亂四百，永作虞賓。」《後漢書・獻帝紀》，桓、靈所以如此，實因傚前之僻，終不能改正，前此諸帝之平庸無能，史冊具在，更是斑斑可考。王符於此，雖無力回天，然筆誅墨伐，全不見絲毫畏懼窘束，其對帝王天子之責難，尤其不遺餘力，有時或借古以諷：

> 治天下者，身處汙而放情欲，怠民事而急酒樂，近頑童而遠賢才，親諂諛而疏正直，重賦稅以賞無功，妄加喜怒，以傷無辜，故能亂其政以敗其民，弊其身以喪其國者，幽厲是也。〈德化〉

> 昔紂好色，九侯聞之，乃獻厥女，紂則大喜，以爲天下之麗，莫若此也，以問妲己，妲己懼進

御而奪己愛也，乃僞俯而泣曰：「君王年既耆邪，明既衰邪，何貌惡之若此，而覆謂之好也。」紂於是渝而以爲惡，妲己恐天下之愈進美女者，因白九侯之不道也，乃欲以此惑君王也，王而弗誅，何以革後，紂則大怒，遂脯厥女而烹九侯，自此之後，天下之有美女者，乃皆重室晝閉，唯恐紂之聞也。趙高專秦，將殺二世，乃先示權於眾，獻鹿於君，以爲駿馬，二世占之曰：「鹿。」高曰：「馬也。」二世收目獨視曰：「丞相誤邪，此鹿也。」高終對以馬，問於朝臣，朝臣或助二世而非高，高因白二世，此皆阿主惑上，不忠莫大，乃盡殺之，自此之後，莫敢正諫，而高遂殺二世於望夷，竟以亡。夫好之與惡，效於目，而鹿之與馬，著於形者也，己又定矣，還至讒妒臣妾之飾僞言而作辭也，則君王失己心而人物喪我體矣，況乎逢幽隱囚人，而待校其信，不若察妖女之留意也，其辨賢不肖也，不若辨鹿馬之審固也，此二物者，皆得進見於朝堂，暴質於心目矣，乃歡愛苟媚，佞說巧辯之惑君也，猶炫燿君目，變奪君心，便以好爲醜，以鹿爲馬，而況於郊野之賢，闕外之士，未嘗得見者乎？〈潛歎〉

季世之臣，不思順天，而時主是諛，謂破敵者爲忠，多殺者爲賢，白起蒙恬，秦以爲功，天以爲賊，息夫董賢，主以爲忠，天以爲盜，此等之儔，雖見貴於時君，然上不順天心，下不得民意，故卒泣血號咷，以辱終也。〈忠貴〉

遠則舉桀、紂、幽、厲，近則舉秦二世，漢哀帝爲例，影射東漢天子之昏庸無能，篇幅既長，文筆復犀利，王符怨憤之意，殆前所罕見。

借古以諷之外，王符亦深知「譬喻也者，生於直告之不明，故假物之然否以彰之」〈釋難〉之理，故於帝王天子之胡作爲非，復借醫療治病之理刺之，其言曰：

> 夫與死人同病者，不可生也，與亡國同行者，不可存也，豈虛言哉！何以知人之且病也，以其不嗜食也，何以知國之將亂也，以其不嗜賢也，是故病家之廚，非無嘉饌也，乃其人弗之能食，故遂於死也，亂國之官，非無賢人也，其君弗之能任，故遂於亡也。夫生飯秔粱，旨酒甘醪，所以養生也，而病人惡之，以爲不若菽麥糟糠飲清之食者，此其將死之候也，尊賢任能，信忠納諫，所以爲安也，而闇君惡之，以爲不若姦佞闒佞讒諛之言者，此其將亡之徵也。〈思賢〉
>
> 夫治世不得眞賢，譬猶治疾不得眞藥也，治疾當得眞人參，反得支羅服，當得麥門冬，反得烝穬麥，己不識眞，合而服之，病以侵劇，不自知爲人所欺也，乃反謂方不誠而藥皆無益於療病，因棄後藥而弗敢飲，而便求巫覡者，雖死可也；人君求賢，下應以鄙，舉直下應以枉，己不別眞，受而官之，國以浸亂，不自知爲下所欺也，乃反謂經不信而賢皆無益於救亂，因廢眞賢，不復求求進，而更任俗吏，雖滅亡可也。〈思賢〉

王符嘗謂「凡治病者，必先知脉之虛實，氣之所結，然後爲之方，故疾可愈而壽可長也。爲國者，必先知民之所苦，禍之所起，然後設之以禁，故姦可塞，國可安矣。」〈述赦〉，眞賢如同良醫眞藥，不惟可去苦除禍，亦可移風易俗，回心向道，然「忠臣必待明君，乃能顯其節，良吏必得察主，乃能成其功」〈明忠〉，志士賢人之際遇，常是「脩善則見妬，行賢則見嫉」〈賢難〉，「妬媢之攻擊，亦誠工矣，賢聖之居世也，亦誠危矣」〈賢難〉，既有詆訾之法傷之，復有譎妬之臣害之，前爲「伐賢之斧」，後實「噬賢之狗」〈潛歎〉，人君「內秉伐賢之斧，權噬賢之狗，而外招賢，欲其至也，不亦悲乎？」〈潛歎〉

又有言者，《潛夫論》之論政，尙賢說爲其一貫主軸（註六），尙賢本爲吾國傳統之政治主張，王符有循於此，原不足爲奇，然竟以之爲論政主軸，則漢天子之冥頑不靈，實極特異，故王符除借喻以諷外，時亦有疾言直斥之論：

今不顯行賞罰以明善惡，嚴督牧守以擒姦猾，而反數赦以勸之，其文常曰：「謀反大逆不道諸犯，不當得赦，皆除之，將與士大夫灑心更始。」歲歲灑之，然未嘗見姦人宄吏，有肯變心悔服稱詔者也。〈述赦〉

王符所言灑心更始云云，檢《後漢書．順帝紀》所載陽嘉三年詔書，正與此同，則此文針對順帝而發，可以無疑；王符又於〈敍錄篇〉載其作〈賢難〉及〈明闇〉二篇之原由曰：「惟賢所苦，察妒所患，皆嫉過己，以爲深怨，或因類釁，或空造端，痛君不察，而信讒言，故敍〈賢難〉第五。」「原明所起，述暗所生，距諫所敗，禍亂所成，當塗之人，咸欲專君，壅蔽賢士，以擅主權，故敍〈明闇〉第六。」既痛人主之不能進賢用賢，復痛其不納箴規，王符所言，非徒託之空言，實對時主而立論。且漢天子之無能，不獨表現於權移臣下而致朝政董理無效，王符並以其處理邊患之能力爲憂，今分述後后。

先就前者言之，東漢天子無能，其因雖多，然權移近臣如戚宦、尙書者，遂使三公虛位備員，官僚體系紊亂，實爲重要原因，蓋西漢初始，承襲秦制，設丞相或相國擔任中樞重職，掌佐天子助理萬機，（太尉僅掌兵事，御史大夫掌理法度，爲丞相之副，丞相爲三公之首），所謂「王者待以殊敬，在輿爲下，御座爲起，入則參對而議政事，出則監察而董是非，漢典舊事，丞相所請，靡有不聽。」《後漢書．陳寵列傳附陳忠傳》，國有大事，輒下丞相、御史大夫決定，二者權力既大，二府之組織亦極龐大，成爲最高之權力機構。「三公之職，無所不統」《後漢書．楊震列傳附楊秉傳》，皇權對相權，誠所謂「任之重而責之輕」《後漢書．仲長統傳》。唯自武帝後，爲鞏固皇帝專制之權，不獨削減相權，亦且專選「無他材能術學，又無閥閱功勞」《漢書．車千秋傳》之輩，出任相職，以便掌控，武帝前後計任用十三人爲相，被迫自殺或下獄處死者，即有五人，所謂丞相，僅只娖娖廉謹，備員而已，「非用賢也，妄一男子上書，即得之矣。」《漢書．車千秋傳》，丞相府反成爲「馬廄、車庫、奴婢室」《漢書．公孫弘傳》，相權之低落，由此可見。

東漢以三公（太尉、司徒、司空）並相，天子有事，雖問下三公，三公連名奏上，然「中世之選三公也，務於清慤謹慎，循常習故者，是婦女之檢柙，鄉曲之常人耳，惡足以居斯位邪？勢既如彼，選又如此，而欲望三公勳立於國家，績政加於生民，不亦遠乎？」《後漢書．仲長統傳》，東漢三公地位之低落，已與西京武帝後殊無二致。

相對於三公地位之低落，戚宦、尚書之地位反日趨尊隆。戚宦尊崇，詳見下節，此處專就尚書言之。尚書之職，兩漢大致相近，有尚書令，尚書僕射，列曹尚書（西漢有常侍曹，二千石曹，民曹，主客曹，三公曹，五曹：東漢則爲三公曹，吏部曹，民曹，客曹，二千石曹，中都官曹，六曹）及丞、郎等。但西漢僅有五曹，尙書郎不過四人，分掌尙書；東漢則有六曹，尙書郎增至三十六人之多，每曹六人，又另置令史三人，後增劇曹三人，合二十一人，成員已較西漢爲多。尤其三公曹尙書「主歲盡考課諸州郡事」（《晉書·職官志》），吏部曹「主選舉」（同上），「可以說是尙書臺侵犯三公職權的顯証」（註七）。蓋自武帝之後，漢天子既貶抑相權，權歸天子，自不能無有親信爲之分勞，尙書之權力遂日益加重，機構亦不斷擴大，「雖置三公，事歸臺閣」（《後漢書·仲長統傳》），東漢時尙書更權傾一時，而由天子寵信親近之人，於本官之外，復以「錄尙書事」（西漢則是「平尙書事」、「領尙書事」）之加官名義，參與機要，更是實際之執政者。錄尙書事者，除三公之外，復因女主親政，故外戚（如梁冀）、太傅（如牟融），大將軍（如何進）均可參錄政事。令出多門，事權不一，整個國家之行政裁斷，全取決於天子及少數親信，以之處理天下神器，豈能得以爲治？章帝時，韋彪曾上疏言：「天下樞要，在於尙書，尙書之選，豈可不重？而閒者多從郎官超升此位，雖曉習文法，長於應對，然察察小惠，終無大能。」（《後漢書·韋彪傳》），章帝長者，尙不能免於尙書專權，其後諸帝，雖偶有彬彬賢士，出任尙書之職，又因天子昏庸，委任戚宦，至無所作爲，故原先掌丞天子，助理萬機之三公及其外朝系統，自然有名無實，一蹶不振。《潛夫論》中，於此亦有明言，王符曰：

> 今則不然，令長守相，不思立功，貪殘專恣，不奉法令，侵冤小民，州司不治，令遠詣闕，上書訴訟，尙書不以責三公，三公不以讓州郡，州郡不以討縣邑，是以凶惡狡猾，易相冤也。（

考績〉

由天子親信加官錄尚書事，足可左右政局，若僅以尚書令而論，原本九卿少府之僚屬，竟可以與御史中丞、司隸校尉並列，合稱「三獨座」（註八），又與御史中丞、謁者合稱「三臺」（註七），同享司法大權；而選舉之權，光武時已由尚書令總之（註一〇），順帝時，舉吏須先試之於公府，方可覆之於端門（註一一），端門即宮庭之正南門，尚書在此受天下奏章，公府所提名單，須經尚書考核而後可，亦即選舉權亦全由尚書總攬，所謂「選舉誅賞，一由尚書，尚書見任，重於三公。」《後漢書·陳寵列傳附陳忠傳》「尚書決事，多違故典，罪法無例，詆欺為先，文慘言醜，有乖章憲。」《後漢書·陳寵列傳附陳忠傳》，前引王符言令長守相，侵冤小民，所指「尚書不以責三公，三公不以讓州郡」云云，可知尚書之權，已在三公之上，官場體制之紊亂失序，由此即可得見。且不獨此也，王符復以為尚書之權，直可取代三公，其言曰：

下土冤民，能至闕者，萬無數人，其得省問者，不過百一，既對尚書，空遣去者，復十六七，雖蒙考覈，州郡轉相顧望，留苦其事，春夏待秋冬，秋冬復涉春夏。〈述赦〉

國家樞機與州郡政事，原應由三公督考，今反先由尚書考覈，方交州郡處理，三公無從置喙；王符又言「太守擅權，臺閣不察，信其姦言」〈敘錄〉，更明指尚書握有考覈州郡行政之權，惟「不察」而已，然則范史所言「尚書決事，多違故典」者，正與王符「當塗之人，咸欲專君，壅蔽賢士，以擅主權」〈敘錄〉之意相合，東漢天子之平庸無能，與過私近臣，讀王符之言，即可以明白無疑。

次就漢天子處理邊患之能力言之，王符亦深寄以無限感慨，其言曰：

> 今則不然，苟憚民力之煩勞，而輕使受滅亡之大禍，非人之主，非民之將，非主之佐，非勝之主也。〈邊議〉

在漢邊患，以羌患爲最巨，自光武建武十年，先陵羌與諸種相結，侵略金城、隴西始，至獻帝時馮翊降羌造反，爲郭汜、樊稠擊退爲止，東漢與羌人之爭戰頻繁，朝庭上下之策略既不一致，耗費之財用，又以數百億計（註一二），貲財人命之損失，王符以爲實與天子之無能有關，其言曰：

> 古者，天子守在四夷，自彼氐羌，莫不來享，普天思服，行葦賴德，況近我民，蒙禍如此，可無救乎？〈救邊〉

> 齊桓、晉文、宋襄，衰世諸侯，猶恥天下有相滅而己不能救，況皇天所命，四海主乎？晉楚大夫，小國之臣，猶恥己之身而有相侵，況天子三公，典世任者乎？公劉仁德，廣被行葦，況含血之人，已同類乎？一人吁嗟，王道爲虧，況滅沒之民百萬乎？《書》曰：「天子作民父母」。父母之於子也，豈可坐觀其爲寇賊之所屠剝，立視其爲狗豕之所啖食乎？〈邊議〉

《潛夫論》書中，〈救邊〉、〈勸將〉、〈邊議〉、〈實邊〉四篇，即係針對羌亂而作，據金發根先生之考定，此四篇爲王符於永初元年涼州羌亂後五至十年間寫定（註一三）。故知東漢中葉後天子作爲，在《潛夫論》中，已有明確扼要之反映矣。

第二節　王侯貴戚之素餐尸位、僭侈逾制

東漢政治體制中，因攀附天子皇家而享勢位之王侯外戚，坐享俸祿，魚肉百姓，所謂「虛食重祿，素餐尸位」〈思賢〉者，王符之抨擊尤其強烈，其言曰：

今世得位之徒，依女妹之寵以驕士，藉亢龍之勢以陵賢，而欲使志義之士，匍匐曲躬以事己，毀顏諂諛以求親，然後乃保持之，則貞士採薇凍餒，伏死巖穴之中而已爾，豈有肯踐其闕而交其人者哉！〈本政〉

自春秋之後，戰國之制，將相權臣，必以親家，皇后兄弟，主壻外孫，年雖童妙，未脫桎梏，猶籍此官職，功不加民，澤不被下，而取封侯，多受茅土，又不得治民效能，以報百姓，虛食重祿，素餐尸位，而但事淫侈，坐作驕奢，此所以破敗而不及傳世者也。〈思賢〉

先就王侯言之，西漢高祖初立之時，「海內新定，同姓寡少，懲戒亡秦孤立之敗，於是剖裂疆土，立二等之爵，功臣侯者，百有餘邑，尊王子弟，大啓九國。」《漢書．諸侯王表》，爲鞏固天子地位，分封劉氏宗室子弟及功臣，遂有王國及侯國之制。

漢諸侯王之地位原本極高，「金璽盭綬，掌治其國，有太傅輔王，內史治國民，中尉掌武事，丞相統衆官，群卿大夫、都官如漢朝」《漢書．百官公卿表》，「時諸侯得自除御史大夫群卿以下衆官，如

漢朝，漢獨爲置丞相。」《漢書．高五王傳贊》除丞相太傅由皇帝任命外，御史大夫以下，皆由諸侯王自行選之，王國內之行政、司法、財政、軍事大權，皆由諸侯王獨當一面，權勢之重，有擬於天子，誠所謂「宮室百官、同制京師」《漢書．諸侯王表》。而且諸侯王之轄區廣大，跨州兼郡，「諸侯地大者，或五六郡、連城數十，置百官宮觀，擬於天子。」《史記．諸侯王年表序》，然名雖爲君臣，實不免有布衣昆弟之心，故屢遭漢天子之打擊，「諸侯原本以大，末流濫以致溢，小者淫荒越法，大者睽孤橫逆，以害身喪國，故文帝採賈生之議，分齊趙，景帝用鼂錯之計，削吳楚，武帝施主父之冊，下推恩之令。……自此以來，齊分爲七，趙分爲六，梁分爲五，淮南分爲三，皇子始立者，大國不過十餘城，長沙、燕、代，雖有舊名，皆亡南北邊矣。」《漢書．諸侯王表序》，「景帝中五年，令諸侯王不得復置國，天子爲置吏。」《漢書．百官公卿表》，「（元帝）初元三年春，令諸侯相位在郡守下。」《漢書．元帝紀》，則西漢中葉後，諸侯王之地位已等同郡守，無復尊榮。東漢光武之後，「諸王有制，惟得自娛於宮內，不得臨民，干與政事，其與交通，皆有重禁。」《三國志．吳書．孫奮傳》，建武二十四年，「詔有司申明舊制阿附蕃王法」《後漢書．光武帝紀》，建武二十八年，「詔郡縣捕王侯賓客，坐死者數千人。」《後漢書．光武帝紀》，是諸侯王雖有封建之名，已無封建之實矣（註一四）。

諸侯王之下，漢又分封宗室、功臣、外戚爲列侯（原襲秦制爲徹侯，後避武帝諱改列侯或通侯），列侯不僅有封國，而且得以「臣其所食吏民」《續漢書．百官志五》，「皆令自置吏，得賦斂」《續漢書．百官志五》，所轄區域相當於縣，大者萬家，小則數百戶，至文景之時，「流民既歸，戶口亦息，列侯大者至三四萬戶，小國自倍，富厚如之，子孫驕逸，忘其先祖之艱難，多陷法禁，隕命亡國。」《漢書．高惠高后文功臣表》，武帝時制定《酎金律》，以削減列侯力量，「元鼎五年九月，列侯坐獻黃金酎祭宗廟不如法，奪爵者百六人。」《漢書．武帝紀》，列侯並動輒以「過界」、「事國人過律」而免爲庶人。

如上所述，可知漢諸王及列侯之勢力，經中央朝庭種種打擊之後，二者雖在封號及封地上有大小之別，惟只能衣食租稅及不與政事，實殊無二致。

據錢大昕《後漢書補表．自序》統計，東漢封諸侯王六十一人，王子侯三百四十四人，功臣侯三百七十九人，外戚恩澤侯八十九人，宦者侯七十九人，除王之外，封侯者共八百九十一人，人數既多，良莠不一，自屬難免，《潛夫論》書中，王符雖稱許「今諸侯貴戚，或有勑己愼行，德義無違，制節謹度，未嘗負債，身絜珪璧，志厲青雲。」《斷訟》，並對「今列侯或有德宜子民而道不得施」《三式》者，寄以惋惜，但彼等終究仍屬「或有」之少數，王符所引以爲憾者，實以王侯之中率世多襲尸餐之輩，其言曰：

> 當今列侯，率皆襲先人之爵，因祖考之位，其身無功於漢，無德於民，專國南面，臥食重祿，下殫百姓，富有國家，此素餐之甚者也。〈三式〉

漢制凡王侯及七大夫以上皆有食邑，爲求取更多之豐邑美縣，伎倆手段之經營，實無所不用其極（註一五），而「秦漢之制，列侯封君食租稅，歲率戶二百，千戶之君，則二十萬。」《漢書．食貨志》，每一封戶須向封君年出二百錢。封君佔有之封戶愈多，所得之租稅收入即愈多，以千戶侯而言，一年歲入二十萬，即是中產之家一年收入之十倍，萬戶侯一年歲入二百萬，即是中產之家收入之一百倍（註一六）。「明帝封諸子，租歲不過二千萬」《後漢書．孝明八王列傳》；「章帝封諸子，諸國戶口皆等，租入歲各八千萬」《後漢書．孝明八王列傳》；馬防爲翟陽侯，「租歲限三百萬」《後漢書．馬援列傳附馬防傳》；單超降爲鄉侯，「租入歲三百萬」《後漢書．宦者單超傳》；此外封君另有徭役、私田、占有奴隸等另外收益，史載濟南安王康「多殖財貨，大修宮室，奴婢至千四百人，廄馬千二百匹，私田八百頃，奢侈恣欲，游觀無節。」《後漢書．光武十王列傳》；中山簡王焉薨，「加賻錢一億，大爲修冢塋，開神道，平夷吏人冢墓以千數，作者萬餘人，發常山、鉅鹿、涿郡柏黃腸雜木，三郡不能備，復調餘州郡工徒及送致者數千人。」《後漢書．光武十王列傳》；章帝時西平王羨等六王，「室第相望，久磐京邑，婚姻之盛，過於本朝，僕馬之衆，充塞城郭，驕奢僭擬，寵祿榮過。」《後漢書．宋均列傳附宋意傳》；凡此種種，皆由欺壓百姓而得，故王符謂之「臥食重祿，下殫百姓」，絕非無謂。更何況封君列侯之中，除尸位素餐者外，更多橫行不法，驕盈不馴之人，王符曰：

> 且夫列侯，皆剖符受策，國大臣也，雖身在外而心在王室，宜助聰明，與聖賢，以佐天子，何得坐作奢僭，驕贏負責，欺枉下民，淫恣酒色，職爲亂階，以傷風化而已乎？〈三式〉
>
> 自封君王侯貴戚豪富，尤多有之，假舉驕奢，以作淫侈，高負千萬，不肯償責，小民守門，號

哭啼呼，曾無怵惕慙怍哀矜之意，苟崇聚酒徒無行之人，傳空引滿，啁啾罵詈，晝夜鄂鄂，慢游是好。〈斷訟〉

「封疆立國」、「剖符受策」之王侯，本應「助聰明，與聖賢，以佐天子」，今反坐食奉祿，魚肉百姓，王符描述之文字固極強烈，東漢政治情勢之惡質，亦可由此得見。

次就外戚言之，外戚乃天子之母系及妻系家族成員，「得之不過房幄之間，非復搜揚仄陋，選舉而登」《後漢書·竇融列傳附竇憲傳》，居然「或以貴盛驕奢，或以攝位權重」《後漢書·鄧禹列傳附鄧騭傳注》，可以裂膏腴而享崇號，而外戚干政，更是導致東漢破敗滅亡之主因，所謂「東京皇統屢絕，權歸女主，外立者四帝，臨朝者六后，莫不定策帷帟，委事父兄，貪孩童以久其政，抑明賢以專其威，任重道悠，利深禍速……終於陵夷大運，淪亡神寶。」《後漢書·皇后紀》，趙翼亦曰：「東漢多女主臨朝，不得不用其父兄子弟，以寄腹心，於是權勢太盛，不肖者輒縱恣不軌，其賢者亦爲衆忌所歸，遂至覆轍相尋，國事俱敝。」〈二十二史箚記·卷三〉。王符論政，自不能無視於此，對外戚之指斥，亦遠較宗室王侯爲烈。

王符嘗以前漢呂氏、霍氏、王氏諸外戚用事爲例，力斥外戚干政之非，其言曰：

當呂氏之貴也，太后稱制而專政，祿産秉事而握權，擅立四王，多封子弟，兼據將相，外內磐結，自以雖湯武興，五霸作，弗能危也，於是廢仁義而尚威虐，滅禮信而務譎詐，海內怨痛，人欲其亡，故一朝摩滅而莫之哀也。霍氏之貴，專相幼主，誅滅同僚，廢帝立帝，莫之敢違，禹繼父位，山雲屏事，諸壻專典禁兵，婚姻帝族。王氏之貴，九侯五將，朱輪二十三，太后專政，秉權三世，莽爲宰衡，封安漢公，居攝假號，身當南面，卒以簒位十有餘年，自以居之已久，威立恩行，永無禍敗，故遂肆心恣意，私近忘遠，崇聚群小，重賦殫民，以奉無功，動爲姦詐，託之經義，迷罔百姓，欺誣天地，自以我密，人莫之知，皇天從上鑒其姦，神明自幽照其態，豈有誤哉？〈忠貴〉

呂氏之貴，《漢書．高后記》載，景帝崩，太子立爲皇帝，年幼，太后臨朝稱制，大赦天下，乃立兄子呂台、產、祿、台子通四人爲王，封諸呂六人爲列侯，即所謂大封諸呂是也（註一七）；王符又謂霍氏「廢帝立帝，誅滅同僚」者，即指武帝崩後，昭帝八歲即位，「政事壹決於光」《漢書．霍光傳》，並誅殺上官桀、上官安、桑弘羊、蓋主等人，光兩婿爲東西宮衛尉，昆弟諸婿外孫皆奉朝請，爲諸曹大夫、騎都尉、給事中，「黨親連體，根據於朝庭」《漢書．霍光傳》，元平元年，照帝崩，無嗣，迎武帝孫，昌邑哀王之子，昌邑王賀即位，「行淫亂，光憂懣」《漢書．霍光傳》，因納大司農田延年之言，廢昌邑王賀而立宣帝，光薨，子禹嗣爲博陸侯，光兄去病之孫山爲樂平侯，雲爲冠陽侯，後因擅議宗廟宗族竟誅。又王符謂王氏「九侯五將，朱輪二十三」者，《漢書．王莽傳》載，王氏「家凡九侯，五大司馬」，〈楚元王傳〉亦載劉向〈封事〉，謂王氏一姓，「乘朱輪華轂者二十三人，青紫貂蟬充盈臥內，魚鱗左右」，「歷上古至秦漢，外戚僭貴，未有如王氏者也，雖周皇甫、秦穰侯、漢武安、呂、霍、上官之屬，皆不及也。」至若王莽居攝假號，身當南面之事，史傳俱在，今不贅引。

《潛夫論》書中，除對西京外戚用事專權，予以嚴厲抨擊之外，對東漢外戚，更是不假辭色，〈本政〉言朝庭得位之徒，率皆「依女妹之寵以驕士，藉亢龍之勢以陵賢」，遂使賢良貞士，「採薇凍餒，伏死巖穴之中」，〈思賢〉亦稱「將相權臣，必以親家，主壻外孫，年雖童妙，未脫桎梏」，但仍可「取封侯，多受茅土……虛食重祿，素餐尸位，而但事淫侈，坐作驕奢」，王符於外戚痛恨之深切，實已溢於言表。

蓋東漢初立之時，光武懲前漢外戚干政之失，深恐重襲西京敗亡之禍，故「防愼舅氏，不令在樞機之位」《後漢書·皇后紀》，「不以私家干朝庭」《後漢記》，外戚陰氏、郭氏，「不過九卿，親屬榮位不能及許、史、王氏之半」《後漢書·明帝紀注引東觀記》，然南陽陰后族人雖最能退讓，但仍「賓客在郡界，多犯吏禁」《後漢書·蔡茂傳》；明帝時，「後宮之家，不得封侯與政。」《後漢書·明帝紀》，「常令陰黨、陰博、鄧疊三人更相糾察，故諸豪戚莫敢犯禁。」《後漢書·竇融列傳附竇憲傳》；章帝時，竇憲恃宮掖聲勢，竟以賤價請奪沁水公主田園，章帝大怒，雖不授以重任，但亦「不繩其罪」《後漢書·竇融列傳附竇憲傳》，外戚勢力之盛，由此可見。和帝以後諸帝，大都幼小即位，且復皇統屢絕，以致母后臨朝，外藩入繼，而後「恩非已結，而權已先之，情疏禮重，而枉性圖之，來寵方授，地既害之，隙開埶謝，讒亦勝之」《後漢書·鄧禹傳》，遂啓外戚與宦官爭權之史實。

東漢先後掌權之外戚，計有和帝時之竇憲、安帝時之鄧騭、閻顯、順帝至桓帝時之梁冀、靈帝時竇武、少帝時之何進諸人，《潛夫論》剽剝外戚，雖未明指，但以王符身世推之，則竇武、何進以外之上述諸人，應皆在被譏之列。

一般言之，東漢外戚雖有良善之輩（註一八），但大部份均屬「富而甚無知」者（註一九），「親其黨類，用其私人，內充京師，外布列郡，顛倒賢愚，貿易選舉，疲駑守境，貪殘牧民」（《昌言·法誡》），王符亦謂貴戚「懼家之不吉，而製諸令名，懼門之不堅，而爲作鐵樞」（〈忠貴〉），迷信無知，竟能寵貴橫恣，原其所以，東漢天子之昏庸無能，實其主因，王符於此，亦有申論，其言曰：

世主之於貴戚也，愛其嬖媚之美，不量其材而受之官，不使立功，自託於民，而苟務高其爵位，崇其賞賜，令結怨於下民，縣罪於上天，惡既積，過既成，豈有不顛隕者哉？〈思賢〉

人君世主……而苟以親戚邑人典官者，譬猶以愛子易御僕，以明珠易良藥，雖有可愛好之情，然而其覆大車而殺病人也必矣。〈思賢〉

和帝時，竇憲平匈奴有功，拜爲大將軍，與其弟篤，景，瓌，「四家競修第宅、窮極工匠」《後漢書·竇融列傳附竇憲傳》，憲威名大盛，「以耿夔、任尙爲爪牙，鄧疊、郭璜爲心腹，班固、傅毅之徒，皆置幕府，以典文章，刺史、守令多出其門。」《後漢書·竇融列傳附竇憲傳》，上下朝臣莫不震懾，望風承旨，「篤進位特進，得舉吏，見禮依三公，景爲執金吾，瓌光祿卿，權貴顯赫，傾動京都，雖俱驕縱，而景爲尤甚，奴客緹騎，依倚形執，侵陵小人，強奪財貨，篡取罪人，妻略婦女，商賈閉塞，如避寇讎，有司畏懦，莫敢舉奏。」《後漢書·竇融列傳附竇憲傳》；桓帝時，梁冀掌權，「冀一門前後七封侯、三皇后、六貴人、二大將軍、夫人、女食邑稱君者七人，尚公主者三人，其餘卿、將、尹、校五十七人。」《後漢書．梁統列傳附梁冀傳》，梁冀在位二十餘年，「窮極滿盛，威行內外，百僚側目，莫敢違命」、「天子恭己而不得有所親豫。」《後漢書．梁統列傳附梁冀傳》，而外戚勢力熾盛，除因天子凡庸無能，無力防阻之外，外戚與皇室婚姻世代有多至五代者，婚姻人數有多至十一人者，十一家皇后家中，兼爲尚主家者佔六家，且尚主二、三人者甚多，一家二皇后者竟有四家之多，此舉顯示皇室籍婚姻拉攏外戚，而外戚勢力亦借與皇室婚姻而益形擴張（註二〇）。且外戚之間，「嫁女欲配侯王，取婦眄睨公主」《後漢書．陰識列傳附陰興傳》，彼此又互爲婚姻，結爲勢力網罟（註二一），此正王符所謂「將相權臣，必以親家」〈思賢〉，以致「衆小朋黨而固位，讒妬群吠而齧賢」〈賢難〉，外戚甚而干涉律法，釀爲大亂，王符曰：

> 洛陽至有主諧合殺人者，謂之會任之家，受人十萬，謝客數千，又重饋部吏，吏與通姦，利入深重，幡黨盤互，請至貴戚寵臣，說聽於上，謁行於下，是故雖嚴令尹，終不能破壞斷絕。〈述赦〉

外戚因有椒房之親，遂得以秉攝萬機，雖嚴令尹，自然無從攔阻，如和帝時之郅壽、樂恢、袁安、任隗、丁鴻、何敞、張輔以刻奏竇氏而得罪；安帝時杜根奏請鄧太后還政得罪；楊震、陳忠、翟輔諫閻氏擅權得罪；順帝時張綱、朱穆、陳蕃、延篤諫梁氏擅權得罪。史載梁冀令左右進鴆弒質帝後，「冀意氣匈匈，而言辭急切，自胡廣（司徒）、趙戒（司空）以下，莫不懾憚之。」《後漢書．李固傳》，須知悠悠萬事，天子立嗣，應爲最大，「未嘗不詢訪公卿，廣求群議，令上應天心，下合衆望。」《後漢書・李固傳》，梁冀爲長保其富貴，竟捨「明德著聞」之清河王蒜，而立蠡吾侯志，是爲桓帝，所謂天心衆望，全是兒戲。〈斷訟〉篇中，王符亦比況王侯貴戚豪富爲「假舉驕奢，以作淫侈，高負千萬，不肯償責，小民守門，號哭啼呼，曾無怵惕慙怍哀矜之意」，「苟崇聚酒徒無行之人，傳空引滿，啁啾罵詈，晝夜鄂鄂，慢游是好」，百姓流離失所，生計無以爲續，十足正反映外戚之窮奢極欲，王符又曰：

> 今京師貴戚，衣服飲食，車輿文飾廬舍，皆過王制，僭上甚矣。從奴僕妾，皆服葛子升越，筩中女布，細緻綺穀，冰紈錦繡，犀象珠玉，琥珀瑇瑁，石山隱飾，金銀錯鏤，麞麂履舃，文組綵褋，驕奢僭主，轉相誇詫，箕子所唏，今在僕妾，富貴嫁娶，車軿駱驛，騎奴侍僮，夾轂節引，富者競欲相過，貧者恥不逮及，是故一饗之所費，破終身之本業。〈浮侈〉

外戚富貴嫁娶，不獨侈靡僭上，喪葬送死，尤其費工傷農，可爲痛心，王符曰：

> 京師貴戚，必欲江南梗梓，豫章楩柟……求之連日，然後見之，伐斫連月，然後訖，會衆然後能動擔，牛列然後能致水，漬油入海，連淮逆河，行數千里，然後到雒，工匠彫治，積累日月，計一棺之成，功將千萬，夫既其終用，重且萬斤，非大衆不能舉，非大車不能輓，東至樂浪，西至燉煌，萬里之中，相競用之，此之費功傷農，可爲痛心。〈浮侈〉

> 今京師貴戚，郡縣豪家，生不極養，死乃崇喪，或至金縷玉匣，梗梓楩柟，良田造塋，黃壤致

藏，多埋珍寶，偶人車馬，造起大冢，廣種松柏，廬舍祠堂，崇侈上僭，寵臣貴戚，州郡世家，每有喪葬，都官屬縣，各當遣吏齎奉，車馬帷帳，貸假待客之具，競為華觀，此無益於奉終，無增於孝行，但作煩攪擾，傷害吏民。〈浮侈〉

史載光武崩時遺詔曰：「朕無益百姓，皆如孝文皇帝制度，務從約省（注：文帝葬皆以瓦器，不以金銀銅錫為飾，因其山，不起墳。）刺吏、二千石長吏皆無離城郭，無遣吏及因郵奏。」《後漢書．光武帝紀》；明帝崩時，遺詔無起寢廟，「帝初作壽陵，制令流水而已，石槨廣一丈二尺，長二丈五尺，萬年之後，掃地而祭，杅水脯糒而已。過百日，唯四時設奠，置吏卒數人供給灑掃，勿開修道。敢有興作者，以擅議宗廟法從事。」《後漢書．明帝紀》；章帝崩時，「遺詔無起寢廟，一如先帝法制。」《後漢書．章帝紀》。然〈章帝紀〉又載建初二年詔曰：「貴戚近親，奢縱無度，嫁娶送終，尤為僭侈，有司廢典，莫肯察舉。」；〈和帝紀〉亦載永元十一年詔曰：「吏民踰僭，厚死傷生，是以舊令節之制度，頃者，貴戚近親，百僚師尹，莫肯率從，有司不舉，怠放日甚。」；靈帝時宦者呂強上疏陳事，亦言外戚四姓貴倖之家，「喪葬踰制，奢麗過禮，競相放效，莫肯矯拂」《後漢書．宦者呂強傳》，尤可考見外戚嫁娶送終，紛華靡麗之現象，可知王符所言「浮侈離本，僭奢過上」，實絕非虛語。

除王侯、貴戚之外，宦官尤為另一股影響東漢政治局勢之力量，尤其末葉，王權不振，黨錮禍興，全因宦官而起，「舉動回山海，呼吸變霜露，阿旨曲求，則光寵三族，直情忤意，則參夷五宗……所以海內嗟毒，志士窮棲，寇劇緣閒，搖亂區夏，雖忠良懷憤，時或奮發，而言出禍從，旋見孥戮，因復大考鉤黨，轉相誣染，凡稱善士，莫不離被災毒。」《後漢書．宦者列傳》，宦官爲禍之烈，遠在王侯、外戚之上，誠所謂「西京自外戚失祚，東都緣閹尹傾國」《後漢書．宦者列傳》，而《潛夫論》一書之中，卻不見譏評之言，此實甚爲可疑。

據王符本傳，知符「耿介不同於俗」，然則其書無有斥及宦官處，自不可以苟合取容以責賢者，王符之至友張衡，嘗爲宦官所讒（註二二）；王符又嘗與度遼將軍皇甫規結交，規平素即惡絕宦官，不與交通，亦爲中常侍徐璜、左悺所陷（註二三），王符又豈能視若無睹？宦官之流，「刑餘之醜，理謝全生，聲榮無暉於門閥，肌膚莫傳於來體」《後漢書．宦者列傳》，本爲正人君子不齒，《潛夫論》中，有「寵人」（明闇）、「得位之徒」（本政）、「竊位之人」（忠貴）、「驕妒之臣」（潛歎）、「貴臣」（明闇）之稱，應當兼指宦官言之（註二四），而王符所以不直斥者，殆以其不齒之故？

第三節　仕進選舉不實，賢良廢錮隱逃

漢代官制，有中都官、郡國官及邊官之分（註二五），中都官指在京師所在任職者，以三公九卿最爲尊榮，後有中朝及外朝之分（註二六），此始於武帝貶抑相權，權移近臣而起，而後大事皆決於

中朝，外朝奉令行事而已，所謂「雖置三公，政歸臺閣」《後漢書．仲長統傳》，即指此事；郡國官指在外郡及諸侯王國任官者，諸侯王國置相治民事，郡則以太守為之，郡下為縣，萬戶以上者以縣令治之，減萬戶則以縣長治之，其下復有鄉亭吏，如有秩、嗇夫、游徼、亭長等；邊官則為任職於邊郡及西域者。在此官僚體系中，勾結營私，排除異己之活動，史不絕書，《潛夫論》書中，亦有生動之指摘，王符曰：

今多務交游，以結黨助，偷勢竊名，以取濟渡，夸末之徒，從而尚之，此違貞士之節，而衒世俗之心也。〈務本〉

忠正以事君，信法以理下，所以居官也，今多姦諛以取媚，撓法以便己，苟得之徒，從而賢之，此滅貞良之行，而開亂危之原者也。〈務本〉

亂危之根源，乃在取媚姦諛，結為黨助，王符復詳述之曰：

且夫竊位之人，天奪其鑒，神惑其心……一旦富貴，則背親捐舊，喪其本心，皆疏骨肉而親便辟，薄知友而厚狗馬，財貨滿於僕妾，祿賜盡於猾奴，寧見朽貫千萬而不忍賜人一錢，寧知積粟腐倉而不忍貸人一升，人多驕肆，負債不償，骨肉怨望於家，細民謗讟於道，前人以敗，後爭襲之，誠可傷也。〈忠貴〉

寵臣貴戚，州郡世家，每有喪葬，都官屬縣，各當遣吏齎奉，車馬帷帳，貸借待客之具，競為華觀，此無益於奉終，無增於孝行，但作煩攪擾，傷害吏民。〈浮侈〉

對細民則不顧賜一錢，貸米一升，見上官則迎來送往，樂此不疲，故王符嘗謂官益大者罪益重，位益高者罪益深，實因當塗之人，既畏懼於貴人之風指，而權勢之人又喜以此相脅迫，王符曰：

> 今當塗之人，既不能昭練賢鄙，然又怯於貴人之風指，脅以權勢之囑託，請謁闐門，禮贄輻湊，迫於目前之急，則且先之，此正士之所獨蔽，而群邪之所黨進也。〈本政〉

《後漢書·竇融列傳》載融年老，「子孫縱誕多不法，遂交通輕薄，屬託郡縣，干亂政事。」〈郎顗傳〉亦言：「今選舉皆歸三司，非有周召之才，而當則哲之重，每有選用，輒參之掾屬，公府門巷，賓客塡集，送去迎來，財貨無已，其當遷者，競相薦謁，各遣子弟，充塞道路，開長姦門，興致浮僞，非所謂率由舊章也。」此正與本書〈敍錄〉篇所稱「百寮阿黨，不覈眞僞，苟崇虛譽，以相誑曜，居官任職，則無功效」相合，可知東漢官場風氣之凋蔽，已是普遍之現象。

官場風氣敗壞，依王符之剖析，選舉不實，當爲主因，其言曰：

> 群僚舉士者，或以頑魯應茂才，以桀逆應至孝，以貪饕應廉吏，以狡猾應方正，以諛諂應直言，以輕薄應敦厚，以空虛應有道，以嚚瘖應明經，以殘酷應寬博，以怯弱應武猛，以愚頑應治劇，名實不相符，求貢不相稱。〈考績〉
>
> 太平之世，而云無士，數開橫選，而不得眞，甚可憤也。〈實貢〉

貢士者，「非復依其質幹，準其材行」，反「虛造空美，掃地洞說，擇能者書之」〈實貢〉，《後漢書·順帝紀》載陽嘉元年詔曰：「閒者以來，吏政不勤，故災咎屢臻，盜賊多有，退省所由，皆以選舉不實，官非其人，是以天心未得，人情多怨。」；順帝永建初，尚書令左雄嘗論選風曰：「謂殺害不辜爲威風，聚斂整辨爲賢能，以理己安民爲劣弱，以奉法循理爲不化。」《後漢書·左雄傳》，則王符此言，並非虛語，其所謂「太平之世，而云無士」，太平二字，實有無限嘲諷之意。崔寔《政論》亦曰：「今官之接民，甚多違理，作使百工，及從民市，輒設計加以誘來之，器成之後，更不與直，老弱凍餓，痛號道路，守闕告哀，終不見省。」官民之際，甚多違理之處，此與「竊名僞服，浸以流競，權門貴仕，請謁繁興」《後漢書·左周黃列傳論》有關，正是僞舉造成之惡果，本書〈敍錄〉篇曰：「姦門竊位，將誰督察」、「忠佞溷淆，各以類進」、「百寮阿黨，不覈眞僞，苟崇虛譽，以相誑曜」，王符所以一再疾呼，足見僞舉成風，正是官場腐敗之形成主因。

兩漢選官仕進與昇遷之途徑，不外乎經由察舉、徵辟、貲選、任子、軍功等公開方式，及由血親、婚姻、地緣、門生故舊等私人關係而達成，乃東漢中葉之後弊病百出，竟成爲權貴播授私人，引進姦黨之不二法門，形成所謂「星夜夙駕，送往迎來，亭傳常滿，吏卒傳問，炬火夜行，閽寺不閉，文書委於官曹，繫囚積於囹圄」《徐幹中論·譴交》之現象，《潛夫論》中，亦對此頗有論述，正足反映出東漢選官體制下，臣下百僚結黨營私之情況。王符之言曰：

> 舉世多朋黨而用私，競背實而趨華，貢士者非復依其質幹，準其材行也，直虛造空美，掃地洞說，擇能者而書之，公卿刺史掾從事茂才孝廉，且二百員，歷察其狀，德侔顏冉，㝡其行能，多不及中，誠使皆如狀文，則是爲歲得大賢二百也，然則災異曷爲譏？此非其實之效。〈實貢〉

今務多交游，以結黨助，偷勢竊名，以取濟渡，夸末之徒，從而尚之。〈務本〉

漢世選官，最常見者，爲察舉、徵辟之制，察舉即三公九卿及地方州郡行政長官，依科目或地區，按時或不定時向朝庭推荐人才，經考核後，授以官職；徵辟則由中央及地方官府直接徵召賢者，授官任職，二者雖有拔舉賢才之功能，但因以名士賢材相標榜，好爲苟難，成爲風俗，故「刻情修容，依恃道藝，以就其聲價，非所能通物方，弘時務也」《後漢書·方術列傳》，甚或欺世盜名，自抬身價之例，更是不勝枚舉（註二八），王符所言「虛造空美，掃地洞說」、「偷勢竊名，以取濟渡」，實非虛言。王符又曰：

虛張高譽，彊蔽疵瑕，以相誑耀，有快於耳，而不若忠選實行，可任於官也。〈實貢〉

選官制度，有利有弊，實所難免，唯有忠選實行，方能消弭弊病於最低。然當塗之人，既不有圖於此，而不得在辟選之科者，公府州司反又極力爭攷，一意多此之反，正足以演成官場之昏亂，王符之言曰：

苟崇聚酒徒無行之人，傳空引滿，啁啾罵詈，晝夜鄂鄂，漫游是好，或毆擊責主，入於死亡，與群盜攻剽劫人無異，雖會赦贖，不當復得在選辟之科，而州司公府反爭取之。〈斷訟〉

抱朴子嘗謂漢靈獻之世，「臺閣失選用於上，州郡輕貢舉於下，故時人語曰：『舉秀才，不知書，察孝廉，父別居，寒素清白濁如泥，高第良將怯如雞。』」〈審舉〉，實則名實不相副，求貢不相稱之情況，觀王符所言，非獨靈獻始然，實已由來良久，官場之循私舞弊，亦早已不堪聞問。《後漢書·和帝紀》載永元五年詔曰：「在位不以選舉爲憂，督察不以發覺爲負，是以庶官多非其人，下民被奸邪之傷。」「庶官多非其人」云云，王符之言，與其正合符節。

察舉、徵辟之外，漢世選官途徑，復有貲選、任子二制，《潛夫論》中，雖不見此名目，但檢核書中所言，實頗有類似之處，王符曰：

名實不相副，求貢不相稱，富者稱其財力，貴者阻其勢要，以錢多爲賢，以剛彊爲上，此在位所以多非其人，而官職所以數亂荒也。〈考績〉

漢世納貲選官，實承始皇四年納粟拜爵而來，漢時平民經濟多以十金（十萬錢）爲中人一家之產，爲官須有財產限制，原本在防止其營私貪瀆，復可就其所入，以濟國家用度。漢初率以十算（十萬錢）爲基準，景帝時減爲四算，武帝時，邊境用兵，凡入錢財、穀物、羊、奴婢，皆可爲官，仕途漸趨浮濫（註二八），惟因所賣之官職多爲位卑且不重要者，故此輩尚不爲官場及輿論所重（註二九）；成帝永始二年，又詔入穀賑災者，「其百萬以上，賜爵右更，欲爲吏，補三百石。其吏也，遷二等，三十萬以上，賜爵五大夫，吏亦遷二等，民補郎。」；東漢安帝永初三年，朝庭復計金授官，「三公以國用不足，奏令吏人入錢穀，得爲關內侯、虎賁羽林郎、五大夫、官府吏、緹騎營士各有差。」《後漢書．安帝紀》；桓帝延熹四年，「占賣關內侯、虎賁、羽林、緹騎營士、五大夫，錢各有差。」《後漢書．桓帝紀》；靈帝光和元年，不但「初開西邸賣官，自關內侯、虎賁、羽林、入錢各有差」，而且私令左右賣公卿，「公千萬，卿五百萬」《後漢書．靈帝紀》，所賣官爵非獨愈來愈高，且富者須先入錢方可任官，貧者雖可先到官，然須倍輸其數。若有錢而不欲買官者，則每被強迫爲之，「時拜三公者，皆輸東園禮錢千萬，令中使督之，名爲左騶。」（《後漢書．羊續傳》）所得錢財，專供天子揮霍之用，然則王符所謂「稱其財力」、「錢多爲賢」，已將東漢官場之腐敗現象，直指道破，而本書〈交際〉篇所謂「富貴雖新，其勢日親，貧賤雖舊，其勢日疏」，亦誠係「處子不能與官人競」之因由矣。

至於任子之制，雖在兩漢選官制度中，所佔比例不大，但其作用影響實不可低估，王符之言曰：

> 今觀俗士之論也，以族舉德，以位命賢，茲可謂得論之一體矣，而未獲至論之淑眞也。……仁重而勢輕，位蔑而義榮，今之論者，多此之反，而又以九族，或以所來，則亦遠於獲眞賢矣。
> 〈論榮〉

「以族舉德，以位命賢」，即說明選官之標準，全以家世出身爲考量，並以官位之高低，作爲衡量盛德高材之法門。東漢政治，幾全爲豪族政治（註三〇），豪族由官僚世襲而形成者，實不乏其例，如所謂三輔竇氏、南陽鄧氏、安定梁氏，在明帝之後，前後專政，即爲世代爲宦之豪門閥閱。以鄧氏一家言之，封侯者二十九人，爲三公者二人，爲大將軍者十三人，中二千石者十四人，列校二十二人，州牧郡守四十八人，其餘侍中、將軍、大夫、郎、謁者，不可勝數；而梁冀一門，前後七封侯、三皇后、六貴人、二大將軍、女食邑稱君者七人，尚公主者三人，其餘卿、將、尹、校五十七人。即其明顯之例。豪族之初起，或因軍功，或因文治，或因戚貴，而後爲保障既得利益，並傳之久遠，任子制遂更大行其道。

兩漢任子制之原始，實由秦之葆子制而來，漢任子制之具體內容，檢《漢書·哀帝紀》載綏和二年詔曰：「除任子令及誹謗詆欺法。」師古注引應劭曰：「任子令者，漢儀注：吏二千石以上視事滿三年，得任同產若子一人爲郎。」但實施時，「二千石以上」及「視事滿三年」之條件限制並不嚴格，而且非只以父兄任其子弟而已，另有以宗室任、以族父任、以姊任、及以外戚任等，此即爲豪門權貴之形成，開啓先導；在保舉人數方面，亦非以一人爲度，鄧騭兄弟及門從十二人悉爲郎中；李廣三子（當戶、椒、敢）皆爲郎中；蘇武兄弟亦並以父任爲郎，即其證。所任之官，又非只郎中而已，太子洗馬、中書舍人、太子中庶子、博士弟子等，皆可保任，乃爲權貴子弟之仕進，授予特權。

西漢任子制，盛行於文、景之際，後雖有武帝時之董仲舒、宣帝時之王吉反對，任子制仍與察舉、徵辟制並行；哀帝時雖下詔除之，但至東漢光武帝，又恢復實行，馬援、耿國、桓榮、宋伯諸人之子，均以父任爲郎；安帝建光二年更下詔曰：「以公卿、校尉、尚書郎子弟一人爲郎、舍人。」《後漢書·安帝紀》；順帝陽嘉四年，「初聽中官得以養子爲后，世襲封爵。」《後漢書·順帝紀》；桓帝延熹中，「是時宦官方熾，任人及子弟爲官，布滿天下，競爲貪淫，朝野嗟怨。」《後漢書·楊震列傳附楊秉傳》，而大將軍梁冀專朝縱橫，「猶交結左右宦官，任其子弟、賓客爲州郡要職，欲以自固恩寵。」《資治通鑑·卷五十三》，依漢世舊典，「中臣子弟不得居位秉勢，而今枝葉布列職署，或年少庸人，典據守宰，上下忿患，四方愁毒。」《後漢書·楊震列傳附楊秉傳》，面對盜竊縱恣，怨訟紛錯之官場現象，王符遂有如下之警言：

凡今之人，言方行圓，口正心邪，行與言謬，心與口違，論古則知稱夷齊原顏，言今則必官爵職位，虛談則知以德義爲賢，貢薦則必閥閱爲前，處子雖躬顏閔之行，性勞謙之質，秉伊呂之才，懷救民之道，其不見資於斯世也，亦已明矣。〈交際〉

世不識論，以士族位，弗問志行，官爵是紀。〈敘錄〉

權貴子弟，一旦經由任子制之庇蔭，出任郎官等職，即可接近皇帝、太子，且有出宰百里之可能，復經若干運作拔擢，羈首係頸，就人銜紲，遂或成爲樞機大臣，而後其子弟徒從，又可經由此制，將其權位，世代承繼，風氣一旦形成，上行下效，官場仕宦，唯論出身高下，不問才智道德，「以族舉德，以位命賢」，閥閱世族，實與任子制有密切之關係。

結黨營私，交通屬託，既常見於官場，而選舉不公，興致浮僞，「世務游宦，當塗者更相薦引」《後漢書·王符傳》，更使仕宦風氣日趨下流。或由士族大姓，壟斷選舉，「權富子弟多以人事得舉，而貧約守志者以窮退見遺」《後漢書·黃瓊列傳附黃琬傳》；或由舉主與故吏、宗師與門生之間，形成「表舉薦達，例皆門徒，及所辟召，靡非先舊」《後漢書·李固傳》之共存共榮之依附關係，甚至竟以浮華虛名相標榜，如許武自汙以成全其弟，趙宣居喪生子而舉孝廉，仕進之途，容或不一，然「偷勢竊名，以取濟度」，又實無二致，影響所及，「言事者雖合聖德，輒見掎奪」《崔寔·政論》，「耆宿大賢，多見廢棄」《後漢書·樊宏列傳附樊儵傳》，賢人廢錮隱退，王符殊引以爲憂，茲略述其意於后。

世衰道微，待賢而治，原屬理之必然，闇君所以孤危，國之所以亂亡，原其由來，王符以爲皆起於不能尚賢之故，其言曰：

> 國之亂，待賢而治。〈思賢〉

> 明君莅眾，務下言以招外敬，納卑賤以誘賢也，其無距言，未必言者之盡可用也，乃懼拒無用而讓有用也，其無慢賤，未必其人盡賢也，乃懼慢不肖而絕賢望也，是故聖王表小以厲大，賞鄙以招賢，然後良士集于朝，下情達于君也。〈明闇〉

良士雲集於朝，下情通達於君上，國家施政，庶幾可以無失，國家敗亡之危，方能免除，然賢者多廢錮隱退，竟不見用於世，王符曰：

> 國以賢興，以諂衰，君以忠安，以佞危，……以大漢之廣博，士民之眾多，朝庭之清明，上下之脩治，而官無直吏，位無良臣，此非今世之無賢也，乃賢者廢錮，而不得達於聖主之朝爾。〈實貢〉

選舉不實，則「冠族子弟結黨，權門交接求名」《徐幹．中論序》，賢者坐退廢錮，理所必然。此外，依王符之意，賢者之不能薦用，亦另有其它因由，而皆與選舉不實，多所關連。一則賢者恒常遭妬，王符曰：

> 凡有國之君，未嘗不欲治也，而治不世見者，所任不賢故也，世未嘗無賢也，而賢不得用者，群臣妬也，主有索賢之心，而無得賢之術，臣有進賢之名，而無進賢之實，此所以人君孤危於

上，而有道獨抑於下也。〈潛歎〉

主有索賢之心，而無得賢之術，即謂察舉徵辟等，實不足以杜塞閒隙，舉無遺失；臣有進賢之名，而無進賢之實，即指「富者乘其財力，貴者阻其勢要」〈考績〉，財貨自通，貿易選舉，故賢者自遭嫉恨。王符又曰：

世之所以不治者，由賢難也。所謂賢難者，非只體聰明服德義之謂也，此則求賢之難得爾，非賢者之所難也。故所謂賢難者，乃將言乎，脩善則見妬，行賢則見嫉也，而必遇患難者也。〈賢難〉

脩善行賢，則見嫉妬而遇患難，「比干所以剖心，箕子所以爲奴，伯宗之以死，郄宛之以亡」〈賢難〉，正如「國之不乏於妬男也，猶家不乏於妬女」、「近古以來，自外及今，其爭功名妬過己者，豈希也？」〈賢難〉，故王符復詳釋之曰：

予以唯兩賢爲宜，不相害乎？然也，范睢絀白起，公孫弘抑董仲舒，此同朝共君，寵祿爭故邪？唯殊邦異途，利害不干者，爲可以免乎？然也，孫臏脩能於楚，龐涓自魏變色，誘以刖之，韓非明治於韓，李斯自秦作思，致而殺之，嗟！士之相妬，豈若此甚乎？此未達於君，故受禍邪？唯見知爲可以將信乎？然也，京房數與元帝論難，使制考功而選守，晁錯雅爲景帝所知，使條漢法而不亂，夫二子之於君也，可謂見知深而寵愛殊矣，然京房冤死而上曾不知，晁錯既斬而帝乃悔，此材明未足衛身，故及難邪？唯大聖爲能無累乎？然也，帝乙以義故囚，文王以仁故拘，夫體行仁義，據南面師尹卿士，且猶不能無難，然則夫子削迹，叔嚮縲紲，屈原放沈，賈誼貶黜，鍾離廢替，何敞束縛，王章抵罪，平阿斥遂，蓋其輕者也，《詩》云：「無罪無辜，讒口敖敖。」「彼人之心，于何不臻。」由此觀之，妬媢之攻擊也，亦誠工矣，賢聖之居世也，亦誠危矣。〈賢難〉

妬媢攻擊，屢屢常見，是以賢者居世，欲求不鉗口結舌，括囊拱默，豈是易事？「當塗之人，恒嫉正直之士，得一介言於君，以矯其邪」〈明闇〉，「凡驕臣之好隱賢也，既患其正義以繩己矣，又恥居上位而明不及下，尹其職而策不出於己」〈明闇〉，矜名嫉能，王符常謂賢者常與寵人爲寇讎，即是此理。復次，除因權貴之妬外，賢者又常因不爲尋常時俗所尚，故常見屏棄，王符曰：

且閭閻凡品，何獨識哉？苟望塵剽聲而已矣，觀其論也，非能本閨閣之行迹，察臧否之虛實也，直以面譽我者爲智，諂諛己者爲仁，處姦利者爲行，竊祿位者爲賢爾，豈復知孝悌之原，忠正之眞，綱紀之化，本途之歸哉？〈賢難〉

王符以爲「民蒙善化，則人有士君子之心，被惡政，則人有懷姦亂之慮」〈德化〉，民之從上，「猶鑠金之在爐也，從革變化，唯治所爲，方圓薄厚，隨鎔制爾」〈德化〉，今僞舉充斥，浮選流行，民遇惡吏，「則皆懷姦邪而行淺薄」〈德化〉，是賢者之無可如何，應是無庸置疑。再者，賢者廢錮之另一因由，殆世主人君淺識之故，王符常以爲漢主非獨不能知賢用賢，甚而欺賢賊賢，其言曰：

末世則不然，徒信貴人驕妬之議，獨用苟媚蠱惑之言，行豊禮者蒙愆咎，論德義者見尤惡，於是諛臣佞人又從以詆訾之法，被以議上之刑，此賢士之姤困也。夫詆訾之法者，伐賢之斧也，而驕妒之臣者，噬賢之狗也，人君內秉伐賢之斧，權噬賢之狗，而外招賢，欲其至也，不亦悲乎？〈潛歎〉

今漢土之廣博，天子尊明，而曾無一良臣，此誠不愍兆黎之愁苦，不急賢人之佐治爾。孔子曰：「未之思也，夫何遠之有？」忠良之吏，誠易得也，顧聖主欲之不爾？〈實貢〉

袁宏曾謂：「夫世之所患，患時之無才也，雖有其才，患主之不知也，主既知之，患任之不盡也。彼三患者，古今所同而御世之所難也。觀寇恂之才，足居內外之任，雖蹔撫河內，再綏潁川，未足展其所能也，及在汝南，延儒生受左氏，何其閑也，晚節從容，不得預於治體，夫以世祖之明，如寇生之智能，猶不得自盡於時，況庸主乎？」《後漢記．卷六》，光武明章以後諸帝，實即庸主，史冊雖不乏求賢孔急之詔（註三一），終不能整飭東漢濫選之弊，前所引王符之言，所謂伐賢之斧，噬賢之狗，其所以能詆訾噬齧者，率皆肇始於人主之愚闇，而人主之愚闇，復由於選舉不實，賢良廢錮，有以致之，其中消息，實足深思。

第四節　考課不公、監察不實之官場風氣

天子平庸無能，權移近臣，女主垂簾干政，戚宦迭起，此即為東漢中葉以後，政局衰敗之鮮明寫

照，復以「以族舉德，以位命賢」之僞舉盛行，故吏治混濁，更是不爭之事實。官場上分官授職之制度，雖已初備，循吏之名聲，史傳亦頗有記戴，但貪吏、酷吏、俗吏之輩，乘軒食祿，實曷可勝數？《潛夫論》中，對此有極嚴厲之責難。王符曰：

且夫竊位之人，天奪其鑒，神惑其心……一旦富貴，則背親捐舊，喪其本心，皆踈骨肉而親便辟，薄知友而厚狗馬，財貨滿於僕妾，祿賜盡於猾奴，寧見朽貫千萬而不忍賜人一錢，寧知積粟腐倉而不忍貸人一升，人多驕肆，負債不還，骨肉怨望於家，細民謗讟於道，前人以敗，後爭襲之，誠可傷也。〈忠貴〉

人臣不奉遵禮法，竭精思職……而乃欲任其私知，竊君威德，以陵下民，反戾天地，欺誣神明，偷進苟得，以自奉厚，居累卵之危，而圖泰山之安，爲朝露之行，而思傳世之功，譬猶始皇之舍德任刑，而欲計一以至於萬也，豈不惑哉？〈忠貴〉

放散錢穀，殫盡府庫，乃復從民假貸，彊奪財貨，千萬之家，削身無餘，萬民匱竭，因隨以死亡者，皆吏所餓殺也，其爲酷痛，甚於逢虜。〈實邊〉

〈考績〉言群僚舉士，多有「以貪饕應廉吏」者，此輩率「以錢多爲賢」，以空虛之質，而當輔弼之任，遂造成「在位所以多非其人，官職所以數亂荒」之現象；〈斷訟〉亦言封君王候貴戚豪富之人，「假舉驕奢，以作淫侈，高負千萬，不肯償責」，雖然小民號哭，竟無「怵惕慚怍哀矜之意」，甚或「毆擊責主，入於死亡」，即或有「上書封租，願且償責」，亦只是推託敷衍而已，「此乃殘掠官民，而還依縣官也，其誣罔慢易，罪莫大焉。」

東漢官場之貪吏橫行，俸祿不足，自是主因，尤其順、桓之後，多次減俸、假俸、甚或絕俸（註三二），遂使官吏難以潔身自好，不圖私謁，而人性自有貪婪之一面，貪瀆風氣一旦形成，自是一發而不可收拾。前漢之時，尚有「主守而盜直十金，棄市」之律《漢書．陳咸傳注》，至桓帝之際，則「長吏臧滿三十萬而不糾舉者，刺史、二千石以縱避爲罪」《漢書．桓帝紀》，金額增加，處罰卻相對爲輕，貪官污吏之營私舞弊現象，已經十分普通。史載此時諸梁秉權，豎宦充朝，「羽毛齒革、明珠南金之寶，殷滿其室，富擬王府，埶回天地」《後漢書．黃瓊傳》，「（梁）冀乃大起第舍，而壽（染冀妻）亦對街爲宅，殫極土木，互相誇競。堂寢皆有陰陽奧室，連房洞戶，柱壁雕鏤，加以銅漆；窻牖皆有綺疎青瑣，圖以雲氣仙靈，臺閣周通，更相臨望，飛梁石蹬，陵跨水道，金玉珠璣，異方珍怪，充積臧室，遠致汗血名馬。又廣開園囿，採土築山，十里九坂，以像二崤，深林絕澗，有若自然，奇禽馴獸，飛走其閒。冀壽共乘輦車，張羽蓋，飾以金銀，游觀第內，多從倡伎，鳴鍾吹管，酣謳竟路。或連繼日夜，以騁娛恣。客到門不得通，皆請謝門者，門者累千金。又多拓林苑，禁同王家，西至弘農，東界滎陽，南極魯陽，北達河、淇，包含山藪，遠帶丘荒，周旋封域，殆將千里。又起菟苑於河南城西，經亙數十里，發屬縣卒徒，繕修樓觀，數年乃成。移檄所在，調發生菟，刻其毛以爲識，人有犯者，罪至刑死。嘗有西域賈胡，不知禁忌，誤殺一兔，轉相告言，坐死者十餘人，冀二弟嘗私遣人出獵上黨，冀聞而捕其賓客，一時殺三十餘人，無生還者。冀又起別第於城西，以納姦亡，或取良人，悉爲奴婢，至數千人，名曰：「自賣人」。」《後漢書．梁統列傳附梁冀傳》，延熹二年梁冀誅死，「收冀財貨，縣官斥賣，合三十餘萬萬，以充王府，用減天下稅租之半」《後漢書．梁統列傳附梁冀傳》，貪亂凶縱，實爲驚人；延熹八年，太尉楊秉舉劉瑜賢良方正，及到京師，劉瑜上書陳事，有「今第舍增多，窮極奇巧，掘山攻石，不避時令，民無罪而覆入之，民有田而覆奪之，州郡官府，各有考事，姦情賕賂，皆爲吏餌」之語《後漢書．劉瑜傳》，前此順帝時，長吏二千石聽百姓謫罰者輸贖，號爲義錢，尙書僕射虞詡因而上疏曰：「元年以來，貧百姓章言長吏受取百萬以上者，匈匈不絕，謫罰吏人至數千萬，而三公、刺史少所舉奏。」《後漢書．虞詡傳》可知王符所言，絕無弔詭矜奇之處。

貪吏之外，酷吏之多，亦是東漢吏治中之特殊現象，王符嘗曰：

群僚舉士……以殘酷應寬博。〈考績〉

天下百郡千縣，市邑萬數，……本末何足相供，則民安得不飢寒？飢寒並至，則安能不爲非？爲非則姦宄，姦宄繁多，則吏安能無嚴酷？〈浮侈〉

澄清吏治，自以勝殘去殺爲尙，但官場闇闇，浮食衆多，是酷暴雖爲教化之末，卻不得不然，所謂「德義不足以相洽，化導不能以懲違」《後漢書．酷吏列傳》，於是嚴刑痛殺，以暴理姦，一人有罪，舉宗拘繫之現象，東漢之時常見。如光武帝時董宣爲北海相，有大姓公孫丹令其子殺道行人，董宣即收丹父子殺之，丹宗族親黨三十餘人，操兵詣府，稱冤叫號，「宣使門下書佐水丘岑盡殺之」；樊曄爲天水太守，爲政嚴猛，好申韓之法，「人有犯其禁者，率不生出獄」；李章爲千乘太守，曾「坐誅斬盜賊過濫，徵下獄免」；章帝時周紆「收考姦臧，無出獄者」，「以威名遷齊相，亦頗嚴酷，專任刑法……坐殺無辜，復左轉博平令」；順帝時黃昌爲宛令，政尙嚴猛，好發姦服，「人有盜其車蓋者，昌初無所言，後乃密遣親客至門下賊曹家掩取得之，悉收其家，一時殺戮」；桓帝時王吉爲中常侍王甫之養子，以父秉權寵，年二十餘即爲沛相，「若有生子不養，即斬其父母，合土棘埋之，凡殺人皆磔屍車上，隨其罪目，宣示屬縣，夏月腐爛，則以繩連其骨，周偏一郡乃止，見者駭懼，視事五年，凡殺萬餘人，其餘慘毒刺刻，不可勝數。」（註三三）《潛夫論》中，王符亦痛陳官吏酷痛，甚於逢虜之事，其言曰：

> 寇鈔賊虜，忽然而過，未必死傷，至吏所搜索剽奪，旋踵塗地，或覆宗滅族，絕無種類，或孤兒婦女，爲人奴婢，遠見販賣，至今不能自活，不可勝數也。〈實邊〉

前言樊曄爲天水太守時，爲政嚴猛，故《後漢書·酷吏樊曄傳》載涼州爲之歌曰：「游子常苦貧，力子天所富。寧見乳虎穴，不入冀府寺。大笑期必死，忿怒或見置。嗟我樊府君，安可再遭値。」《後漢書·南蠻西南夷列傳》亦載中郎將尹就討益州叛羌，益州之諺曰：「虜來尙可，尹來殺我。」民生凋弊，流民四起，爲政者首當撫輯流亡，招來遠人，但酷吏爲逞其不撓之威，「擅行喜怒，或案不以罪，迫脅無辜，致令自殺者一歲且多於斷獄」、「掠考多酷，鈷鑽之屬，慘苦無極」《後漢書·章帝紀》；「有司不念寬和，而競爲苛刻」、「競爲苛暴，侵愁小民，以求虛名」、「吏行慘刻，不宣恩澤，妄拘無罪，幽閉良善」《後漢書．和帝紀》；「州郡輕慢憲防，競逞殘暴，造設科條，陷入無罪」《後漢書．質帝紀》，是王符前所言者，固可以與史傳相表裏矣。

貪吏貪饕不法，酷吏殺伐苛刻，對平民百姓自然造成直接而嚴酷之傷害。俗吏雖非元凶罪魁之人，論其作爲，「務在刀筆筐篋，而不知大體。」《漢書．賈誼傳》「俗吏之治，皆不本禮讓，而上克暴，或忮害好陷人於罪，貪財而慕勢，故犯法者衆，姦邪不止。」《漢書．匡衡傳》，貪財慕勢，科條徵斂，百姓仍無辜受害，何況官場風氣之敗壞，俗吏亦扮演重要角色，章帝建初元年詔曰：「選舉乖實，俗吏傷人，官職秏亂，刑罰不中。」元和二年詔又曰：「俗吏矯飾外貌，似是而非，揆之人事則悅耳，論之陰陽則傷化，朕甚饜之，甚苦之。」《後漢書．章帝紀》時第五倫爲司空，「常疾俗吏苛刻」，嘗謂「郡國所舉，類多辨職俗吏，殊未有寬博之選以應上求者也。」《後漢書．第五倫傳》，王符亦謂群僚舉士，「或以頑魯應茂才，以桀逆應至孝，以貪饕應廉吏，以狡猾應方正，以諛諂應直言，以輕薄應敦厚，以空虛應有道，以嚚瘖應明經，以殘酷應寬博，以怯弱應武猛，以愚頑應治劇」〈考績〉，「貪饕」、「殘酷」之外，其它所指，實爲俗吏之代稱。王符又曰：

坐調文書，以欺朝庭，實殺民百則言一，殺虜一則言百，或虜實多而謂之少，或實少而謂之多，傾側巧文，要取便身利己，而非獨憂國之大計，哀民之死也。〈實邊〉

俗吏誤國，與貪吏酷吏其實無別，安帝元初二年詔曰：「被蝗以來，七年于茲，而州郡隱匿，裁言頃畝。今群飛蔽天，爲害廣遠，所言所見，寧相副邪？三司之職，內外是監，既不奏聞，又無舉正，天災至重，欺罔皐大。」《後漢書．安帝紀》順帝永建六年詔亦曰：「連年灾潦，冀部尤甚，比蠲除實傷，贍恤窮匱，而百姓猶有棄業，流亡不絕。疑郡縣用心怠惰，恩澤不宣。」《後漢書．順帝紀》，類此坐調文書，欺誣朝庭之例，後漢載記，實不可勝數，此正王符所謂「在位所以多非其人，而官職所以數亂荒」（考績）也。

東漢吏治不清，既已有如上述，推究其所以然之故，選舉不實（見第三節）之外，王符以爲考課不公、監察不實，亦實難辭其咎，今述之於后。

考課之制，古昔早已有之，《尚書．舜典》有「三載考績，三考黜陟幽明」之語，注云：「三年有成，故以考功。九歲則能否幽明有別，黜退其幽者，升進其明者。」《周禮．天官》亦載太宰以八法治官府，小宰以六計課群吏，至漢，考績之標準、程序、及獎懲，已有較詳細之規定，而凡此種種，殆皆以「案比」與「上計」爲其基礎。

所謂「案比」，即漢朝庭爲確保賦稅、傜役、與兵役之來源，而實行之戶籍管理。「仲秋之月，縣道皆案戶比民。」《續漢書．禮儀志中》、「方今八月案比之時，謂案驗戶口，次比之也。」《後漢書．安帝紀注》、「漢法，常用八月算人。」《後漢書．皇后紀》、「大比謂使天下更簡閱民數及財物也。」《周禮．地官司徒鄭注》可知漢法於仲秋之月，縣吏功曹，逐戶核驗戶口資產，並造冊登記（註三四），百姓在登記后，稱爲編戶民，即成爲朝庭財政收入、力役兵役調度之主要提供者，甚而欲維繫國家政治秩序、社會秩序，亦莫不經由「案比」而奠定基石。「案比」之後，縣道則上其集簿，由郡國予以考課，「秋冬歲盡，各計縣戶口、墾田、錢穀入出、盜賊多少，上其集簿；丞尉以下歲詣郡，課校其功。功多尤爲最者，於庭尉勞之勉之，以勸其後；負多尤爲殿者，於後曹別責，以糾怠慢也。諸對辭窮尤困，收主者掾吏，關白太守，使取法丞尉縛責，以明下轉相督敕，爲民除害也。」《續漢書．百官志五劉昭補注》；在郡國則稱計簿，「漢制，歲盡遣上計掾吏各一人，條上郡內衆事，謂之計諧簿。」《通典．郡太守》至於奉計使者，西漢時縣道上計於郡國，由令長丞尉負責，郡國上計於中央，則爲守丞長史代行；東漢則前者爲丞尉以下，令長不自行，後者則由計掾、計吏、計佐爲之（註三五）。受計者，西漢時在中央則爲丞相、御史兩府《漢書．薛宣傳》，所謂「考績功課，簡在兩府」即是；東漢原由司徒爲之，後因司徒備位充員，故權歸尚書主持。對郡國進行之考核，有殿最高低之分，最則升遷，殿則黜斥（註三六），此「上計」之大較也。

東漢官場考課不公之事，實與「案比」、「上計」不實有密切之關連，《潛夫論》書中，雖未明指「案比」與「上計」之名，然觀王符所稱「有號者必稱於理，名理者必效於實」、「群寮師尹，咸有典司，各居其職，以責其效，百郡千縣，各因其前，以謀其後，辭言應對，各緣其文，以覈其實，則奉職不解，而陳言者不得誣矣。」〈考績〉，則知王符未得升進，不在官場，於官場考績程序、內容諸事，雖無所論述，然其對官吏考課之重視，實又不遑多讓。王符又曰：

凡南面之大務，莫急於知賢，知賢之近途，莫急於考功。……令群臣之不試也，其禍非直止於誣闇疑惑而已，又必致於怠慢之節焉。設如家人有五子十孫，父母不察精慎，則懃力者懈弛，

而惰慢者遂非，此耗業破家之道也，父子兄弟，一門之計，猶有若此，則又況乎群臣總猥治公事哉？〈考績〉

蓋「官長不考功，則吏怠傲而姦宄興，帝王不考功，則眞賢抑而詐僞勝」〈考績〉，此處所謂「官長」，指郡縣之守尉、令長而言，一者除應向上級政府（郡向中央，縣向郡國）上計之外，亦自當對其下屬僚佐考課，其他如中都官、邊官當亦無有例外，乃今「聖漢踐祚，載祀四八」，而不能「別賢愚而獲多士，成教化而安民氓」者，實以「教不修而功不考，賞罰稽而赦贖數」〈考績〉之故。

依王符之觀察，東漢官場上下，只是一味「愛其嬖媚之美，不量其材而受之官，不使立功，自託於民，而苟務高其爵位，崇其賞賜」〈思賢〉，〈考績〉篇中，更有一段醒目之記載，王符之言曰：

今則不然，令長守相，不思立功，貪殘專恣，不奉法令，侵冤小民，州司不治，令遠詣闕，上書訟訴，尚書不以責三公，三公不以讓州郡，州郡不以討縣邑，是以凶惡狡猾，易相冤也。

上至尙書三公，下至州郡縣邑，主事者庸庸碌碌，多以拱默爲賢，既無治世績效，亦乏督導統馭之功，王符遂直言無諱，疾言其非。如論三公，王符則曰：

今則不然……郡縣既加冤枉，州司不治，令破家活，遠詣公府，公府不能昭察眞僞，則但欲罷之以久困之資，故猥設一科令，比滿百日，乃爲移書，其不滿百日，輒更遣赦，甚違邵伯訟棠之義。〈愛日〉

今公卿始起州郡而致宰相，此其聰明智慮，未必闇也，患其苟先私計而後公義爾。〈愛日〉

三公之中，太尉掌「四方兵事功課，歲盡即奏其殿最而行賞罰」；司徒掌「人民事，凡教民孝悌、遜順、謙儉、養生送死之事，則議其事，建其度，凡四方民事功課，歲盡則奏其殿最而行賞罰」；司空掌「水土事，凡營城起邑、浚溝洫、修墳防之事，則議其利，建其功，凡四方水土功課，歲盡則奏其殿最而行賞罰」。「凡國有大造大疑」，三公則「通而論之」；「國有過事」，三公則「通諫爭之」《續漢書．百官志五劉昭補注》。原應上佐天子，下遂萬物之宜，所謂「三公揔統，典和陰陽」〈考績〉，乃光武之後，三公不獨權在尚書之下，「三公不以讓州郡」，治事又常延以日月，其餘卿大夫之任職績效，即可以不必論矣。

王符又論郡守曰：

今之守相，制地千里，威權勢力，盛於列侯，材明德義，未必過古，而所治逾百里，以此所治多荒亂也，是故守相不可以不審也。〈三式〉

今者刺史守相，率多怠慢，違背法律，廢忽詔令，專情務利，不恤公事，細民冤結，無所控告，下土邊遠，能詣闕者，萬無數人，其得省治，不能百一，郡縣負其如此也，故至敢延期，民日往上書，此皆太寬之所致也。〈三式〉

西漢孝平之際，凡郡國百三，東漢順帝時，則凡郡國百五。郡有太守專郡，「凡郡國皆掌治民，進賢勸功，決訟檢姦。常以春行所主縣，勸民農桑，振救乏絕。秋冬遣無害吏案訊諸囚，平其罪法，論課殿最。歲盡遣吏上計，幷舉孝廉，郡口二十萬舉一人。」《續漢書．百官志五劉昭補注》，郡爲漢代地方行政之主體，郡守因擁有地方行政、獄政、財政、軍事四項重要而基本之權力（註三七），故郡守良窳，實關緊要，漢宣帝嘗謂：「庶民所以安其田里，而無歎息愁恨之心者，政平訟理也，與我共此者，其唯良二千石乎？」《漢書·循吏傳序》然東漢之後，郡守怠職之例，史不絕書，「自牛疫以來，穀食減少，良由吏教未至，刺吏、二千石不以爲負。」《後漢書·章帝紀》、「往者郡國上貧民，以衣履釜鬵爲貲，而豪右得其饒利。」《後漢書·和帝紀》、「先帝（章帝）明勑在所，令試之以職，乃得充選……宣佈以來，出入九年，二千石曾不承奉，恣心所好。」《後漢書·和帝紀》、「方今案比之時，郡縣多不奉行，雖有糜粥，糠粃相半，長吏怠事，莫有躬親，甚違詔書養老之意。」《後漢書·安帝紀》；順帝時，「政失厥中，陰陽氣隔，寇盜肆暴，庶獄彌繁」，而桂陽太守文礱，「不惟竭忠，宣暢本朝，而遠獻大珠，以求幸媚」《後漢書·順帝紀》；《後漢書》王符本傳載度遼將軍皇甫規解官歸安定，「鄉人有以貨得雁門太守者」求見，皇甫規傳亦載「安定太守孫儁受取狼籍，漢陽太守趙熹老弱不堪任職，而皆倚恃權貴，不遵法度。」均其明證。

郡守又因兼領一郡武事，故又有郡將之稱，東漢中葉之後，羌亂日熾，邊郡郡將，多不知曉軍事，王符譏之曰：

今觀諸將，既無斷敵合變之奇，復無明賞必罰之信，然其士民，又甚貧困，器械不簡習，將恩不素結，卒然有急，則吏以暴發虐其士，士以所拙遇敵巧，此爲將吏驅怨以禦讎，士卒縛手以待寇也，……故曰：其敗者，非天之所災，將之過也。〈勸將〉

蓋羌人初反之始，乃「草創新叛散亂之弱虜」〈勸將〉，漢庭不能擒滅，反輒爲所敗，「令遂雲烝霧起，合從連橫，掃滌井涼，內犯司隸，東寇趙魏，西鈔蜀漢，五州殘破，六郡削迹」〈勸將〉，實以「太守令長，皆奴怯畏愞不敢擊」〈邊議〉，「太守令長，畏惡軍事」〈實邊〉之故。漢時郡守兼領武事，雖可事權合一，但文武不能兼備，亦軍敗之必然，尤以兵久不息，費不可共，人命貲財之鉅量耗損，終導致漢帝國之滅亡。

郡國守相既常怠忽職守，則所屬令長，自難有所作爲，王符曰：

> 今則不然，令長守相，不思立功，貪殘專恣，不奉法令，侵冤小民。〈考績〉
>
> 正士懷冤結而不得信，猾吏崇姦宄而不痛坐，此郡縣所以易侵小民，而天下所以多饑窮也。〈愛日〉

漢制郡下設縣，「列候所食曰國，皇太后皇后公主所食曰邑，有蠻夷曰道。」《漢書．百官表》、「內郡爲縣，三邊爲道，皇后太子公主所食曰邑。」《衛宏漢官舊儀》雖又有邑、道、國之別名，實即縣也。兩漢縣制，滿萬戶以上爲令，減萬戶爲長，爲令爲長，均以戶數爲斷，西漢孝平之時，「凡縣邑千三百一十四，道三十二，國二百四十一」《漢書．地理志》，至東漢順帝時，「縣、邑、道、侯國千一百八十」《續漢書．郡國志五》，令長之職守，乃「皆掌治民，顯善勸義，禁姦罰惡，理訟平賊，恤民時務，秋冬集課，上計於所屬郡國。」《續漢書．百官志五劉昭補注》此外，令長又可貢士於所屬郡國及中央（註三九），甚或操殺生之權（註四〇），位尊權重，由此可見。如以羌亂而言，據

《後漢書‧西羌傳》所載，羌勢轉盛之後，邊郡之二千石令長，多係內郡之人，並無戰守之意，「皆爭上徙郡縣，以避寇難，朝庭從之，移隴西徙襄武，安定徙美陽，北地徙池陽，上郡徙衙，百姓戀土，不樂去舊，遂乃刈其禾稼，發徹室屋，夷營壁，破積聚，時連旱蝗飢荒，而驅蹙劫略，流離分散，隨道死亡，或棄捐老弱，或爲人僕妾，喪其大半。」范史所說，正與本書〈實邊〉相同，故王符斷之曰：「原禍所起，皆吏過爾。」

又漢以縣轄鄉，鄉下有亭，據《續漢書‧郡國志五注引東觀書》，東漢永興元年，「鄉三千六百八十二，亭萬二千四百四十二」、主管鄉亭之吏，爲有秩、嗇夫、游徼、亭長等。亭有都亭、旗亭、野亭之稱，大率十里一亭，原爲軍事交通而設，而後漸演變成地方行政單位，亭吏除典武禁盜之外，復得以持民事，決斷辭訟（註四〇），《潛夫論》中，王符嘗責難鄉亭之斷訟不公，其言曰：

> 中材以上，皆可議曲直之辯，刑法之理，鄉亭部吏，足以斷決，使無怨言，然所以不者，蓋有故焉。傳曰：「惡直醜正，實繁有徒」。夫直者貞正而不撓志，無恩於吏，怨家賂主者，結以貨財，故鄉亭與之爲排直家。〈愛日〉

王符嘗謂：「臣主之所以憂勞者，其本皆鄉亭之所治者，太半詐欺之所生也。」〈斷訟〉，又曰：「今一歲斷獄，雖以萬計，然辭訟之辨，鬬賊之發，鄉部之治，獄官之理者，其狀一也，本皆起民不誠信而數相欺紿也。」〈斷訟〉，民之有訟，起於不誠信而相欺紿，鄉亭部吏，原足以斷決，《周禮‧大司徒》曰：「凡萬民之不服教而有獄訟者，與有地治者，聽而斷之。」鄭司農曰：「與其地部界所屬吏，共聽斷之。」可證。今鄉吏部吏之斷獄，收受賄賂，以直爲惡，以正爲醜，本書〈賢難〉王符謂漢世萬官屢失職守者，鄉亭吏自不能免。

如前所述，編戶民經「案比」之後，上計簿冊乃爲中央考核郡國守相、郡國考核縣令（長）及其僚屬之主要根據，爲求公正與客觀，則須審核簿冊內容之眞僞、與官吏之違法失職，且爲防阻官場不良風氣之產生及孳長，監察制度遂與考課制度相待而生，互爲因果。

兩漢之監察機關，有中央及地方之分，前者糾舉中都官，後者糾舉郡國官與邊官，二者下轄屬官衆多，各有職掌，不特組織嚴密，系統分明，而且上下相監臨，儼然爲一獨立行使職權之機構。然東漢中期之後，外戚攬權，宦官納賄，正如草之滋長引蔓，已難可芟除，而世族益盛，如王符所言「以族舉德，以位命賢」〈論榮〉，甚或「弗問志行，官爵是紀」〈敍錄〉，世宦官閥之風，應運而生。豺狼當道，徒呼負負，登車攬轡，遂成絕響，監察制度之良法美意，殊未見出具體之實效。

《潛夫論》書中，對官場監察之虛應委蛇，亦頗有譏評之處，王符曰：

> 今日賊良民之甚者，莫大於數赦贖……何者？正直之士之爲吏也，不避彊禦，不辭上官，從事督察，方懷不快，而姦猾之黨，又加誣言，皆知赦之不久，則且共橫枉侵冤，誣奏罪法，令主上妄行刑辟，高至死徙，下乃論免，而被冤之家，乃甫當乞鞫，告故以信直，亦無益於死亡矣。〈述赦〉

> 今不顯行賞罰以明善惡，嚴督牧守以擒姦猾，而反數赦以勸之，其文常曰：「謀反大逆不道諸

犯，不當得赦，皆除之，將與士大夫灑心更始。」歲歲灑之，然未嘗見姦人宄吏，有肯變心悔服稱詔者也。〈述赦〉

監察權之行使，要在肅官箴而察非法，王符稱大惡元凶之人，「材必有過於衆，而能自媚於上」、「多散苟得之財，奉以諂諛之辭」〈述赦〉，故大惡之資，終必不可化導，「雖歲赦之，適勸姦耳」〈述赦〉。姦人誣奏良吏，令上失刑，重者死徙，輕者論罪免職，宜應先懲，今乃「一門赦之」、「赦贖稠數」，正是官場虛應委蛇，賞罰不公之表現。故王符對身負糾舉不法之監察官吏，如刺史，督郵等，特予以譴責。其言曰：

州牧刺史，在宣聰明，……今則不然，令長守相，不思立功，貪殘專恣，不奉法令，侵冤小民，州司不治，令遠詣闕，上書訴訟，尚書不以責三公，三公不以讓州郡，州郡不以討縣邑，是以凶惡狡猾，易相冤也。〈考績〉

今者刺史守相，率多怠慢，違背法律，廢忽詔令，專情務利，不恤公事，細民冤結，無所控告，下土邊遠，能詣闕書，萬無數人，其得省治，不能百一，郡縣負其如此也，故至敢延期，民日往上書，此皆太寬之所致也。〈三式〉

秦時分天下爲三十六郡，設御史監檢諸郡，漢高祖時省之，惠帝三年，又遣御史監三輔郡，所察之事凡九條（註四一），武帝元封五年置部刺史十三人，掌奉詔六條察州（註四二），成帝綏和元年，更爲州牧，哀帝建平二年，復改爲刺史，王莽時，又復州牧之制，光武建武十八年又改爲刺史。

武帝時刺史以六條察州，非條所問，即不省察，且不得干預治民之事，不得代二千石置吏，亦不察黃綬以下。至東漢則權較西漢為增，不獨可干預地方行政，可代行郡守權責，甚而可領兵領郡（註四三），已成為郡國守相之上級長官，此從東漢諸帝詔書，常置刺史於郡守之上，並二者連稱知之（註四四）。《潛夫論》中，對刺史責難之處頗多，實以其「專情務利、不恤公事」，復又「姦門竊位，將誰督察」（〈敍錄〉），則前所謂九條、六條者，徒為具文而已。史載章帝時，「刺史、守相不明眞僞，茂才、孝廉歲以百數，既非能顯，而當授之政事，甚無謂也。」《後漢書．章帝紀》；「自牛疫以來，穀食連少，良由吏教未至，刺史、二千石不以為負。」《後漢書．章帝紀》；和帝時，「二千石曾不承奉，恣心從好，司隸、刺史訖無糾察，……在位不以選舉為憂，督察不以發覺為負，非獨州郡也，是以庶官多非其人。」《後漢書．和帝紀》；殤帝時，「郡國欲獲豐壤虛飾之譽，遂覆蔽災害，多張墾田，不揣流亡，競爭戶口，掩匿盜賊，令姦惡無懲，署用非次，選舉乖宜，貪苛慘毒，延及平民，刺史垂頭塞耳，阿私下比。」《後漢書．殤帝紀》是知刺史不特不恤公事，且成為荼毒生靈之幫凶矣。

王符又曰：

> 今自三府以下，至于縣道鄉亭，及從事督郵，有典之司，民廢農桑而守之辭訟告訴，及以官事應對吏者，一日之間，廢十萬人，又復計之，一人有事，二人護餉，是為日三十萬人，離其業也，以中農率之，則是歲二百萬口，受其饑也，然盜賊何從消？太平何從作？〈愛日〉

刺史監郡，郡之監縣，則以督郵為其耳目，督郵為督郡掾、督郵書掾之簡稱，其職原在督送郵書，後則兼主督察，其督察之對象，上自王侯，下逮豪右，而以屬縣令長爲主，他若捕繫罪犯、追案盜賊、錄送囚徒、催糧點兵、詢核情實等（註四五），督郵均可奉令爲之，所謂「摧破姦凶」（註四六）、「爪牙之吏」（註四七）、「郡之極位」（註四八），最足說明其爲郡守佐吏之職能。但督郵爲惡，常不稱職守，如光武時，汝南高獲素善天文，曉遁甲，能役使鬼神，時郡境大旱，太守鮑昱親往問何以致雨？「獲曰：急罷三部督郵，明府當自北出，到三十里，雨可致也。」《後漢書．高獲傳》；東漢末季，孔融爲北海相，「租賦少稽，一朝殺五部督郵。」《魏志．崔琰傳注引九州春秋》，則督郵不孚人望，實有其人，正如王符前所言者，所謂「盜賊何從消？太平何從作？」督郵又豈能置身事外？從中都官到郡國官，無論上下，不分高低，賢否易置，浮華取實，正是東漢官場常見之現象，《後漢書．安帝紀》載元初四年詔曰：「武吏以威暴下，文吏妄行苛刻，鄉吏因公生姦。」即是明證。在王符筆下，大小官吏或「坐調文書，以欺朝庭……傾側巧文，要取便身利己」〈實邊〉；或「發民禾稼，發徹室屋，夷其營壁，破其生業，彊劫驅掠，與其內入，捐棄羸弱，使死其處」〈實邊〉；或「苟以己不被傷，故競割國家之地以與敵，殺主上之民以餧羌」〈邊議〉；或「相將詣闕，諧辭禮謝，退云無狀，會坐朝堂，則無憂國哀民懇惻之誠，莫肯違正」〈救邊〉；或「正士懷冤結而不得信，猾吏崇姦宄而不痛坐」〈愛日〉；或「百姓廢棄農桑而趨府庭者，非朝晡不得通，非意氣不得見」〈愛日〉；或「雖蒙考覈，州郡轉相顧望，留苦其事，春夏待秋冬，秋冬復涉春夏」〈述赦〉，官場昏庸、愚昧、殘苛、虛假之諸般風氣，徵之史簿，均有鮮明之例證，而官僚之「官位職事」，王符以爲乃「群臣之所以寄其身」、「寄其身者，各取一閑，故其言不可久行，其業不可久厭」〈邊議〉，王符此言，更爲東漢吏治日非，寫下清楚之注解。

第五節　王符之政治主張

政治乃經營管理衆人之事，封建帝王專制之際，志士仁人雖屢倡言人民爲政治之主體，然政治事務實多由帝王及其僚屬掌控，故中國之傳統政治，即因此而有一基本矛盾在，即論政治之理念，人民固爲主體，然若徵之以政治現實，則君王方爲主體。徐復觀先生稱此爲「二重的主體性」，乃爲無可調和之對立，「對立程度表現的大小，即形成歷史上的治亂興衰」（註四九）。故中國歷代之政治思想家，爲求消除此一對立，「總在消解人君在政治中的主體性，以凸顯出天下的主體性。」（註五〇）爲求將身爲「權原」之帝王，得合理之安頓，乃至求得人民與帝王之合理關係，多種不同之政治主張，遂因之而起。而王符於《潛夫論》中，循此軌迹而闡釋者，其要則約略有三。

一、國以民為基

將君王與百姓皆予以合理之安頓，王符所欲陳述者，一在講求百姓之政治主體性，進而使君王之主體性相對去除或減輕；二爲強調君王之職責所在，亦即帝王之所以能存在，全爲應百姓之需要。

關於前者，王符取漢初董仲舒「天人相與」之義，以神權制約君權，既以神秘之宗教符號如「珍異」、「符瑞」等，誘導君王須勤恤政事，愼微接下，王符曰：

> 賞重而信，罰痛而必，群臣畏勸，競思其職，故能致治安而世升平，降鳳凰而來麒麟，天人悅喜，符瑞並臻，功德茂盛。〈三式〉

> 人君身脩正，賞罰明者，國治而民安，民安樂者，天悅喜而增曆數。〈巫列〉

> 上務節禮，正身示下，下悅其正，各樂竭己，奉戴其上，是以天地交泰，陰陽和平，民無姦匿，機衡不傾，德氣流布，而頌聲作也。〈班祿〉

復以「災異」、「咎徵」等，警惕人主切勿恣心肆意，妄行邪曲，王符曰：

> 飢寒並至，則安能不爲非，爲非則姦宄，姦宄繁多，則吏安能無嚴酷，嚴酷數加，則下安能無愁怨，愁怨者多，則咎徵並臻，下民無聊，則上天降災，則國危矣。〈浮侈〉

> 明主不敢以私愛，忠臣不敢以誣能，夫竊人之財，猶謂之盜，況偷天官以私己乎？以罪犯人，必加誅罰，況乃犯天，得無咎乎？〈忠貴〉

除以神秘之宗教符號減輕去除君王之主體性外，王符又倡言民意之所重者，即是天意，天意既高於一切，則君權即受限於等同天意之民意。王符曰：

> 天子不能違天，富無功，諸侯不能違帝，厚私歡，非違帝也，非違天也，帝以天爲制，天以民爲心，民之所欲，天必從之。〈遏利〉

凡人君之治，莫大於和陰陽，夫陰陽者，以天爲本，天心順則陰陽和，天心逆則陰陽乖，天以民爲心，民安樂則天心順，民愁苦則天心逆。〈本政〉

〈忠貴〉篇中，王符又曰：「帝王之所尊敬者，天也，天之所甚愛者，民也。」天非獨愛民，且直以民心爲天心，「民安樂則天心順，民愁苦則天心逆」，人君欲致太平，則須順天心，「順天心者，必先安其民」〈本政〉，質言之，往昔舊有之民以君爲天之封建觀念，在《潛夫論》中，已易爲君以民爲天矣。王符此說，雖未脫兩漢神學色彩，然儒家孔孟之民本思想，乃得以重新呈現，則爲事實。

至若君王之職責所在，王符嘗曰：

太古之時，烝黎初載，未有上下，而自順序，天未事焉，君未設焉，後稍矯虔，或相陵虐，侵漁不止，爲萌巨害，於是天命聖人，使司牧之，使不失性，四海蒙利，莫不被德，僉共奉戴，謂之天子。故天之立君，非私此人也以役民，蓋以誅暴除害，利黎元也，是以人謀鬼謀，能者處之。〈班祿〉

天下本以民不能相治，故爲立王者以統治之，天子在於奉天威命，共行賞罰。〈述赦〉

天子爲天所立，「帝王繼體之君，父事天，王者爲子，故父事天也。」〈釋難〉，且與天通精，「心有所想，意有所慮，未發聲色，天爲轉移」〈述赦〉，是天子非獨不可違天，「天子不能違天，富無功，諸侯不能違帝，厚私歡」〈遏利〉，若欺誣天地，自以我密，人莫知之，則「皇天從上鑒其姦，神明自幽照其態，豈有誤哉？」〈忠貴〉，故天子當法天敬天，「帝王之所尊敬者，天也」，而「天之所甚愛者，民也」，天心即民心，故天子尤應為民誅暴除害，以利黎元，「人謀鬼謀，能者處之」，倘不如此之圖，則「物有盛衰，時有推移，事有激會，人有變化」〈邊議〉，是天命靡常，而欲久立為天子，「自古以來，未之嘗有」也。

王符既以為天子乃為依從百姓之所求而存在，則百姓為政治主體，固不待多言，而天子之職責所在，王符則明言以「安民」、「利民」為先。王符曰：

將致太平者，必先調陰陽，調陰陽者，必先順天心，順天心者，必先安其民。〈本政〉

聖王養民，愛之如子，憂之如家，危者安之，亡者存之，救其災患，除其禍亂，是故鬼方之伐，非好武也，玁狁于攘，非貪土也，以振民育德，安彊宇也。〈救邊〉

所謂「安之」，即「救其災患，除其禍亂」，天子之於百姓，既不可「坐觀其為冦賊之所屠剝，立視其為狗豕之所噉食」〈邊議〉，亦不可「廢眞賢，不復求進，而更任俗吏」〈思賢〉；而所謂「利之」者，王符主張天子應以法令庇佑百姓，上下共之，無有私曲，其言曰：

先王之制刑法也，非好傷人肌膚，斷人壽命者也，乃以威姦懲惡，除民害也。〈述赦〉

先王議獄以制，原情論意，以救善人，非欲令兼縱惡逆，以傷人也，是故《周官》差八議之辟，此先王所以整萬民而致時雍也。〈述赦〉

蓋制法之意，王符以為「若為藩籬溝塹，以有防矣，擇禽獸之尤可數犯者，而加深厚焉」〈斷訟〉，亦即「必令善人勸其德而樂其政，邪人痛其禍而悔其行」〈斷訟〉，既可以防姦惡而救禍敗，又能檢東淫邪而納於正道，此正天子立法以利萬民之意也。又「利民」之另一積極義，即「富民」、「教民」是也。王符曰：

夫爲國者，以富民爲本，以正學爲基，民富乃可教，學正乃得義，民貧則背善，學淫則詐僞，可教則不亂，得義則忠孝，故明君之法，務此二者，以爲太平之基，致休徵之祥。〈務本〉

「富民」、「教民」皆爲天子治國之本務，二者之次序，王符以爲「富民」居先，此與《論語．子路》載：「冉有曰：『既富矣，又何加焉？』子曰：『教之。』」正是一義。「富民」之道，王符論之頗詳（參見本書第三章第四節），所謂「用天之道，分地之利，六畜生於時，百物聚於野，此富國之本。」〈務本〉故舉凡明督工商，困辱游業、寬假本農、愛惜日力、輕薄徭役等均是。而禮義生於富足之後，「孔子稱庶則富之，既富則教之」〈愛日〉，「富民」之後，王符更以「教民」之職任，屬之於天子，王符曰：

夫貧生於富，弱生於彊，亂生於治，危生於安，是故明王之養民也，憂之勞之，教之誨之，愼微防萌，以斷其邪，故《易》美節以制度，不傷財，不害民，〈七月〉詩大小教之，終而復始，由此觀之，民固不可恣也。〈浮侈〉

明君臨眾，必以正軌，既無猒宥，務節禮而厚下，復德而崇化，使皆阜於養生，而競於廉恥也。〈班祿〉

「教民」之旨，王符之意即在使民不可肆意自恣，而儒學經典，德化法治，尤爲教化之根本（參見本書第四章第四節），唯能教民如此，天子之職責方爲全盡。

綜合前言所述，君權既從屬於民意，而天子之所以存在，亦爲應百姓之須要，倘天子「結怨於下民，獲罪於上天，惡既積禍既成，豈有不顚隕者哉？」〈思賢〉故民實爲國家之基石，王符曰：

> 國之所以爲國者，以有民也。〈愛日〉

> 國以民爲基，貴以賤爲本，願察開闢以來，民危而國安者誰也？下貧而上富者誰也？故曰，夫君國者將民之以處，民實瘠而君安得肥？夫以小民，受天永命，竊願聖主，深惟國基之傷病，遠慮禍福之所生。〈邊議〉

「民爲國基」〈敍錄〉，國因民而有安危，君因民而有威侮，吏因民而有貴賤，「無功庸於民而求盈者，未嘗不危顚也，有勳德於民而謙損者，未嘗不光榮也。」〈遏利〉故民實爲政治之主體，國家之基石，不獨天子臨民治事不敢以私愛，臣下亦不敢以誣能，王符曰：

> 今人臣受君之重位，牧天之所甚愛，焉可以不安而利之，養而濟之哉？是以君子任職則思利民，達上則思進賢，功孰大焉，故居上而下不重也，在前而後不恨也。《書》稱「天工，人其代之」，王者法天而建官，自公卿以下，至于小司，孰非天官也，是故明主不敢以私愛，忠臣不敢以誣能。〈忠貴〉

「別賢愚而獲多士，成教化而安民氓」、「承天治地，牧養萬民」〈考績〉，天子創建百官之初衷，王符正指此而言。自公卿以至小司，皆天子因法天而設，所謂三公上應臺宿，九卿下括河海，法象天官，稟取制度，因天之地位尊崇無上，而天所甚愛之民，雖受制於天子，受治於官吏，固不可以侵凌之，國之安危治亂，實即繫乎此也，故王符曰：

君臣法令善則民安樂，民安樂則天心慰，天心慰則陰陽和，陰陽和則五穀豐，五穀豐而民眉壽，民眉壽則興於義，興於義而無奸行，無奸行則世平而國家寧，社稷安而君尊榮矣。〈本政〉

君任德而不陷，臣優養而不隘，吏愛官而不貪，民安靜而彊力，此則太平之基立矣。〈班祿〉

二、天子聽斷以公，招賢納賢

基於政治理念，王符視民爲政治主體，惟究以實際，民固「隨君之好，從利以生者也」〈務本〉，故「帝王者，其利重矣，其威大矣，徒懸重利，足以勸善，徒設嚴威，足以懲奸。」〈明忠〉所謂「配乾而仁，順育萬物，以成天功」〈述赦〉，故天子又實爲政治之主體，王符曰：

夫忠言所以爲安也，不貢必危，法禁所以爲治也，不奉必亂，忠之貢與不貢，法之奉與不奉，其秉皆在於君，非臣下之所能爲也。〈明忠〉

民有性有情，有化有俗，情性者，心也本也，化俗者，行也末也。末生於本，行起於心，是以上君撫世，先其本而後其末，愼其心而理其行，心情苟正，則姦慝無所作，邪意無所載矣。〈德化〉

聖帝明王，皆敦德化而薄威刑，德者所以脩己也，威者所以治人也，上智與下愚之民少，而中庸之民多。中民之生世也，猶鑠金之在鑪也，從革變化，唯治所爲，方圓薄厚，隨鎔制爾，是故世之善否，俗之厚薄，皆在於君。〈德化〉

制民之道，或以德化，或以威刑，權柄雖皆由天子掌控，王符又明指天子夙有明闇之分，故其主體性實非絕對，而聽斷公正，方爲天子主體價値之所在，王符曰：

國之所以治者，君明也，其所以亂者，君闇也。君之所以明者，兼聽也，其所以闇者，偏信也。〈明闇〉

明君「政敎積德，必致安泰之福」，闇君「舉錯數失，以致危亡之禍」〈愼微〉，《潛夫論》書中，所舉前世帝王如桀紂秦二世等史證，足可昭見之。故王符曰：「人君聞此，可以悚懼。」〈愼微〉然則天子之欲舍闇取明，聽斷以公，爲其主體價値奠基，王符遂提供系列之方法，並以兼聽納諫爲先，王符曰：

君之所以明者，兼聽也，其所以闇者，偏信也，是故人君通心兼聽，則聖日其廣矣，庸說偏信，則愚日甚矣。〈明闇〉

人君兼聽納下，則貴臣不得誣，而遠人不得欺也，慢賤信貴，則朝廷讜言無以至，而潔士奉身伏罪於野矣。〈明闇〉

故治國之道，勸之使諫·宣之使言·然後君明察而治情通矣。〈明闇〉

兼聽則明，故「堯舜之治，闢四門，明四目，達四聰，是以天下輻湊而聖無不昭，故共鯀之徒，弗能塞也，靖言庸回，弗能惑也。」〈明闇〉；偏信則闇，故「秦之二世，務隱藏己而斷百僚，隔捐疏賤而信趙高，是以聽塞於貴重之臣，明蔽於驕妬之人，故天下潰叛，莫得聞也。」〈明闇〉天子兼聽納諫不獨當普及於臣下百僚，尤當詢於芻蕘，參聽民氓，王符曰：

> 二世……過在於不納卿士之箴規，不受民氓之謠言，自以己賢於簡滑，而趙高忠於二臣，故國已亂而上不知，禍既作而下不救，此非眾共棄君，乃君以眾命繫趙高，病自絕於民也。後末世之君，危何如之哉？〈明闇〉
>
> 人君之取士也，不能參聽民氓，斷之聰明，反徒信亂臣之說，獨用污吏之言，此所謂與仇選使，令囚擇吏者也。〈潛歎〉

卿士之箴規，可以提供建言，以補「君有常過」〈忠貴〉之失，而欲求芻蕘民氓之所聞見，則采集「民氓之謠言」最爲實際直接。西漢宣帝嘗遣使者十二人循行天下，「存問鰥寡，覽觀風俗，察吏治得失，舉茂材異倫之士。」《漢書．宣帝紀》，東漢和帝即位之初，亦「分遣使者，皆微服單行，各至州縣，觀采風謠。」《後漢書．方術李郃傳》漢世民間歌謠見於載籍者，數量繁多（註五一），幾可以爲政治、經濟、社會、學術、外患之反映，而《潛夫論》書中，所引之民謠，亦舉凡三見（註五二）是舉謠言之於天子之聽斷政事，固有實質之助益。

故兼聽納諫者，即「務下言以招外敬，納卑賤以誘賢也。」〈明闇〉，既「無距言」，亦「無慢賤」，則「聖王表小以厲大，賞鄙以招賢，然後良士集於朝，下情達於君」〈明闇〉，而後天子即可以聰明識見斷之，王符曰：

《書》云：「謀及乃心，謀及庶人。」孔子曰：「眾好之，必察焉，眾惡之，必察焉。」故聖人之施舍也，不必任眾，亦不必專己，必察彼己之爲，而度之以義，或舍人取己，故舉無遺失，而政無廢滅也。〈潛歎〉

惑君則不然，「己有所愛，則因以斷之，不稽於衆，不謀於心，苟眩於愛，唯言是從」〈潛歎〉，政之所以敗亂，士人所以放佚，正以此故。故國之治亂，天子當知在於知所從，不在於必從人，其聽政之時，王符嘗舉周制爲例，「使三公至於列士獻典，良史獻書，師箴，瞍賦，百工諫，庶人傳語，近臣盡規，親戚補察，瞽史教誨，耆艾脩之」，而後「王斟酌焉，是以事行而無敗。」〈潛歎〉而下情所言即或盡皆可用，輕重先後之際，尤有待天子之裁斷，而所以能事行無敗者，天子修身正行，實爲至要，王符所謂「人君身修正，賞罰明者，國治而民安。」〈巫列〉、「義者，君之正也。」〈衰制〉、「明君臨衆，必以正軌。」〈班祿〉此即天子斷以聰明之先決條件也。

兼聽納諫之外，天子聽斷，尤須防止姦臣專權，故講求權勢法術，遂爲急要之務，王符曰：

夫明據下起，忠依上成，二人同心，則利斷金，能如此者，兩譽俱具，要在於明操法術，自握權秉而已矣。所謂術者，使下不得欺也，所謂權者，使勢不得亂也，術誠明，則雖萬里之外，幽冥之內，不得不求效，權誠用，則遠近親疏，貴賤賢愚，無不歸心矣。〈明忠〉

夫術之爲道也，精微而神，言之不足，而行有餘，有餘，故能兼四海而照幽冥，權之爲勢也，

健悍以大，不待貴賤，操之者重，重，故能奪主威而順當世，是以明君未嘗示人術而借下權也。〈明忠〉

法術爲權勢之基礎，權勢因法術而存在，故王符曰：「法術明而賞罰必者，雖無言語，而勢自治，治勢一成，君自不能亂也，況臣下乎？」〈明忠〉又曰：「明王審法度而布教令，不行私以欺法，不黷教以辱命，故臣下敬其言而奉其禁，竭其心而稱其職，此由法術明而威權任也。」〈明忠〉倘天子忽視法術，則「臣鉗口結舌而不敢言」，臣不敢言，此正天子「耳目所以蔽塞，聰明所以不得」〈明忠〉之故；又天子舍棄權勢，所謂「制下之權，日陳君前，而君釋之」者，則「羣臣懈弛而背朝」，勢必有「威德所以不照，而功名所以不建」〈明忠〉之憂；若二者並皆棄而不顧，此即「怠於已而恃於人」，則必「公卿不思忠，百僚不盡力，君王孤蔽於上，兆黎冤亂於下，故遂衰微侵奪而不振也。」〈明忠〉

故天子操術，則下不得欺，雖萬里之外，幽冥之內，臣屬並皆不得不求效，臣求效則君自明，天子持權，則勢不得亂，雖遠近親疎，貴賤賢愚，無不歸心，歸心則臣爲忠。明君據下而起，忠臣依上而成，君臣同心，其利斷金，故天子自當「明法術而自握權秉」，而前文所言東漢政局權移近臣之畸形現象，即可以迎刃而解。

法術權勢外，王符又以爲賞罰公正，亦可使良士雲集而臣僚盡職，而天子聽斷以公，方不致流於空言，王符曰：

聖主誠肯明察，群臣竭精稱職，有功效者，無愛金帛封侯之費，其懷姦藏惡，別無狀者，則圖

鈇鑕斧鉞之誅，然則良臣如王成黃霸龔遂邵信臣之徒，可比郡而得也，神明瑞應，可朞年而致也。〈三式〉

若有功不賞，無德不削，此則既非「勸善懲惡，誘進忠賢，移風易俗」〈三式〉之道，亦足使天子「結怨於下民，獲罪於上天」，「惡既積，過既成，豈有不顚隕者哉？」〈思賢〉。王符又曰：

人君出令，而貴臣驕吏弗順也，則君幾於弒，而民幾於亂矣。〈衰制〉

夫法令者，人君之銜轡箠策也，而民者，君之輿馬也，若使人臣廢君法禁，而施己政令，則是奪君之轡策，而己獨御之也，愚君闇主，託坐於左，而姦臣逆道，執轡於右，此齊騶馬繻所以沈胡公於具水，宋羊叔牂所以弊華元於鄭師，而莫之能御也。〈衰制〉

賞罰公正實即法令公正，法令公正，自可聽斷公正，「夫法令者，君之所以用其國也。」〈衰制〉君若出令而下不從，正以賞罰不公之故，賞罰不公，即天子聽斷不公，天子聽斷不公，非惟「君出令而不從，是與無君等」〈衰制〉，且主令不從，則「臣令行，國危矣。」〈衰制〉東漢戚宦尊貴，天子凡庸，正王符所稱「臣作政而君不制者，亡國也。」〈衰制〉故王符所指「人君思正以出令，而貴賤賢愚，莫得違也，則君位於上，而民氓治於下」〈衰制〉者，實切中時弊之言也。

兼聽納諫爲天子聽斷公正之前提，而其實踐方法之最有效者，即招賢納賢是也。《潛夫論》中，招賢納賢之主張，所在多有，尙賢之論所以爲其政治主張之主軸者，實以王符深知訪求賢者之至要，其言曰：

何以知人之且病也，以其不嗜食也，何以知國之將亂也，以其不嗜賢也。是故病家之廚，非無嘉饌也，乃其人弗之能食，故遂於死也，亂國之官，非無賢人也，其君弗之能任，故遂於亡也。夫生飯秔粱，旨酒甘醪，所以養生也，而病人惡之，以為不若菽麥糟糠欲清之食者，此其將死之候也，尊賢任能，信忠納諫，所以為安也，而闇君惡之，以為不若姦佞闒茸讒諛之言者，此其將亡之徵也。〈思賢〉

人君求賢，下應以鄙，舉直下應以枉，己不別眞，受而官之，國以侵亂，不自知為下所欺也，乃反謂經不信而賢皆無益於救亂，因廢眞賢，不復求進，而更任俗吏者，雖滅亡可也。〈思賢〉

〈本政〉篇中，王符嘗跡考前事，稱自西京元帝以降，至於王莽之時，「公卿列侯，下訖令尉，大小之官，且十萬人」，此皆漢所謂「賢明忠正」之貴寵之臣，及王莽篡位，唯「安衆侯劉崇、東郡太守翟義」二人，能「思事君之禮，義勇奮發，欲誅莽」（註五三）；而東漢官場，率皆「以錢多為賢」〈考績〉、「以殘賊酷虐為賢」〈述赦〉、「以放縱天賊為賢」〈述赦〉、「竊祿位者為賢」〈賢難〉者，「此非今世之無賢也，乃賢者廢錮，而不得達於聖主之朝爾。」〈實貢〉故王符力言天子如欲聽斷公正，則招賢納賢之心，實不可猶豫而遲疑。王符曰：

今世主之於士也，目見賢則不敢用，耳聞賢則恨不及，雖自有知也，猶不能取，必更待群司之所舉，則亦懼失麟鹿而獲艾猳，奈何其不分者也。〈賢難〉

天子求賢，若非主動積極，倘必待群司之所舉，則必終歸徒然。蓋賢者之見妬，從古而然，「歷觀古來愛君憂主敢言之臣，忠信未達，而爲左右所鞫按，當世而覆被，更爲否愚惡狀之臣者，豈可勝數哉？」〈明忠〉故孝成終沒之日，「不知王章之直」，孝哀終沒之日，「不知王嘉之忠」〈明忠〉，諸在位之人，既不能明擇賢鄙，又「怯於貴人之風指，脅以權勢之囑託」〈本政〉，甚或有「請謁闐門，禮贄輻湊」〈本政〉者，則雖有賢者欲效善於君，則必先與寵人爲讎，所謂「恃舊寵沮之於內，而己踈賤欲自信於外」〈明闇〉，故「思善之君」與「願忠之士」，雖並生一世，憂心相噭，「終不得遇者也」〈明闇〉，而「國以賢興，以諂衰，君以忠安，以佞危」〈實貢〉，故知賢之務，天子遂不可玩忽，王符曰：

夫賢者之爲人臣，不損君以奉佞，不阿衆以取容，不墮公以聽私，不撓法以吐剛，其明能照姦，而義不比黨。〈潛歎〉

世有大本者四，而人莫之能行也，一曰恕，二曰平，三曰恭，四曰守。夫恕者仁之本也，平者義之本也，恭者禮之本也，守者信之本也。四本並立，四行乃具，四行具存，是謂眞賢，〈交際〉

仁義禮信四行，即爲道德之實踐，恕平恭守四本，乃爲道德實踐之依據，合而言之，即盛德之謂，以之施於政治官場，自能「明能照姦，而義不比黨」，即所謂高才也，盛德高才之賢者，既「脩身愼行，敦方正直，清廉潔白，恬淡無爲」〈實貢〉，倘能拔取，自能「憂君哀民，獨睹亂原，好善嫉惡，賞罰嚴明」〈實貢〉，此實人主之不可不知之者也。

準此而言，則漢世夙以族舉德，以位命賢，即所謂「貢薦則必閥閱爲前」〈交際〉者，此實非至論之淑眞，天子固不必取從於俗，王符曰：

> 今觀俗士之論也，以族舉德，以位命賢，茲可謂得論之一體矣，而未獲至論之淑眞也，堯，聖父也，而丹凶傲，舜，聖子也，而叟頑惡，叔鸞，賢兄也，而鮒貪暴，季友，賢弟也，而慶父淫亂，論若必以族，是丹宜禪而舜宜誅，鮒宜賞而友宜夷也，論之不可必以族也若是；昔祁奚有言，鯀殛而禹興，管蔡爲戮，周公祐王，故《書》稱父子兄弟不相及也，幽厲之貴，天子也，而又富有四海，顏原之賤，匹庶也，而又凍餒屢空，論若必以位，則是兩王爲世士，而二處爲愚鄙也，論之不可必以位也又若是焉，故曰：「仁重而勢輕，位蔑而義榮。」今之論者，多此之反，而又以九族，或以所來，則亦遠於獲眞賢矣。〈論榮〉

> 賢愚在心，不在貴賤，信欺在性，不在親踈。二世所以共亡天下者，丞相御史也，高祖所以共取天下者，繒肆狗屠也，驪山之徒，鉅野之盜，皆爲名將，由此觀之，苟得其人，不患貧賤，苟得其材，不嫌名跡。〈本政〉

舉賢宜以才德爲先，不可純以閥閱族位，王符此論，實直指東漢豪族政治之失。且不獨不以閥閱族位，亦且不可以財勢論賢，王符曰：

> 所謂賢人君子者，非必高位厚祿，富貴榮華之謂也，此則君子之所宜有，而非其所以爲君子者也。〈論榮〉

富貴未必可重，貧賤未必可輕，人心不同好，度量相萬億，許由讓其帝位，俗人有爭縣職，孟軻辭祿萬鍾，小夫貪於斗食，……凡百君子，未可以富貴驕貧賤，謂貧賤之必我屈也。〈交際〉

東漢納貲選官之事，安帝以後，輒屢屢爲之，皆稱其財力而以錢多爲賢，此所以在位多非其人，而官職所以數荒亂之故，是王符倡言君子未必富貴，小人未必貧賤，誠以天子求賢，固應先明乎此義。

又王符論賢，又倡言聖人純而賢者駁之理，以爲天子求賢，固不宜求全責備，王符曰：

夫聖人純，賢者駁，周公不求備，四友不相兼，況末世乎？是故高祖所輔佐，光武所將相，不遂僞舉，不責兼行，亡秦之所棄，王莽之所捐，二祖任用以誅暴亂，成致治安。〈實貢〉

昔自周公，不求備於一人，況乎其德義既舉，乃可以它故而弗之采乎，由余生於五狄，越蒙產於八蠻，而功施齊秦，德立諸夏，令名美譽，載於圖書，至今不滅，張儀，中國之人也，衛鞅，康叔之孫也，而皆讒佞反覆，交亂四海。由斯觀之，人之善惡，不必世族，性之賢鄙，不必世俗，中唐生蕡芭，山野生蘭芷，夫和氏之璧，出於璞石，隋侯之珠，產於蜃蛤，《詩》云：「采葑采菲，無以下體。」故苟有大美，可尚於世，則雖細行小瑕，曷足以爲累乎？〈論榮〉

聖人之純，有如一色成體之絲，此非常人之所能及；賢人之駁，又如黑白雜合之絲，雖色雜而其實仍在，其用固存；天下萬事，本不可備能，人之才行，亦少能相兼，故天子求賢，自當選其所長，棄其所短，「物固有以賤治貴，以醜治好者矣，智者棄其所短，而採其所長，以致其功。明君用士，亦猶是也。物有所宜，不廢其材，況於人乎？」〈實貢〉故一能之士，各貢其所長，「出處默語，勿彊相兼」〈實貢〉，則「蕭（何）曹（參）周（勃）韓（信）之倫，何足專美，吳（漢）鄧（禹）梁（統）竇（融）之徒，可得而致」〈實貢〉，各以所宜，量材授任，則「庶官無曠，興功可成，太平可致，麒麟可臻。」〈實貢〉王符又曰：

用士不患其非國士，而患其非忠，非患無世臣，而患其非賢，……陳平韓信，楚俘也，而高祖以爲藩輔，實平四海，安漢世，衛青霍去病，平陽之私人也，而武帝以爲司馬，實攘北狄，郡河西，唯其任也，何卑遠之有，然則所難於非此土之人，非將相之世者，爲其無是能而處是位，無是德而居是貴，無以我尚而乘我勢也。〈論榮〉

以光武之英明，然其用人則近臣近親爲多，遂致貴寵之臣田宅逾制，不可爲準（註五四），光武開國之君猶如此，其後諸帝，即可以不論，此即東漢官場之勢力網罟，多由血親、婚姻、地緣、門生故舊形成之因。故王符所謂：「燕小其位卑，然昭王尚能招集他國之英俊，興誅暴亂，成致治彊」〈實貢〉，而以「漢土之廣博，天子尊明，而曾無一良臣」〈實貢〉者，然則天子求賢，固不可以私心自用也。

天子納賢，不可私心自用，則選舉賢能之事，自須遵循法令而公正不苟，王符曰：

君以得臣爲本，臣忠良則君政善，臣姦枉則君政惡，得臣以選爲本，選舉實則忠賢進，選虛僞則邪黨貢，選以法令爲本，法令正則選舉實，法令詐則選虛僞。〈本政〉

將致太平者，必先調陰陽，調陰陽者，必先順天心，順天心者，必先安其民，安其民者，必先審擇其人，是故國家存亡之本，治亂之機，在於明選而已矣。〈本政〉

選賢則治，任不肖則亂，此古今必然之理，「國君之所以致治者，公也，公法行則宄亂絕，佞臣之所以便身者，私也，私術用則公法奪」（潛歎），故天子納賢，切不可眩於名聲，而選非其實，王符曰：

> 夫說粱飯食肉，有好於目，而不若糲粢藜烝之可食於口也，圖西施毛嬙，有悅於心，而不若醜妻陋妾之可御於前也，虛張高譽，彊蔽疵瑕，以相誑耀，有快於耳，而不若忠選實行，可任於官也。（實貢）
>
> 是故選賢貢士，必考覈其情素，據實而言，其有小疵，勿彊衣飾，以壯虛聲，一能之士，各貢所長，出處默語，勿彊相兼。（實貢）

蓋東漢選官之制，諸如察舉、徵辟、任子、軍功、貲選等，率多浮弊，王符一則譏之曰：「多務交游，以結黨助，偷勢竊名，以取濟度」（務本），再則譏之曰：「姦諛以取媚，撓法以便己」（務本），三又譏之曰：「虛造空實，掃地洞說，擇能者而書之」（實貢），四復譏之曰：「百寮阿黨，不覈眞僞，苟崇虛譽，以相誑曜」（敍錄）類此揭發僞舉之言，《潛夫論》中，實足多見，而忠佞溷淆，各以類進之事，遂使「居官任職，則無功效」（敍錄）、「名實不相符，求貢不相稱」（考績），東漢官場政治腐敗之因，胥即在此，故王符特申言天子法天所立之官，實不可私相而授受，其言曰：

> 王者法天而建官，自公卿以下，至于小司，孰非天官也，是故明主不敢以私愛，忠臣不敢以誣能。夫竊人之財，猶謂之盜，況偷天官以私己乎？以罪犯人，必加誅罰，況乃犯天，得無咎乎？（忠貴）

天子不以爵祿私其所愛，臣僚不誣賢能以干爵祿，「惟愼貢選，明必黜陟，官得其人，人任其職」（班祿），故相關選舉法行之公正執行，實爲至要，王符曰：

主有索賢之心，而無得賢之術，臣有進賢之名，而無進賢之實，此所以人君孤危於上，而有道獨抑於下也。〈潛歎〉

選以法令爲本，法令正則選舉實，法令詐則選虛僞。〈本政〉

王符所指「得賢之術」者，即指漢世選官之制而言，前文所謂察舉、徵辟諸事，原其制定初始，殆所以輔佐天子「以微眇之身，託于士民君王之上」之「知見所不及」《漢書．文帝紀》處，惟以執行不公，私術行而公法奪，競背實趨浮華，「依女妹之寵以驕士，藉亢龍之勢以陵賢」〈本政〉、「苟以親戚邑人典官」〈思賢〉，得賢之術，似有實無，故殊無「進賢之實」，而「人君所以孤危於上，有道獨抑於下」者，皆以此也。〈實邊〉篇中，言永初羌亂之時，邊郡人口稀少，又數易太守，致令十歲不得舉，「當職勤勞而不錄，賢俊畜積而不悉」，故王符以爲「當令邊郡舉孝廉一人，廉吏三十舉一人，益置明經百石一人」、「內郡人將妻子來占著，五歲以上，與居民同均，皆得選舉。」是王符固不以選舉制度及相關法令爲非（註五五），特其所指斥者，端在「名實不相副，求貢不相稱」〈考績〉之僞選積弊，故天子招賢納賢之能行與否，遵行法令而公正不苟，實爲關鍵。

三、官吏分工專職，考課監察以任事

天子招賢納賢，授官任職，賢者「受君之重位，牧天之所甚貴」〈忠貴〉，故當戮力政事，以成其義，王符曰：

「人臣者，以忠正爲本。」〈務本〉

「忠正以事君，信法以理下，所以居官也。」〈務本〉

「五代之臣，以道事君，以仁撫世，澤及草木，兼利外內，普天率土，莫不被德，其所安全，眞代天工也，是以福祚流衍，本枝百世。」〈忠貴〉

〈忠貴〉篇又言君子任職，則以利民爲先，故「居上則下不重也，在前而後不恨也」，惟因少能相兼，故王符以爲應各以所宜，量材專職，其言曰：

明聖之君之於正道也，不專驅於貴寵，惑於嬖媚，不棄踈遠，不輕幼賤，又參而任之。故有周之制也，天子聽政，使三公至於列士獻典，良史獻書，師箴，瞍賦，矇誦，百工諫，庶人傳語，近臣盡規，親戚補察，瞽史教誨，耆艾脩之，而後王斟酌焉，是以事行而無敗也。〈潛歎〉

夫守相令長，效在治民，州牧刺史，在宣聰明，九卿分職，以佐三公。三公揔統，典和陰陽，皆當考治以效實，爲王休者也，侍中大夫、博士議郎，以言語爲職，諫諍爲官，及選茂才孝廉，賢良方正，惇樸有道，明經寬博，武猛治劇，此皆名自命而號自定，群臣所當盡情竭慮，稱君詔也。〈考績〉

官吏各有所司，各居其職，如何使其陳力就列，奉職不渝？王符則以爲俸祿當足以養優，其言曰：

> 先王之制，官民必論其材，論定而後爵之，位定然後祿之，人君世主，棄此不察，而苟以親戚邑人典官者，譬猶以愛子易御僕，以明珠易良藥，雖有可愛好之情，然而其覆大車而殺病人也必矣。〈思賢〉

> 先賢籍田有制，供神有度，奉己有節，禮賢有數，上下大小，貴賤親疏，皆有等威，階級衰殺，各足祿其爵位，公私達其等級，禮行得義。〈班祿〉

> 官政專公，不慮私家，子弟事學，不干財利，閉門自守，不與民交爭，而無饑寒之迫，君任德而不陷，臣養優而不隘，吏愛官而不貪，民安靜而彊力，此則太平之基立矣。〈班祿〉

祿須足養，而後官政專公，不爲私利，祿不足供養，則必營私交爭，苟妄專爲，東漢時二千石以上之官吏，奉祿雖爲豐厚，然六百石以下之下級官吏，及六百石至一千石之中級官吏，俸祿則極微薄，而順桓以後，又多次減俸、假俸、甚或絕俸以圖解國家財政之困，則志節不堅者因官職爲姦，受取賕賂以自供給，實不能免，故王符曰：

> 明君臨衆，必以正軌，既無猒宥，務節禮以厚下，復德而崇化，使皆皁於養生，而競於廉恥也，是以官長正而百姓化，邪心黜而姦匿絕，然後乃能協和氣而致太平也。〈班祿〉

> 《易》曰：「聖人養賢以及萬民。」國以民爲本，君以臣爲基，基厚，然後高能可崇也，馬肥，然後遠能可致也。人君不務此，而欲致太平，此猶跐薄而望高牆，驥瘠而責遠道，其不可得也必矣。〈班祿〉

俸祿薄，不獨官吏貪瀆成風，難以遏止，且行政效率低落，所謂「違背法律，廢忽詔令，專情務利，不恤公事」〈三式〉即是，然足其祿食，若操守不固，則增辭是非，深淺不平之事，亦往往有之，故王符又闡釋官場考課監察之道。

績效之持續考課，是爲加強行政效率、行政管理之必要手段。王符嘗謂：「封彊立國，不爲諸侯，張官置吏，不爲大夫，必有功於民，乃得保位，故有考績黜刺，九錫三削之義」〈三式〉。張官置吏，固是爲民，若官失其守，民必不堪，「三代於世，皆致太平，聖漢踐祚，而猶未者，教不修而功不考，賞罰稽而赦贖數也。」〈考績〉，故《潛夫論》中，又有〈考績〉之篇，王符之言曰：

> 凡南面之大務，莫急於知賢，知賢之近途，莫急於考功，功誠考則治亂暴而明，善惡信則眞賢不得見障蔽，而佞巧不得竄其姦矣。夫劍不試則利鈍闇，弓不試則勁撓誣，鷹不試則巧拙惑，馬不試則良駑疑，此四者之有相紛也，由不考試，故得然也。今群臣之不試也，其禍非直止於誣闇疑惑而已，又必致於怠慢之節焉。設若家人有五子十孫，父母不察精懊，則懃力者懈弛，而惰慢者遂非，此耗業破家之道也，父子兄弟，一門之計，猶有若此，則又況乎群臣總猥治公事者哉？〈考績〉

> 大人不考功，則子孫惰而家破窮，官長不考功，則吏怠傲而姦宄興，帝王不考功，則眞賢抑而詐僞勝。故《書》曰：「三載考績，黜陟幽明。」蓋所以照賢愚而勸能否也。聖王之建百官也，皆以承天治地，牧養萬民者也，是故有號者必稱於理，典名者必效於實，則官無廢職，位無非人。〈

考績〉

西漢之時，於官吏之治績考課，頗爲完備，即所謂「上計」是也。依「上計」制所定，丞相御史對郡國實施考核，郡國則對屬縣實施考核。就其內容言之，郡國每年歲末遣郡丞或長史，攜有關戶口、墾田、錢穀、盜簿之冊，赴京師向丞相及御史二府報告，丞相府以之爲考核郡國治績之依據，並由御史府審察，政績優者稱最，劣者稱殿，最者可昇遷，殿者則責問或免其職位；郡國對屬縣之考課，則由郡國守相主之，令長丞尉每歲詣郡，課校其功，亦各有獎懲。時至東漢，「上計」之制，大體奉行不變，所異者，縣道上計，則令長不自行，由丞尉以下代行；郡國上計於中央，改由計掾、計吏、計佐爲之；而受計者，由西漢之丞相、御史二府改由尚書受計，以其位尊權重之故。

《潛夫論》書中，雖於「上計」之制，不見論述之言，然觀王符所稱：「有號者必稱於理，典名者必效於實」、「群僚師尹，咸有典司，各居其職，以責其效，百郡千縣，各因其前，以謀其後，辭言應對，各緣其文，以覈其實，則奉職不解，而陳言者不得誣矣。」〈考績〉、「考績黜陟，著在五經，罰賞之寔，不以虛名。」〈敍錄〉，及盛贊「先師京君，科察考功，以遺賢俊，太平之基，必自此始。」〈考績〉、「京房數與元帝論難，使制考功而選守」〈賢難〉，則王符於考課之重視，固不待言，《漢書．京房傳》載：「京房字君明，東郡頓丘人也，治《易》，事梁人焦延壽……永光建昭間，西羌反，日蝕，又久青亡光，陰霧不精，房數上疏，先言其將然，近數月，遠一歲，所言屢中，天子說之，數召見問，房對曰：『古帝王以功舉賢，則萬化成，瑞應著，末世以毀譽取人，故功業廢而致災異，宜令百官各試其功，災異可息。』詔使房作其事，房奏考功課吏法。」晉灼曰：「令丞尉治一縣，崇教化，亡犯法者，輒遷；有盜賊，滿三日不覺者，則尉事也，令覺之，自除，二尉負其辠，率相准如此法。」而京房之前，周秦之際，諸如《尙書．舜典》、《周禮．天官．太宰》、《荀子．王霸》、《韓非子．難二》、《呂氏春秋．知度》所載考績之事，亦往往有之，故自王符言之，倘能承繼前人，依法（如漢之上計律）而行，課以職守，考其功效，則養黎民而致時雍，應屬可能。

然徵之實際，東漢中葉後之考課之事又如何？王符之言曰：

今則不然，令長守相，不思立功，貪殘專恣，不奉法令，侵冤小民，州司不治，令遠詣闕，上書訴訟，尚書不以責三公，三公不以讓州郡，州郡不以討縣邑，是以凶殘狡滑，易相冤也。〈考績〉

州郡「輕慢憲防，競呈殘暴，造設科條，陷入無罪」《後漢書．質帝紀》，不獨三公尙書，不爲理治，即如天子，亦不考功，王符曰：

世主不循考功而思太平，此猶舍規矩而欲爲方圓，無舟楫而欲濟大水，雖或云從，然不如循其慮度之易且速也。〈考績〉

三公以下，若有功不賞，無德不削，「甚非勸善懲惡，誘進忠賢，移風易俗之法術也。」〈三式〉蓋賞不重則善不勸，罰不重則惡不懲，「德不稱其任，其禍必酷；能不稱其位，其殃必大」〈忠貴〉，唯明其賞罰，考課吏治，方有績效可言，而漢世官吏員額之數，動輒以十餘萬計，欲考其政績，王符以爲當由三公列侯起始，其言曰：

> 三公在三載之後，宜明考績黜刺，簡練其材，其有稷卨伯夷申伯仲山甫致治之效者，封以列侯，令受南土八蠻之賜，其尸祿素餐，無進治之效，無忠善之言者，使從渥刑，是則所謂明德愼罰，而簡練能否之術也。〈三式〉

東漢伊始，三公之職權已由尚書臺取代，「雖置三公，事歸臺閣」《後漢書·仲長統傳》、「今之三公，雖當其名，而無其實，選舉誅賞，一由尚書，尚書見任，重於三公」《後漢書·陳寵傳》，然三公固有其名義上之領導地位，故考核三公之政績，不獨「三公競思其職」，「百寮爭竭其忠矣」〈三式〉，而東漢尚書專權之政治弊病，當亦可漸次消除。

三公之外，王符又以當今列侯，「率皆襲先人之爵，因祖考之位，其身無功於漢，無德於民，專國南面，臥食重祿，下殫百姓，富有國家，此素餐之甚者也」〈三式〉，故列侯之考課，亦極重要，王符曰：

> 今列侯年卅以來，宜皆試補，長吏墨綬以上，關內侯補黃綬，以信其志，以旌其能，其有韓侯邵虎之德，上有功於天子，下有益於百姓，則稍遷位益士，以彰有德，其懷姦藏惡，尤無狀者，削土奪國，以明好惡。〈三式〉

三公列侯之外，郡國守相之考課，亦不可不詳審，王符曰：

> 今之守相，制地千里，威權勢力，盛於列侯，材明德義，未必過古，而所治逾百里，以此所治

多荒亂也，是故守相不可以不審也。昔宣皇帝興於民間，深知之，故常嘆曰：「萬民所以安田里，無憂患者，政平訟治也，與我共此者，其惟良二千石。」於是明選守相，其初除者，必躬見之，觀其志趣，以昭其能，明察其治，重其刑賞，姦宄減少，戶口增息者，賞賜金帛，爵至封侯，其耗亂無狀者，皆銜刀瀝血於市，賞重而信，罰痛而必，群臣畏勸，競思其職，故能致治安而世升平，降鳳凰而來麒麟，天人悅喜，符瑞並臻，功德茂盛，立爲中宗。由此觀之，牧守大臣者，誠盛衰之本原也，不可不選練也。〈三式〉

《漢書．循吏傳》載宣帝厲精爲治，五日一聽事，「及拜刺史守相，輒親見問，觀其所繇，退而考察所行，以質其言，有名實不相應，必知其所以然。」二千石之有治理之效者，「輒以璽書勉厲，增秩賜金，或爵至關內侯，公卿缺則選諸所表以次用之」，此正王符所謂牧守大臣，「誠盛衰之本原也，不可不選練」之義。

考課之外，監察制度之防弊補闕，上下監臨，實可與考課制度相表裡，如中央之御史中丞「得舉非法，其權次尚書」《太平御覽二二三》、侍御史「察舉非法，受公卿群吏奏書，有違失舉核之」《續漢書．百官志三》、司隸校尉「掌察舉百官以下，及京師近郡犯法者」《續漢書．百官志四》；地方則以州刺史爲最，其六條問事，除監察強宗豪右佔其一外，其餘五條全爲監督郡國守相之用，蓋郡國守相「威權勢力，盛於列侯」〈三式〉，政平訟治，唯賴良二千石，故刺史之責至重，王符曰：

> 州牧刺史，在宣聰明。〈考績〉

宣聰明者，即謂刺史當宣顯其聰明，以監臨郡國守相之治民也。王符又曰：

今不顯行賞罰以明善惡，嚴督牧守以擒姦滑，而反數赦以勸之，其文常曰：「謀反大逆不道諸犯，不當得赦，皆除之，將欲士大夫灑心更始。」歲歲灑之，然未嘗見姦人充吏，有肯變心悔服稱詔者也。〈述赦〉

唯州刺史不能嚴督郡守以擒姦滑，以致姦人充吏，未有肯變心悔服以稱詔，是刺史職責之重，實爲明確。又地方官中，郡之監縣，則以督郵爲耳目，王符嘗言百姓廢農桑而守之辭訟告訴，及以官事應對吏者，常有延誤「日力」之事，督郵疏於監察，以致「盜賊何從消？太平何從作？」〈愛日〉者，實難辭其咎，故監察制度之貫徹，實屬至要。

由三公列侯，郡國守相，自次以下，層層考課監察，嚴明賞罰黜陟，提高行政效率，掃除官場徇私舞弊之積習，確保國家行政之清明完備，此正王符政治主張之最終目標也。

【附註】

註一　參見王夫之《讀通鑑論》卷一。

註二　參見楊樹藩先生《兩漢中央政治制度與法儒思想》第一章第二節。

註三　參見徐復觀先生《兩漢思想史》卷一。

註四　同註三。

註　五　《後漢書．獻帝紀》曰：「興平元年……三輔大旱……是時穀一斛五十萬，豆麥一斛二十萬，人相食啖，白骨委積。帝使侍御史侯汶出太倉米豆，爲飢人作糜粥，經日而死者無降。帝疑賦恤有虛，乃親於御坐前量試作糜，乃知非實，使侍中劉艾出讓有司。於是尚書令以下皆詣省閣謝，奏收侯汶考實。詔曰：『未忍致汶于理，可杖五十。』自是之後，多得全濟。」《資治通鑑》卷六十一亦載此事，胡三省注曰：「觀此，則獻帝非昏蔽而無知也，然終以失天下者，威權去己而小惠不足以得民也。」

註　六　參見拙著〈王符尚賢說析論〉，載《陳伯元先生六秩壽慶論文集》。

註　七　參見楊樹藩先生〈兩漢尚書制度之研究〉，載大陸雜誌二十三卷三期。

註　八　見《後漢書．宦者呂強傳》

註　九　見《後漢書．袁紹列傳注》。

註一〇　見《通典》選舉一。

註一一　見《後漢書．黃瓊傳》。

註一二　見《後漢書．西羌傳》

註一三　參見〈王符生卒年歲的考證及潛夫論寫定時間的推論〉，載中央研究院歷史語言研究所集刊四十本下冊。

註一四　《後漢書．宗室四王三侯列傳》載：「永平中，法憲頗峻，（敬王）睦乃謝絕賓客，放心音樂。然性好讀書，常爲愛翫。歲終，遣中大夫奉璧朝賀，召而謂之曰：『朝廷設問寡人，大夫將何辭以對？』使者曰：『大王忠孝慈仁，敬賢樂士。臣雖螻蟻，敢不以實？』睦曰『吁，子危我哉！此乃孤幼時進趣之行也。大夫其對以孤襲爵以來，志意衰惰，聲色是娛，犬馬是好。」使者受命而行，其能屈申若此。」《後漢書．光武十王列傳》亦載：「（顯宗）時西羌反，（廣陵思王）荊不得志，冀天下因羌驚動有變，私迎能爲星者與謀議。帝聞之，乃徙封荊廣陵王，遣之國。其後荊復呼相工謂曰：『我貌類先帝，先帝三十得天下，我今亦三十，可起兵未？』相者詣吏告之，荊惶恐，自繫獄。帝復加恩，不考極其事，下詔不得臣屬吏人，唯食租如故，使相、中尉謹宿衛之，荊猶不改。其後使巫祭祀祝詛，有司舉奏，請誅之，荊自殺。」天子對諸侯王之猜忌與防範，從可知之。

註一五　《後漢書．章帝八王傳》載：「延熹八年，（勃海王）悝謀爲不道，有司請廢之，帝不忍，乃貶爲廮陶王，食一縣。悝後因中常侍王甫求復國，許謝錢五千萬。帝臨崩，遺詔復爲勃海王。悝知非甫功，不肯還謝錢。甫怒，陰求其過。……悝自殺、妃妾十一人，子女七十人，伎女二十四人，皆死獄中。傅相以下，以輔導王不忠，悉伏誅。」即其例。

註一六　《漢書．文帝紀》曰：「百金，中人十家之產也。」顏師古注：「中，謂不貧不富。」漢一金值萬錢，百金即一百萬錢，故一戶中產之家之全部財產，爲十萬錢。《漢書．貨殖傳》又曰：「庶民農工商賈，率亦歲萬錢息二千，百萬之家，即二十萬，而更繇租賦出其中，衣食好美矣。」漢代年利率爲十分之二，則中產之家一年收入爲二萬錢。

註一七　詳見《漢書．外戚傳》。

註一八　如樊宏、陰識、陰興、竇融、梁商……等人。

註一九　參見楊聯陞先生〈東漢的豪族〉一文，載清華學報十一卷四期。楊文將東漢豪族區分爲二，一爲「富而甚無知」之宦官外戚，一爲「不甚富而有知」之士大夫。

註二〇　參見劉增貴《漢代婚姻制度》第五章。

註二一　參見劉增貴《漢代婚姻制度》第六章：〈東漢外戚家相互通婚圖〉。

註二二　《後漢書．張衡列傳》曰：「（衡）後遷侍中，帝引在帷幄，諷議左右。嘗問衡天下所疾惡者。宦官懼其毀己，皆共目之，衡乃詭對而出。閹豎恐終爲其患，遂共讒之。」

註二三　《後漢書．皇甫規傳》曰：「（規）論功當封，而中常侍徐璜、左悺欲從求貨，數遣賓客就問功狀，規終不答。璜等憤怒，陷以前事，下之於吏。」

註二四　安帝時，鄭衆受封鄛鄉侯，是爲宦官封侯之始，安帝元初元年，鄭衆卒，養子閎嗣，閎卒，子安嗣。由此宦官又取得封建世襲之資格。桓帝永壽二年，宦官又取得「三年喪服制」之權利，而宦人子弟出仕地方郡守及公卿列校之記載，分見《後漢書》之〈馮緄傳〉、〈單超傳〉、〈曹節傳〉、〈張讓傳〉等。

註二五　參見勞榦先生〈論漢代的內朝與外朝〉一文，載中央研究院歷史語言研究所集刊第十三本。

註二六　同上。

註二七　參見閻步克《察舉制度變遷史稿》第二章。

註二八　見徐天麟《西漢會要》卷四十五。

註二九　張釋之爲郎十年，不得遷調；黃霸早年不得志，均係納貲之故。

註三〇　參見劉增貴《漢代豪族研究—豪族的士族化與官僚化》。台大歷史研究所博士論文。

註三一　如《後漢書・安帝紀》載永初五年詔曰：「思得忠良正直之臣，以輔不逮。其令三公，特進、侯、中二千石、二千石、郡守、諸侯相舉賢良方正，有道術、達於政化、能直言極諫之士，各一人，及至孝與衆卓異者，并遣詣公車，朕將親覽焉。」又〈桓帝紀〉載本初元年詔曰：「其令秩滿百石，十歲以上，有殊才異行，乃得參選，臧吏子孫，不得察舉。杜絕邪僞請託之原，令廉白守道者得信其操，各明守所司，將觀厥後。」

註三二　減俸：安帝永初四年，順帝漢安二年、桓帝延熹二年、五年；絕俸：延熹三年；貸王侯國租或半租或假俸：順帝永和六年，漢安二年、桓帝延熹四年。

註三三　以上見《後漢書・酷吏列傳》。

註三四　據勞榦先生《居延漢簡考釋》一書，戶籍登記之項目，包括姓名、籍貫、年齡、職務、爵級、家屬、奴婢、田地、動產等項，甚至還包含戶主之身長、膚色等。

註三五　參見嚴耕望先生〈漢代地方行政制度〉一文，戴中央研究院歷史語言研究所集刊第二十五本。

註三六　參見鄧小南〈西漢官吏考課制度初探〉一文，載北京大學學報（哲學社會科學版）一九八七年第二期。

註三七　同註三五。

註三八　同註三五。

註三九　《後漢書・襄楷傳》：「長吏殺生自己，死者多非其罪，魂神冤結，無所歸訴，淫厲疾疫，自此而起。」

註四〇　同註三五。

註四一　九條見《玉海》一六五引《唐六典》：「惠帝三年，相國奏遣御史監三輔不法事：詞訟、盜賊、鑄僞錢、獄不直、徭賦不平、吏不廉、吏苛刻、逾侈及弩力十石以上，作非所當服，凡九條。」

註四二　六條者，《續漢書·百官志五注引蔡質漢儀》：「一條：強宗豪右，田宅踰制，以強陵弱，以衆暴寡。二條：二千石不奉詔書，遵承典制，倍公向私，旁詔守利，侵漁百姓，聚歛爲姦。三條：二千石不恤疑獄，風厲殺人，怒則任刑，喜則任賞，煩擾苛暴，剝戮黎元，爲百姓所疾，山崩石裂，妖祥訛言。四條：二千石選署不平，苟阿所愛，蔽賢寵頑。五條：二千石子弟怙恃榮勢，請託所監。六條：二千石違公下比，阿附豪強，通行貨賂，割損政令。」

註四三　參見勞榦先生〈兩漢刺史制度考〉一文，載中央研究院歷史語言研究所集刊第十一本。

註四四　見章帝建初元年三月詔、元和元年二月詔、順帝陽嘉元年閏月詔等。

註四五　同註三五。

註四六　《後漢書·郅惲傳》：「西部督郵繇延天資忠貞，稟性公方，摧破姦凶，不嚴而理。」

註四七　見《太平御覽》卷二五七引《廣州先賢傳》。

註四八　見《後漢書·張酺列傳》注引《漢官儀》。

註四九　參見徐復觀先生《學術與政治之間》甲集十三〈中國的治道〉一文。

註五〇　同前註。

註五一　參見逯欽立纂輯《先秦漢魏晉南北朝詩》一書〈卷八漢詩·雜歌謠辭〉。

註五二　分見〈賢難〉、〈救邊〉、〈考績〉各篇。

註五三　王紹蘭曰：「據《漢書·王莽傳》，欲誅莽者，安衆侯劉崇外，尚有徐鄉侯劉快（〈王子侯表〉，快作快）、陵鄉侯劉曾、扶恩侯劉貴。〈翟方進傳〉，欲誅莽者，東郡太守翟義外，尚有嚴鄉侯劉信、武平侯劉璜、東平王傅蘇隆、中尉皐丹。是十萬人中，能報恩者，不止二人，節信特舉其最著者。」

註五四　《後漢書·劉隆傳》載：「是時（建武中）天下墾田多不以實，又戶口年紀，互有增減。十五年，詔下州郡檢覈其事，而刺史太守多不平均，或優饒豪右，侵刻羸弱，百姓嗟怨，遮道號呼。時諸郡各遣使奏事，帝見陳留吏牘上有書，視之云：『潁川宏農可問，河南南陽不可問。』帝詰吏由趣，吏不肯服，抵言於長壽街上得之。帝怒。時顯宗爲東海公，年十二，在幄後言曰：『吏受郡勅，當欲以墾田相方耳。』帝曰：『即如此，何故言河南南陽不可問？』對曰：『河南帝城多近臣，南陽帝鄉多近親，田宅踰制，不可爲準。』帝令虎賁將詰問吏，吏乃實首服，如顯宗對。」

註五五　《續漢書·百官志一》注引《漢官儀》曰：「有非其人，臨計過署，不便習官事，書疏不端正，不如詔書，有司奏罪名，并正舉者。」是荐舉不實，一經察出，即予以懲處。法令周密如此，故王符無譏刺之言，其所非之者，特在執行不力耳。〈本政〉曰：「得臣以選爲本，選舉實則忠賢進，選舉僞則邪黨貢，選以法令爲本，法令正則選舉實，法令詐則選舉僞。」可證。

第三章《潛夫論》所反映之東漢經濟情勢

政治情勢之外，民生經濟之落後與貧窮，王符亦尤多關注。實以東漢之際，土地兼併，蔚爲風氣，商賈末業，畸形發展，復以戚宦官僚之欺壓剝削、天災人禍之連續相沿，遂導至農業破敗，民命死亡，「百姓飢荒，更相噉食」《後漢書．安帝紀》、「司隸、冀州飢，人相食」、「司隸、豫州飢死者什四五，至有滅戶者」《後漢書．桓帝紀》、「死亡流離，或支骸不斂，或停棺莫收」《後漢書．質帝紀》，類此白骨委積，民命危淺之記載，史不絕書，而僥倖得以不死者，「戶口漏於國版，夫家脫於聯伍，避役者有之，棄捐者有之，浮食者有之，於是姦心競生，僞端並作矣。」《中論．民數》、「下戶踦嶇，無所跱足，乃父子低首，奴事富人，躬率妻孥，爲之服役……歷代爲虜，猶不贍於衣食，生有終身之勤，死有暴骨之憂。」《崔寔．政論》所謂「三空之戹」（註一）洵爲實錄。

王符嘗曰：

君子夙夜箴規，蹇蹇匪懈者，憂君之危亡，哀民之亂離也。〈釋難〉

夫惻隱人皆有之，是故耳聞啼號之音，無不爲之慘悽悲懷而傷心者，目見危殆之事，無不爲之

灼怛驚怵而赴救。〈明忠〉

百姓農民既流離溝壑，田疇廬落復丘墟荒穢，對此凋敝破敗之經濟現象，王符自不能視若無睹，今檢具《潛夫論》所反映之東漢經濟形勢，列舉說明如后。

第一節　農桑本業荒蕪、農民流離失怙

中國自古以農立國，農業不僅爲民生所需，抑且爲維持政治、社會秩序之必要條件，故重農務本之主張，實由來已久。兩漢之際或禁末、或貴粟、或賦民公田、或假民公田、或賜民爵，皆是朝廷重農之實際措施；從中央至地方，皆有農官負推廣農事之責（註二）；武帝後，水利事業之興築，亦頗有可觀（註三）；農業生產工具，以鐵製農器爲多，由新式之鏟、鋤、銚、鐮、钁、犁等遺物之出土（註四），足證明漢世農具之使用，遠較以往進步普遍；而趙過「代用法」與氾勝之「區田法」之推行，尤爲中國農業史上偉大之成就，據《漢書．食貨志》載：「（武帝）以趙過爲搜粟都尉，過能爲代田，一晦三甽，歲代處，故曰代田……其耕耘下種田器，皆有便巧，率十二夫爲田一井一屋，故晦五頃，用耦犁，二牛三人，一歲之收常過縵田晦一斛以上，善者倍之。過使教田太常三輔，大農置工巧奴與從事，爲作田器。二千石遣令長、三老、力田及里父老善田者受田器，學耕種養苗狀。……教民相與庸輓犁，率多人者田日三十晦，少者十三晦，以故田多墾闢。……民皆便代田，用力少而得穀

多。」而成帝時氾勝之又有「區田法」：「上農區田法，區方深各六寸，間相去七寸，一畝三千七百區，丁男女種十畝，至秋收區三升粟，畝得百斛。中農區田法，方七寸，深六寸，間相去二尺，一畝千二十七區，丁男女種十畝，秋收粟畝得五十一石。下農區田法，方九寸，深六寸，間相去三尺，秋收畝得二十八石。旱即以水沃之。」《後漢書．劉般傳注》，「代田」與「區田」二法，雖因煩費人力而未能完全實用（註五），單位面積產量可以增加，實爲不爭之事實。

衡諸事理，水利既有長足發展，復以農具之改良，與農業技術之提昇，自當爲東漢農業之進步，提供良好之條件（註六），然若審度形勢，事實乃又大謬不然，農桑本業之荒廢與農民之流離窮困，實足驚人，王符之言亦曰：

今舉世舍農桑，趨商賈，牛馬車輿，塡塞道路，游手爲巧，充盈都邑，治本者少，浮食者眾……本末何足相供，則民安得不飢寒，飢寒並至，則安能不爲非。〈浮侈〉

『詩』刺不績其麻，女也婆娑。今多不脩中饋，休其蠶絲，而起學巫祝，鼓舞事神，以欺誣細民，熒惑百姓。〈浮侈〉

王符嘗謂：「民之所以爲民者，以有穀也。」〈愛日〉，又曰：「十種之地，膏壤雖肥，弗耕不獲。」〈相列〉農民舍棄農桑，背離本業（原因詳后），本末既不相供，飢寒臻至，則或爲佃農、雇農，或游手巧食、或沒身爲奴、乃至淪爲盜匪，遂成爲農民日暮途遠，走投無路之抉擇。

《潛夫論》書中，對農民成爲依附地主豪戶之佃農、雇農，與以礦冶及工藝爲主之雇傭，並無指斥之處，蓋佃農以土地收入之一半繳交地租後，即所謂「官收百一之稅，民收太半之賦」《漢紀》，尚存剩餘以維生計；雇農和雇傭則全以勞力，換取工資，維持生活，傭價雖因勞動力之性別、年齡、工作性質、及勞動之時間、地區，各有不同，但依附地主，托庇豪家，既可養家活口，復可避躲不肖官吏之騷擾苛虐，所謂客傭自給，似又有其必要存在，是王符所關注者，即為漢季因農村破敗所引發之游民、奴婢與盜匪問題。游民問題，詳見下節，今先錄其奴隸與盜匪之說。

王符曰：

> 寇鈔賊虜，忽然而過，未必死傷，至吏所搜索剽奪，旋踵塗地，或覆宗滅族，絕無種類，或孤兒婦女，為人奴婢，遠見販賣，至令不能自活，不可勝數。〈實邊〉

兩漢之際，奴隸有官奴與私奴之分，為社會階層之最低者（註七），奴隸之來源，雖頗異於往昔（註八），農民賣身為奴之現象，卻十分普遍，而王符所言「遠見販賣」之現象，亦屬常見，「為之繡衣絲履偏諸緣，內之閑中」《漢書．賈誼傳》，「又置奴婢之市，與牛馬同蘭，制於民臣，顓斷其命」《漢書．王莽傳》，由出土文物可知奴隸不獨可視為財產而自由買賣，而且價格匪貲（註九），文獻如《風俗通》載龐儉「行求老蒼頭謹信屬任者，年六十餘，直二萬錢」《太平御覽四七二》；王褒《僮約》亦有「決賈萬五千」之記載，均其證。

光武之時，嘗數度下詔，提高奴隸之地位，並釋放部份奴隸（註十），但僅為局部釋放而已，對象止限於因戰亂而新被略賣者，原先舊有之奴隸，則一概不問。明章之後，釋放私奴之舉，絕無僅有，蓋豪富權貴之畜養奴隸，僭奢無度，已無從禁止。如竇氏（融）自祖及孫，「奴婢以千數」；馬防兄弟貴盛，「奴婢各千人以上」；濟南安王劉康多殖貨財，「奴婢至千四百人」；梁冀取良人悉為奴婢，「至數千人」（註一〇）；權貴畜養奴隸數目之多，由此可見。依近世學者統計，漢世奴隸數目從百萬乃至三千萬不等（註一一），奴隸問題之嚴重，不僅在數目之多，亦且在於奴隸多由權貴豪富掌控，不僅成為貲財增值之對象，且成為貲財增值之手段。官奴不乏坐稟衣食，游戲無事之輩，私人奴婢除少量用於農業生產外，亦多為豪門奢侈生活之表徵，仲長統曾謂漢興以來，豪人之室，因有「奴婢千群，徒附萬計」之勞力役使，乃能「船車販賣，周於四方，廢居積貯，滿於都城。琦賂寶貨，巨室不能容，馬牛羊豕，山谷不能受，妖童美妾，塡乎綺室，倡謳妓樂，列乎深堂。賓客待見而不敢去，車騎交錯而不敢進。三牲之肉，臭而不可食，清醇之酎，敗而不可飲。睇盼則人從其目之所視，喜怒則人隨其心之所慮。」《昌言．理亂》。類此「公侯之廣樂，君長之厚實」，多由剝削奴隸勞力而來，社會風氣之奢靡淫逸，亦由此而來，王符亦曰：

> 今京師貴戚……從奴僕妾，皆服葛子升越，筩中女布，細緻綺縠，冰紈錦繡，犀象珠玉，琥珀瑇瑁，石山隱飾，金銀錯鏤，麞麂履舄，文組綵褋，驕奢僭主，轉相誇詫，箕子所唏，今在僕妾，富貴嫁娶，車駢駱驛，騎奴侍僮，夾轂節引，富者競欲相過，貧者恥不逮及，是故一饗之所費，破終身之本業。〈浮侈〉
>
> 今者，既不能盡復古，細民誠可不須，乃踰於古昔孝文，衣必細緻，履必麞麂，組必文采，襪

必綸背，文飾車馬，多畜奴婢，諸能若此者，既不生穀，又坐爲蠹賊也。〈浮侈〉

《後漢書．安帝紀》亦曰：「走卒奴婢，被綺縠，著珠璣，京師尙若斯，何以示四方？」。養奴畜奴，原爲提供勞役之用，竟乃至「財貨滿於僕妾，祿賜盡於猾奴」〈忠貴〉，人人盡欲相過，唯恐力不逮及，「糜破積世之業，以供終朝之費」《後漢書．明帝紀》，王符既痛農民之沒身於奴，又斥養奴畜奴之敗壞社會風氣者，實因重稼穡，務農桑之當務要急，已成爲空談。

農村破產，農民無所依恃，唯能依賴朝廷之賑濟，方能存活，和帝之前，東漢局勢，可稱清平，然消極性之賑濟，光武即有兩次，明帝有六次，章帝則八次，和帝之後，政經形勢轉劣，更無庸論矣，賑濟云云，已無濟於事，復以貪吏營私中飽，農民不得已淪爲盜賊，亦實屬無奈，王符曰：

除上天感動，降災傷穀，且以人功見事言之，今自三府以下，至于縣道鄉亭，及從事督郵，有典之司，民廢農桑而守之辭訟告訴，及以官事應對吏者，一日之間，廢十萬人，又復計之，一人有事，二人護餉，是爲日三十萬人離其業也，以中農率之，則是歲二百萬口，受其饑也，然則盜賊何從消？太平何從作？〈愛日〉

或因降災傷穀，或因辭訟告訴，一日之間，計三十萬人，離其本業，影響所及，則一歲之中，忍飢受餓之人，率以數百萬計。王符此說，雖未有精準之數據，足資佐證，然其意固以盜賊之所起，實與年歲不登，民食匱乏，有相互之關係。故王符曰：

禮義生於富足，盜賊起於貧窮，富足生於寬暇，貧窮起於無日。〈愛日〉

農村人力，受制於天災人禍，未能專事墾闢，貧窮困窘而起爲盜賊者，數必不在少，「小則盜竊，大則攻劫」《中論．民數》，小焉者，三五成群，劫奪家舍，大焉者，則嘯聚結營，各擁兵械，寇攘姦宄，略州劫縣。前者原爲求食苟活，影響較小，可以不論，後者則桴鼓相應，足以釀成巨亂。如以安帝永初二年，畢豪起事於平原，至靈帝光和三年黃巾起事前言之，短短六七十年中，東漢帝國內部之中，盜賊民變之次數，竟有四十餘次（註一三），附和之衆，規模較小者，如順帝永和三年，「九江賊蔡伯流等數百人攻廣陵、九江，燒城郭，殺江都長」《續漢書．天文志中》；規模大者，則如靈帝光和三年，「江夏蠻復反，與廬江賊黃穰相連結，十餘萬人，攻沒四縣，寇患累年」《後漢書．巴郡南郡蠻傳》，其餘或數千或數萬，即或史冊不載數目，想必四散流亡之農民，應佔多數。次從空間言之，「從隴西邊陲到東部青州瀕海郡縣；從統治腹地的三輔、河南到邊遠的益州、蒼梧、合浦、南海、交趾；從富庶的長江中下游平原到西北、西南的貧瘠之地」（註一四），即整個漢庭疆域，皆有民變之蹤跡。不獨此也，若斯之輩，旗幟、番號，亦各自不同，以桓帝之際言之，建和元年，「陳留盜賊李堅自稱『皇帝』，伏誅」、二年，「長平陳景自號『皇帝子』，署置官屬；又南頓管伯亦稱『眞人』，並圖舉兵，悉伏誅」、和平元年，「扶風妖賊裴優自稱『皇帝』，伏誅」、永興二年，「蜀郡李伯詐稱宗室，當立爲『太初皇帝』，伏誅」、延熹八年，「渤海妖賊蓋登等，稱『太上皇帝』，有玉印、珪、璧、鐵券，相署置，皆伏誅」、九年，「沛國戴異得黃金印，無文字，遂與廣陵人龍尙等共祭井，作符書，稱『太上皇』，伏誅」（註一五），乃皆設官置署，各有名號，其取漢而相代之意圖，實爲明顯，視之王莽之時，四方雖亦飢寒窮愁，起爲盜賊，衆雖數萬，「亶稱巨人、從事、三老、祭酒，不敢略有城邑，轉掠求食，日闋而已」《漢書．王莽傳》，其間差異，誠殊爲懸殊。是東漢之民變，實已關乎社稷危亡，故王符特明言之曰：

> 飢寒並至，則安能不爲非，爲非則姦宄，姦宄繁多，則吏安能無嚴酷，嚴酷數加，則下安能無愁怨，愁怨者多，則咎徵並臻，下民無聊，則上天降災，則國危矣。〈浮侈〉

靈帝中平元年，鉅鹿張角，以黃巾爲標幟，聚衆數十萬起事，「所在燔燒官府，劫略聚邑，州郡失據，長吏多逃亡。旬日之間，天下嚮應，京師震動。」《後漢書．皇甫嵩傳》，雖不及一載，黃巾主力已然潰散，張角疾卒，張梁、張寶被殺，而黃巾餘黨仍流竄不已，小者六七千，大者二三萬，太行黑山賊張燕之衆竟達百萬之衆（註一六），凡此種種，唯有萬千農民之離鄉背井，圍聚起事，方能匯爲巨流洪濤。前漢鮑宣七亡之說，「盜賊劫略，取民財物」乃七亡之一，實則盜賊蠭起，與農民之流亡，正相爲因果。黃巾之亂，王符恐未及親見，然其所謂：「民既奪土失業，又遭蝗旱飢匱，逐道東走，流離分散，幽冀兗豫荊楊蜀漢，飢餓死亡，復失太半。」〈實邊〉，正爲農民亡逃山林，轉爲盜賊，而後釀成巨亂，預先設言矣。

東漢至和帝永元之際，早期雖經王莽之喪亂，「海內人民，可得而數，裁十二三，邊陲蕭條，略無孑遺」《續漢書．郡國志五注》，但因光武「知天下疲耗，思樂息肩，自隴、蜀平後，非儆急，未嘗復言軍旅。」《後漢書．光武帝紀》，故以柔道治天下，明章之際，亦號稱清平，故史稱「中興以後，逮於永元，雖頗有弛張，而俱存不擾，是以齊民歲增，闢土日廣。」《後漢書．和帝紀論》。然和帝之後，流亢四散，本業荒廢之勢，益趨嚴重，農民除依附豪強地主成為被剝削之佃農、雇農，以之苟殘喘外，淪為游民、奴隸、盜賊之現象，實屬普遍。其所以至此者，依王符之分析，除政治昏闇（見上章）外，又可得其因由如下：

一、天災

水、旱、風、蟲、地震，原為天地自然之變動，然過多或過少，則疾疫大興，災異峰起，故百姓遑遑，莫不亡命奔走於道路。鮑宣將「陰陽不和，水旱為災」列為七亡之首，殆非無因。王符嘗謂：

大風飛車拔樹，積雹為冰，溫泉成湯，麟龍鸞鳳，蝥蠈蝝蝗，莫不氣之所為也。〈本訓〉

鬼神人民，億兆醜類，雖由氣而成，若「人序其動」，則自能「致珍異」〈本訓〉，倘不圖此，則「天呈其兆」、「上天感動，降災傷穀」〈愛日〉。王符此論，雖不離漢初董仲舒天人感應之說，但仍以為天災之患，猶須注意。其言曰：

民既奪土失業，又遭蝗旱饑匱，逐道東走，流離分散，幽冀兗豫荊揚蜀漢，饑餓死亡，復失太半。〈實邊〉

東漢之際，水旱蝗蟲等天災之頻繁常見，范史書志，多有記載，近代學者，亦有統計（註一七），誠以天災之影響於農業生產者既深且鉅。兩漢之農業生產，以黃河上下游地區為中心，關中地區（黃河上游地區）之災患，以旱災與蝗災為主，關東地區（黃河下游諸郡國），則旱蝗以外，尤在於水災（註一八），或一年之中，數災並發，或連續數年災荒並至（註一九），被災之區域，或一郡，或數郡，甚或數州或數十郡。以桓帝時為例，建和元年四月，「郡國六地裂，水涌井溢」；永興元年秋七月，「郡國三十二蝗，河水溢。百姓飢窮，流冗道路，至有數十萬戶，冀州尤甚。」、二年六月，「彭城泗水增長逆流，詔司隸校尉、部刺史曰：『蝗災為害，水變仍至，五穀不登，人無宿儲。』」；永壽元年，「司隸、冀州飢，人相食。……六月，洛水溢，壞鴻德苑。南陽大水。……詔被水死流失屍骸者，令郡縣鉤求收葬。」；永康六年秋八月，「六州大水，勃海海溢。詔州郡賜溺死者七歲以上錢，人二千；一家皆被害者，悉為收斂；其亡失穀食，稟人三斛。」《後漢書．桓帝紀》。且尤有甚者，「一年中有四次以上災荒的，密集在東漢中晚期，連續十年以上發生災荒的，也主要在此期，尤其是連續二十七年橫亙整個安帝期，以及永初元年、元初六年、延光元年三次一年七災的記錄，確實給人民帶來無與倫比的衝擊。」（註二〇）以數據驗之，然則王符所指因天災而「流離失散」、「饑餓死亡，民死太半」者，並非無謂。

天災之外，符復論及疾疫之害，其言曰：

> 婦女羸弱，疾病之家，懷憂憒憒，皆易恐懼，至使犇走便時，去離正宅，崎嶇路側，上漏下濕，風寒所傷，姦人所利，盜賊所中，益禍益祟，以致重者，不可勝數。〈浮侈〉

疾疫雖非天災，殆為天災引發之後遺症，《後漢書》所載「大疫」之史料甚多，乃至「家家有強尸之痛，室室有號泣之哀，或闔門而殪，或舉族而喪」《續漢書．五行志五注》，朝廷雖經給醫藥，賜棺木，仍「死有滅戶，人人恐懼，朝廷燋心，以爲至憂」《續漢書．五行志五注》，王符所言「不可勝數」，徵之史冊，殆近事實。

二、羌亂

匈奴、烏桓、鮮卑、與西域諸國，夙爲漢代邊患，唯至東漢中業之後，羌患愈演愈烈，成爲漢庭心腹大患。自光武帝建武十年，先陵羌與諸種相結，侵略金城、隴西，爲中郎將來歙擊破於五谿（註二一）始，至獻帝興平元年，馮翊羌反叛，爲郭汜、樊稠擊破（註二二）止，東漢與羌人之爭戰，前後實難計數，人命貲財之消耗損失，可謂驚人。其對百姓農民之傷害，尤其酷烈，故王符曰：

前羌始反時，……雲烝霧起，合從連橫，掃滌并涼，內犯司隸，東寇趙魏，西鈔蜀漢，五州殘破，六郡削迹。〈勸將〉

往者羌虜背叛，始自涼并，延及司隸，東禍魏趙，西鈔蜀漢，五州殘破，六郡削迹。週迴千里，野無孑遺，寇鈔禍害，晝夜不止，百姓滅沒，日月焦盡。〈救邊〉

「五州殘破，六郡削迹」，羌患如雲之烝，如霧之起，瀰漫而無從收拾，其對農民莊稼之傷害，實無庸置疑，王符又曰：

前羌始叛，……郡縣不爲備，乃皆大熾，及百姓暴被殃禍，亡失財貨，人褱奮怒，各欲報讎。

〈實邊〉

所謂「亡失財貨」者，即范史所指之「農功消於轉運，資財竭於徵發，田疇不得墾闢，禾稼不得收入，搏手困窮，無望來秋，百姓力屈，不復堪命。」《後漢書．龐參傳》，羌勢日熾，漢庭上下，既畏懦事，乃欲放棄涼州，退保三輔（註二三），此安帝永初四年之事，永初四年，「徙金城郡都襄武」，五年，又「詔隴西徙襄武，安定徙美陽，北地徙池陽，上郡徙衙」《後漢書．安帝紀》，凡此「毆民內遷」〈敍錄〉之舉，「其爲酷痛，甚於逢虜」〈實邊〉，王符曰：

> 太守令長，畏惡軍事，皆以素非此土之人，痛不著身，禍不及我家，故爭徙郡縣以內遷，至遣吏兵，發民禾稼，發徹屋室，夷其營壁，破其生業，彊劫驅掠，與其內入，捐棄羸弱，使死其處，當此之時，萬民怨痛，泣血叫號，誠愁鬼神而感天心。〈實邊〉

《後漢書．西羌傳》亦載此徙郡縣以避羌患之事，亦有「刈其禾稼，發徹室屋」諸語，農民「流離分散，隨道死亡」，此即王符所以疾首痛心之處也。

三、賦稅繁多，徭役不止

漢時賦稅徭役之名目繁多，內容各異，雖朝廷可藉此以支應政經軍事所須，但因不平、不實、苛取、豪奪之事屢起，細民不堪，自然流亡遠去。所謂「寒不敢衣，飢不敢食，民有斯戹，而莫之敢恤，天下雖復盡力耕桑，猶不能供」《後漢書．宦者呂強傳》，賦稅徭役之有損於農業發展，王符嘗釋之曰：

所謂亂國之日促以短者，非謁義和而令疾趨也，又非能減分度而損漏刻也，乃君不明則百官亂而姦宄興，法令鬻而役賦繁，則細民困於吏政，仕者窮於曲禮，冤民鬻獄乃得直，烈士交私乃見保，姦臣肆心於上，亂化流行於下，君子載質而車馳，細民懷財而趨走，故視日短也。〈愛日〉

王符以爲糧穀之所以能豐殖者，「以有人功也」〈愛日〉，功之所以能逮及者，「以日力也」〈愛日〉，而「役賦繁」，正足以使民「困務而力不足」，實爲農桑本業無法增長之至要因素。

漢代賦稅稅目之中，有直接稅與間接稅之區別，直接與農桑墾殖有關，乃至影響農民耕作者，如：①田租及當、稿稅：東漢光武建武六年，「其令郡國收見田租，三十稅一如舊制。」《後漢書．光武帝紀》，迄於後期桓帝均無變化，稅率均爲三十稅一，乃按田畝與產量相結合而徵收（註二四）；桓帝延熹八年，「初令郡國有田者畝斂稅錢。」《後漢書．桓帝紀》，李賢注曰：「畝十錢也。」靈帝中平二年，「令斂天下田，畝稅十錢，以修宮室。」此附加稅出現於東漢末期，雖非常制，但農民之負擔已較前尤重；田租之外，農民又須繳交當、稿等禾杆、草料實物之稅，後又由實物，演變成以錢幣折納，更加重農民之負擔。②算賦與口錢：此皆爲人頭稅。算賦乃指民年十五以上至五十六須出賦錢，「人百二十爲一算，爲治庫兵軍馬」《漢書．高帝紀注》；另有未成年之口錢，據《西漢會要》載，民年七歲至十四歲，出口賦錢，人二十三；二十錢以供天子，三錢者，武帝加口錢以補車騎馬費。此後口錢二十三遂成爲定制，東漢仍之不改。唯東漢末，又有從七歲下降至一歲即起徵之例（註二五）。

③更賦：即代役錢，「更有三品」《漢書．昭帝紀》，服徭役、兵役者，或爲「卒更」，即成年男子「月爲更卒」，須親自服役，每年一月；或爲「踐更」，即應服「卒更」一月之役而不欲前往者，可以二千錢雇人代服之；或爲「過更」，成年男子，每人每年應戍邊三日，因路途遠而不克前往，故每人每年則出錢三百給予官府。「踐更」與「過更」之別，在前者並非法定賦稅，雇錢每月二千乃由雇者直接付予受雇者；後者爲法定賦稅，人人必出，以每年三百錢交予官府，凡此即所謂「更賦」也。④假稅：官府將「公田」（國有土地）租借農民耕種，農民須向官府繳交田畝收穫物一半之稅，此與耕種私人地主之佃農所須繳交之地租相同，亦即「假與民收其稅入」《漢書．昭帝紀注》。⑤牲口稅：官府得向百姓私養馬牛羊者收稅，所謂「牛馬羊頭數出稅算，千輸二十也」《漢書．翟方進傳注》，農民自然無有例外。

除直接稅對農民造成傷害外，間接稅（如關稅、鹽鐵稅、酒稅、車船稅、市租、海租等），雖僅向工賈收取，並非直接取之於農民，但工賈仍可透過買賣經營，將稅負加諸商品之中轉嫁，而後仍由廣大農民承受。

故以五口農家，擁有百畝之地計之，其一年歲收，且不論賦稅及疾病死喪之費，僅扣除家口之衣食支出後，即已明顯不足，戰國時李悝嘗爲魏文侯盡地利之教，即稱「一夫挾五口，治田百畮，歲收畮一石半，爲粟百五十石，除十一之稅十五石，餘百三十五石。食，人月一石半，五人終歲爲粟九十石，餘有四十五石。石三十，爲錢千三百五十，除社閭嘗新春秋之祠，用錢三百，餘千五十。衣，人率用錢三百，五人終歲用千五百，不足四百五十。不幸疾病死喪之費，及上賦斂，又未與此。此農夫所以常困，有不勸耕之心，而令糴至於甚貴者也。」《漢書．食貨志》；農民飢困之窘狀，至西漢因仍而不改，文帝時，鼂錯上書，亦有「今農夫五口之家，其服役者不下二人，其能耕者不過百畮，百畮之收不過百石。春耕夏耘，秋穫冬藏，伐薪樵，治官府，給繇役，春不得避風塵，夏不得避暑熱，秋不得避陰雨，冬不得避寒凍，四時之間亡日休息，又私自送往迎來，弔死問疾，養孤長幼在其中，勤苦如此，尚復被水旱之災，急政暴虐，賦斂不時，朝令而暮改」《漢書．食貨志》之語，是賦稅過苛，正是男子力耕糧饟不足，女子紡績衣服不足之因。東漢賦稅之制，多沿西京舊制，而橫徵暴斂之例，時有所聞（註二六），復以天災人禍。又甚於西漢，是農民生活焉能不破產？農村經濟焉能不萎縮？外此，徭役之頻繁，更是農民生計之致命傷，王符亦曰：

> 公卿師尹，卒勞百姓，輕奪民時，誠可憤諍。〈敍錄〉
>
> 今邊郡多害而役劇，動入禍門，不爲興利除害，有以勸之，則長無與復之意而內有畏戎之心，西羌北虜，必生闞欲，誠大憂也。〈實邊〉

蓋賦稅雖多，倘年穀豐登，農民尚有一線生機可以存活，但徭役頻繁，煩勞百姓，「民力不暇，穀何以生」〈愛日〉，則僅存之生機，勢必因之而破滅。漢代之徭役有廣狹二義，廣義之徭役，包括正卒，戍邊之兵役而言（註二七）；狹義之徭役，則除每年一月之「更役」外，另須服超逾一月以上，遠離本土之「外徭」、依法被罰之「眥徭」、及變相之「居役」等（註二八），負擔既重，復以貴戚權宦之擅發興作，過時逾年之現象（註二九）屢見，而邊郡之修習戰備（此亦爲徭役之一種），亦重於內郡（註三〇），徭役沉重，遂導致「外事四夷，內興功作，役費并興，而民去本」《漢書．食貨志》，「長子不還，父母愁憂，妻子咏嘆，憤懑之恨，發動於心，慕思之積，痛於骨髓」《鹽鐵論．徭役》。爲避免流離死亡，乃至勸農務本，王符所言「均苦樂，平徭役，充邊境」之「安中國之要術」〈實邊〉，益顯重要迫切。

四、日力浪費

春生夏長，秋收冬藏，皆須勞力運作，勞動力之多寡有無，所謂日出而作，日入而息，實爲禾稼收成之必要條件。王符之論農村經濟，尤其重視「民功」、「日力」，其言曰：

> 力田所以富國也。〈務本〉
>
> 民之所以爲民者，以有穀也，穀之所以豐殖者，以有人功也，功之所以能建者，以日力也。〈愛日〉

王符深知「力者，乃民之本也，而國之基」〈愛日〉，故《潛夫論》中，恆以「日力」經濟效益之有無，以爲區分「治國」與「亂國」之標準，王符曰：

> 治國之日舒以長，故其民閒暇而力有餘，亂國之日促以短，故其民困務而力不足。〈愛日〉

國用所以不足，農民所以流離者，即在「日力」之無從推展。其所以致此之故，王符即以官府之煩擾苛察說之，其言曰：

所謂亂國之日促以短者，非謁義和而令疾驅也，又非能減分度而損漏刻也，乃君不明則百官亂而姦宄興，法令鬻而役賦繁，則細民困於吏政……故視日短也。〈愛日〉

今則不然，萬官撓民，令長自衒，百姓廢農桑而趨府庭者，非朝餔不得通，非意氣不得見，訟不訟，輒連月日，舉室釋作，以相瞻視，辭人之家，輒請鄰里，應對送餉，比事訖，竟亡一歲功，則天下獨有受其饑者矣，而品人俗士之司典者，曾不覺也，郡縣既加冤枉，州司不治，令破家活，遠詣公府，公府不能昭察眞僞，則但欲罷之以久困之資，故猥設一科令，比滿百日，乃爲移書，其不滿百日，輒更遣赦，甚違邵伯訟棠之義，此所謂誦詩三百，授之以政，不達，雖多亦奚以爲者也。〈愛日〉

「郡縣所以易侵小民，而天下所以多饑窮」〈愛日〉者，即肇端於官府之煩擾苛察，遂使「日力」之經濟效益無有，王符嘗釋之曰：

且以人功見事言之，今自三府以下，至于縣道鄉亭，及從事督郵，有典之司，民廢農桑而守之辭訟告訴，及以官事應對吏者，一日之間，廢十萬人，又復計之，一人有事，二人護餉，是爲日三十萬人，離其業也，以中農率之，則是歲二百萬口，受其饑也。〈愛日〉

「民力不暇，穀何以生？」〈愛日〉，勞動力脫離生產，影響遂及於國用民生，一歲之中，因民廢農桑而不得溫飽者，數蓋以百萬計，然則東漢農桑本業之蕭條，與「日力」之爲官府有司輕奪，實有密切之關係。

五、土地人口不稱

農桑收益，唯土地是賴，而耕作土地，又待人力而後行，欲地盡其利，除「日力」、「民功」外，土地與人口之相稱，亦不容忽視，王符曰：

> 《周書》曰：「土多人少，莫出其材，是謂虛土，可襲伐也；土少人眾，民非其民，可匱竭也，」是故土地人民必相稱也。〈實邊〉

農桑生產，一則須賴人力之發揮，此王符所以重視「日力」之故；但人力之發揮，又須先取得與客觀條件（土地）相調適，方能趨於極致，此即土地與人口相稱之意也。地多人少，地少人多，均不利於生產，王符曰：

> 今邊郡千里，地各有兩縣，戶才置數百，而太守周迴萬里，空無人民，美田棄而莫墾發，中州內郡，規地拓境，不能半邊，而戶口百萬，田畝不全，人眾地狹，無所容足。〈實邊〉

邊郡、內郡土地人口之不相稱，王符嘗以「偏枯躄痱之疾」〈實邊〉譬之，唯有「虛者補之，實者瀉之」，病方能癒。東漢北部及西北邊區，合并州、涼州、幽州等三十邊郡計之，土地雖佔全國近百分之三十，然僅擁有不到百分之六之人口（註三一），每戶所佔墾田數雖多，但因人力不足，復因氣候、地形、羌亂、運輸……諸問題，則民自不樂或不能耕種，即有耕種，收穫量當屬有限，農業自然萎縮；內郡若以關東地區爲例，在不到全國百分之十五之土地上，即聚集約佔全國百分之六十之人口（註三二），人衆地狹，復以土地兼併之情況嚴重，農民可耕之地實爲不多，如以東漢平均之畝產量三斛計之（註三三），則僅有「十畝共桑之迫」《昌言．損益》之諸夏農民生計，自然入不敷出，不易維持，而農桑本業，自然欲振乏力矣。邊郡「美田棄而莫墾發」，內郡則「人衆地狹，無所容足」，類此土地人口不相稱，因而導致農桑本業萎縮之現象，迄於東漢末葉相仍未改，遂爲東漢農業發展之阻力。桓帝時，劉陶游太學，上疏陳事，中有「伏念當今地廣而不得耕，民衆而無所食」《後漢書．劉陶傳》之語，此即可爲王符所言「人地不相稱」之佐證。

第二節　農工商末業之畸形發展

本爲農桑，工商爲末，自商鞅倡「事本而禁末」之說後，迄於漢世，重本抑末之主張，大抵因仍而不改（註三四）。所謂重農務本，即在保護、提高農村之生產力；工商末業則因操縱市場，以致「貧者失其財」、「農夫失其五穀」《管子．輕重甲》，夙爲識者所不取，故漢世打擊工商末業之法令及措施屢下者（註三五），即在於此。

然兩漢之世，工商末業雖屢經打壓，「法律賤商人，商人已富貴矣，尊農夫，農夫已貧賤矣。」《漢書．食貨志》此乃工商經營實奠基於農村經濟之上，若經營方式流於畸形，即所謂「乘時射利」

《史記．平準書集解》、「積貯倍息」、「操其奇贏」《漢書．食貨志》，則本末二業不獨不能相互輔益，甚至相互矛盾、衝突，富商大賈「蹛財役貧，轉轂百數，廢居居邑，封君皆低首仰給」《史記．平準書》，遂導致農村破產，「當具有者半賈而賣，亡者取倍稱之息，於是有賣田宅鬻妻子以償責者矣。」《漢書．食貨志》。

工商末業之畸形發展，王符亦深以爲憂，《潛夫論》書中，〈務本〉、〈遏利〉、〈浮侈〉諸篇，均有論述。依王符之意，工商末業所以能畸形發展者，實緣於求富好利之風氣始然，而末業經營之收益，又遠較農桑本業爲大爲易者，亦適足以助成此事，茲先述之於后。

春秋戰國之後，因商品經濟與貨幣經濟之日趨發達，原先單純之生產活動，已轉趨多元而複雜，生產之目的，不僅只爲維持生活，抑且轉爲價值財富之積累，然財富價值無論就數量與質量言之，均無有上限，故好利求富之舉，不獨求索無厭，亦且演爲時尚，畸形之工商活動，遂應運而起，民競棄農桑，行商坐賈，「大者積貯倍息，小者坐列販賣，操其奇贏，日游都市。」《漢書．食貨志》，「天下熙熙，皆爲利來，天下壤壤，皆爲利往。」《史記．貨殖列傳》，財富名利，成爲社會成員競相追逐之指標，「仕不至二千石，賈不至千萬，安可比人乎？」《漢書．酷吏寧成傳》，若不能「推擇爲吏，又不能治生爲商賈」《漢書．韓信傳》，則時俗不齒，正所謂「千乘之王，萬家之侯，百室之君，尚猶患貧，而況匹夫編戶之民乎？」《史記．貨殖列傳》，王符亦曰：

> 凡人所以肯赴死亡而不辭者，非爲趨利，則因以避害也，無賢鄙愚智皆然，顧其所利害有異爾，不

利顯名，則利厚賞也，不避恥辱，則避禍亂也。〈勸將〉

非乃今也，凡百君子，競於驕僭，貪樂慢傲，如賈三倍，以相高下，苟能富貴，爭稱譽之，終不見非，苟處貧賤，雖素恭謹，祇爲不肖，終不見是，此俗化之所以浸敗，而禮義之所以消衰也。〈交際〉

王符所以有此指摘者，其意固以爲財利須與仁德相稱，時人「徒知利之可娛己也，不知其無稱而必有禍」〈遏利〉，此王符所以有「嗚呼闇哉，無德而富貴者，固可豫吊也」〈遏利〉之歎，王符復解釋之曰：

且夫利物，莫不天之財也，天之制此財也，猶國君之有府庫也，賦賞奪與，各有眾寡，民豈得彊取多哉，故人有無德而富貴，是凶民之竊官位盜府庫者也，終必覺，覺必誅矣，盜人必誅，況乃盜天乎？得無受禍焉。〈遏利〉

依王符之觀察，「當世學者，恆以萬計，而究塗者，無數十焉，其故何也？其富者則以賄玷精，貧者則以乏易計」〈讚學〉，不獨學者多專治產業，少有修學著述爲事，即如斗筲小民，亦莫不貪求財賄，如：「不仁世叔，無義兄弟，或利其娉幣，或貪其財賄，或私其兒子」，故令貞潔寡婦，「彊中欺嫁，處迫脅遣送，人有自縊房中，飲藥車上，絕命喪軀，孤捐童孩」〈斷訟〉，至若一旦富貴，「則背親捐舊，喪其本心，皆踈骨肉而親便辟，薄知友而厚狗馬，財貨滿於僕妾，祿賜盡於猾奴，寧見朽貫千萬，而不忍賜人一錢，寧知積粟腐倉，而不忍貸人一升」〈忠貴〉，而類此貪權冒寵，蓄積無極之事，「備員滿貫者，何世無之」〈忠貴〉，源其所自，殆皆不知「無德而賄豐，禍之胎」〈遏利〉之理，而末業之所以競作，亦皆由此好利求富之風而萌生也。

工商末業之畸形發展，除肇因於追逐財利之風尙外，末業經營之收益較大較易，亦爲主因，王符曰：

> 今舉世舍農桑，趨商賈，牛馬車輿，塡塞道路，游手爲巧，充盈都邑，治本者少，浮食者衆。〈浮侈〉
>
> 富者競欲相過，貧者恥不逮及，是故一饗之所費，破終身之本業。〈浮侈〉

西漢之時，「商賈求利，東西南北，各用智巧，好衣美食，歲有十二之利，而不出租稅」，故「民棄本逐末，耕者不能半」《漢書．貢禹傳》，「商賈……乘上之急，所賣必倍，故其男不耕耘，女不蠶織，衣必文采，食必粱肉，無農夫之苦，有阡陌之得。因其富厚，交通王侯，力過吏勢，以利相傾，千里游敖，冠蓋相望，乘堅策肥，履絲曳縞，此商人所以兼併農人，農人所以流亡者也。」《漢書．食貨志》，天下背本趨末之現象，由西京諸帝所頒詔書（註三六），即可得之；東漢之時，商賈操縱居奇，收益尤足驚人，「今富商大賈，多放錢貨，中家子弟爲之保役，趨走與臣僕等勤，收稅與封君比入，是以衆人慕效，不耕而食，至乃多通侈靡，以淫耳目。」《後漢書．桓譚傳》，反觀農民之際遇，則爲「盜賊凶荒，九州代作，飢饉暴至，軍旅卒發，橫稅弱人，割奪吏祿，所恃者寡，所取者猥，萬里懸乏，首尾不救，徭役並起，農桑失業，兆民呼嗟於昊天，貧窮轉死於溝壑矣。」《昌言．理亂》，較乎豪人貨殖之「館舍布於州郡，田畝連於方國，身無半通青綸之命，而竊三辰龍章之服，不爲編戶一伍之長，而有千室名邑之役，榮樂過於封君，勢力侔於守令」《昌言·理亂》，其間差異，何啻天壤？此正崔寔所謂「農桑勤而利薄，工商逸而入厚，故農夫輟耒而雕鏤，工女投杼而刺繡」《政論》，及太史公所言「農不如工，工不如商，刺繡文不如倚市門」《史記·貨殖列傳》之意，然則王符所言，「牛馬車輿，塡於道路」者，亦班史所謂「東西南北，各用智巧」，及史遷「能者輻輳」，「趨時若猛獸摯鳥之發」《史記·貨殖列傳》也，而富者一饗之費，足以破農夫終身之本業，正足以見經營工商末業收益之驚人矣。

工商末業畸形發展之形成之因，既已如上述，其現象亦頗有可觀，就王符所述，可析之爲三：末業鼎盛、商業都市繁榮、與游民蠭起，茲分別述之：

一、末業鼎盛

先就末業鼎盛言之，王符以前之崇本抑末主張，乃將農桑（本）與工商（末）區分爲二，以務農耕作爲治國富國之本業，另以天賦所出，地利所在者，須「謹封而爲禁」、「得失之數，皆在此內」《管子·地數》，防禁商賈末業壟斷把持，甚而又將貴義賤利之傳統思維與崇本抑末相應，「治人之道，防淫佚之原，廣道德之端，抑末利而開仁義，毋示以利，然後教化可興，而風俗可移也。」《鹽鐵論·本議》，是崇本抑末既爲解決民生經濟之必要手段，亦且爲教化施政之輔助。王符雖亦有循於此，但其本末說，則又頗有異於前人，實可稱之爲「新本末說」（註三七）。

王符曰：

夫富民者，以農桑爲本，以游業爲末，百工者，以致用爲本，以巧飾爲末，商賈者，以通貨爲本，以鬻奇爲末，三者守本離末則民富，離本守末則民貧。〈務本〉

夫用天之道，分地之利，六畜生於時，百物聚於野，此富國之本，游業末事，以收民利，此貧邦之原，忠信謹愼，此德義之基也，虛無譎詭，此亂道之根也，故力田所以富國也。今民去農桑，赴游業，披采眾利，聚之一門，雖於私家有富，然公計愈貧矣；百工者，所使備器也，器以便事爲善，以膠固爲上，今工好造彫琢之器，飾巧僞之端，以欺民取賄，雖於姦工有利，而國計愈病矣；商賈者，所以通物也，物以任用爲要，以堅牢爲資，今商競鬻無用之貨，極淫侈之弊，以惑民取產，雖於淫商有得，然國計愈失矣。〈務本〉

農民、百工、商賈各有本末，農業之末，在「收民力」、「披采眾利，聚之一門」；百工之末，在「巧飾」、「造彫琢之器，飾巧僞之端，以欺民取賄」；商賈之末在「鬻奇」、「鬻無用之貨，極淫侈之弊，以惑民取產」，王符所以倡言「明督工商，勿使淫僞，困辱游業，勿使擅利」者，正因農工商三者末業畸型鼎盛之故，凡此皆可以史實證之。

所謂農桑游業之末，正指豪強地主之農業經營手段而言，蓋農業經營之所得，除提供生活所須之外，剩餘所得，自應爲提供再生產之用。然兩漢之際，衆多豪強地主，所得貲財雖以億萬計，卻非用之於再生產所須，反投注於侈奢生活之花費，「威重於六卿，富累於陶衛，輿服僭於王公，宮室溢於制度，并兼列宅，隔絕閭巷，閣道錯連，足以游觀，鑿池曲道，足以馳騖，臨淵釣魚，放犬走兔，隆豺鼎力，蹋鞠鬪雞……是以耕者釋耒而不勤，百姓冰釋而懈怠。」《鹽鐵論．刺權》，西漢末，南陽樊重世善農稼，好貨殖，貲至巨萬，「至乃開廣田土三百餘頃，其所起廬舍，皆有重堂高閣，陂渠灌注。又池魚牧畜，有求必給。嘗欲作器物，先種梓漆，時人嗤之，然積以歲月，皆得其用，向之笑者咸求假焉。」《後漢書．樊宏傳》，是地主農業經營所得，不獨以之支應侈奢生活之花費，且其經營方式，已與商賈之操縱居奇無異。而東漢豪強地主之勢力基礎，多由各式莊園構成，以崔寔《四民月令》所言爲例，莊園不獨生產各式農、林、食品加工、手工業、甚至防衛武器諸般產品，其經營方式與組織系統，亦極爲完整詳備。而一年之中，由二月至一月，又有對外買賣交易之安排，屯積居奇，賤買貴賣之交易手段，實與商賈無別。莊園地主之所得，全由「父子低首，奴事富人，躬帥妻孥，爲之服役」《政論》之佃農或奴隸提供，人數之衆，乃至「奴婢千群，徒附萬計」《昌言．理亂》，王符所指農桑末業者，正指此輩豪強地主擁地自重而言之也。

所謂百工末業者，即指製造豪門權貴所持有之奢侈物品而言。《鹽鐵論》有所謂「女極纖微，工極技巧，雕素樸而尚珍怪，鉆山石而求金銀，沒深淵求珠璣，設機陷求犀象，張罔羅求翡翠，求蠻貉之物以眩中國，徙邛筰之貨致之東海，交萬里之財，曠日費功，无益於用」〈通有〉之言，王符亦稱權貴之家，「衣服飲食、車輿文飾廬舍，皆過王制」〈浮侈〉，即可以爲佐證，正足以見東漢「抑工商之淫業，興農桑之盛務」，實已力不從心。光武皇后之兄郭況，累金數億，家僮四百餘人，「以黃金爲器，工治之聲，震于都鄙，時人謂：『郭氏之室，不雨而雷。』言其鑄鍛之聲盛也。」《拾遺記·卷六》，金飾業之盛，實可想而知；《西京雜記》中所記述之巧工手藝，採摭繁富，如「天子筆管以錯寶爲跗，毛皆以秋兔之毫，官師陸扈爲之，以雜寶爲匣，廁以玉璧翡羽，皆值百金。」（卷一）即其例，《鹽鐵論》載民間嘗「雕琢不中之物，刻劃無用之器」（散不足），《潛夫論》書中，亦有玩具及祈福物之製作（註三八）；而百工之盛，莫有過於織造者，此不獨於《潛夫論》中有詳細之裁製介紹（註三九），梁冀以大將軍之尊，乃親自設計「埤幘、狹冠、折上巾、擁身扇、狐尾單衣」（註四〇），而章帝建初二年詔令齊相所罷止製造之冰紈、方空縠、吹綸絮等物（註四一），尤足見其工巧；建築宮室之美，前文所引梁冀、樊宏所居者，即爲明證，今再舉二例言之，《水經注·濟水條》載桓帝時李剛墓，「雕刻爲君臣官屬，龜龍麟鳳之文，飛禽走獸之象，制做工麗。」（卷八）；《後漢書》載陶謙嘗「大起浮屠寺，上累金盤，下爲重樓，又堂閣周回，可容三千許人。作黃金塗像，衣以錦綵，每浴佛，輒多設飲飯，布席于路，其有就食及觀者，且萬餘人。」《陶謙傳》，美侖美奐，實足歎爲觀止，凡此種種，較之後世，實不遑多讓，然皆以其曠日費功，無益於用，故王符視此百工爲末業耳。

所謂商賈末業者，王符一則稱之爲「鬻無用之貨」，再則稱之爲「極淫侈之弊」，實以商賈小則求蠅頭之利，大則如運輸業、高利貸業、囤積業等，或積貯倍息，以利相傾，或乘上之急，所賣必倍，「使封君低首俯給」《漢書·食貨志》，而不論大小，所經營買賣者，率多浮侈無用之物，其經營之手段，亦卑劣無所可取，正所謂「樂觀時變，故人棄我取，人取我與。夫歲孰取穀，予之絲漆，繭出取帛絮，予之食。……趨時若猛獸摯鳥之發，……猶伊尹、呂尚之謀，孫吳用兵，商鞅行法是也。是故其智不足與權變，勇不足以決斷，仁不能以取予，彊不能有所守，雖欲學吾術，終不告之矣。」《史記．貨殖列傳》，或運籌策，或設智巧，或仰機利，商賈所願者，無非求財致富，此即司馬遷所謂素封者，「千金之家比一都之君，巨萬者乃與王者同樂」《史記．貨殖列傳》，遂成爲新興之支配勢力。流弊所及，「富相什則卑下之，伯則畏憚之，千則役，萬則僕」《史記．貨殖列傳》，足使社會淫奢失序，德化思維淪喪，王符所以稱之爲商賈末業之故，實即在此。

二、商業都市繁榮

次就都市繁榮言之，兩漢之時，「海內爲一，開關梁弛山澤之禁，是以富商大賈周流天下，交易之物，莫不通得其所欲」《史記．貨殖列傳》，「重裝富賈周流天下，道無不通，故交易之道行」《史記．淮南衡山列傳》，關梁山澤之禁既除，水路陸路四通八達，商業都市無論就貿易機能及物品消費，均居樞紐地位，故都市之繁華發達，自不待言。「自京師東西南北，歷山川，經郡國，諸殷富大都，无非街衢五通，商賈之所湊，萬物之所殖者。」《鹽鐵論．力耕》類此富冠海內之天下名都，「富在術數，不在勞身，利在勢居，不在力耕」《鹽鐵論．通有》，王符亦曰：

今舉世舍農桑，趨商賈，牛馬車輿，塡塞道路，游手爲巧，充盈都邑，治本者少，浮食者衆，京邑翼翼，四方是極。今察洛陽，浮末者什於農夫，虛僞游手者什於浮末，是則一夫耕，百人食之，一婦桑，百人衣之，以一奉百，孰能供之，天下百郡千縣，市邑萬數，類皆如此。〈浮侈〉

建武元年十月，光武由長安遷都洛陽，洛陽即取代長安，成爲全國經濟、政治、軍事之中心，其地理位置，則「東賈齊、魯，南賈梁、楚」《史記·貨殖列傳》，其俗則「雒陽街居在齊楚燕趙之中，富者相矜以久賈，過邑不入門」《漢書·貨殖傳》，而觀傅奕所稱「被崑崙之洪流，據伊洛之雙川，挾成皋之險阻，扶二崤之崇山，砥柱回波綴于後，三塗太室結於前，鎮以嵩高喬嶽，峻極于天，分畫經緯，開正塗軌，序立廟祧，面朝後市，歎息起氛霧，奮袂生風雨」〈洛都賦〉諸語，則其形勢之險要、商業繁華之情景，實可以想見。且通商大衢，又不獨洛陽爲是，據《史記·貨殖列傳》、《鹽鐵論·通有》、《漢書·貨殖傳》……諸書所載，諸多都邑之繁華，皆與商賈經營有關：如長安，「五方雜厝，風俗不純，其世家則好禮文，富人則商賈爲利，豪桀則游俠通姦」《漢書·地理志》、「長安鑄錢多奸巧」《後漢書·第五倫傳》，論其繁華，班固〈西都賦〉、張衡〈西京賦〉所述者尤詳，今不贅引；鄴，「壹八方而混同，極風采之異觀，質劑平而交易，刀布貿而无算。財以工化，賄以商通，難得之貨，此則弗容。器周用而長務，物背窳而就攻，不鬻邪而豫賈，著馴風之醇醲」《左思·魏都賦》；臨菑，則「臨菑十萬戶，市租千金，人衆殷富，鉅於長安」《漢書·高五王傳》；成都，則「民物豐盛，邑宇逼側」《後漢書·廉范傳》、「列隧百重，羅肆巨千，賄貨山積，纖麗星繁，都人士女，袨服靚粃，賈貿墆鬻，舛錯縱橫，異物崛詭，奇於八方，布有橦華，面有桄榔」《左思．蜀都賦》；他如「俗雜好事，業多賈」《史記．貨殖列傳》之宛、「通魚鹽之貨，其民多賈」《史記．貨殖列傳》之陳、「通貨羌胡，市日四合，每居縣者，不盈數月則致豐積」《後漢書．孔奮傳》之姑臧、「處近海，多犀、象、毒冒、珠璣、銀、銅、果、布之湊，中國往商賈者多取富焉」《漢書．地理志》之番禺，然則王符「天下百郡千縣，市邑萬數，類皆如此」之言，洵爲不誣。

又前引文王符所謂「市邑萬數」者，尤足證成東漢商業之繁華，王符又曰：

苟有土地，百姓可富也，苟有市列，商賈可來也。（勸將）

蓋商業行爲愈發達，都市愈益繁榮，大面積之固定交易場所，遂應運而生（註四二），此即漢世所謂之「市」、「市列」、「市肆」也。依《三輔黃圖》所記，漢長安之市，共有九市，規模最大，「各方二百六十六步，六市在道東，三市在道西，凡四里爲一市。」（卷二），班固〈西都賦〉曰：「九市開場，貨別隧分，人不得顧，車不得旋」，即指此言。他如淮陰少年嘗侮韓信於淮陰市中《史記．淮陰侯列傳》；尹翁歸爲平陽市吏，莫敢犯者，廉不受饋，百賈畏之《漢書．尹翁歸傳》；劉梁少孤貧，賣書於寧陽市以自給《後漢書．文苑劉梁傳》；王充家貧無書，嘗游洛陽市肆閱所賣書《後漢書．王充傳》，是衆多商業都會皆有市也，外此，新興之市集亦不在少，史載張楷隱居弘農山中，「學者隨之，所居成市」《後漢書．張霸傳》；張禹遷下邳相，「鄰居貧者歸之千餘戶，室廬相屬，其下成市」《後漢書．張禹傳》，市中交易，不獨有官吏管理（註四三），營業有一定之時間（註四四），並依行業性質區別經營（註四五），經營者且須向官府登記納租（註四六），故王符所稱「市邑萬數」，實足說明東漢商業鼎盛，都市繁華之一斑。

三、游民蠭起

再就游民蠭起言之，如前文所言，因天災人禍頻繁，賦稅徭役煩多苛擾，復以政治污濁，官吏橫行不法，東漢中葉之後，農村之經濟實已破產，王符所謂「逐道東走，流離分散，飢餓死亡，復失太半」〈實邊〉者，實同於范史所述「京師廝舍，死者相枕，郡縣阡陌，處處有之」《後漢書．桓帝紀》之言。僥倖得以不死者，或依附於豪門地主，淪爲佃農、雇農，「耕豪民之田，見稅十五」、「衣牛馬之衣，而食犬彘之食」《漢書．食貨志》，聊且苟延度日；或自賣爲人奴婢，「主藉奴婢以供使令，奴婢亦藉主以資生養」《二十二史札記．卷四》；至或「天下饑荒，竟爲盜賊」《後漢書．循吏王渙傳》，「百姓流亡，盜賊並起」《後漢書．陳寵列傳附陳忠傳》。舍此之外，都市城廓因謀生較易，流民大批移入，亞肩疊背，屯街塞巷，尤爲末業經濟畸形發展之另一特異現象。

王符曰：

> 今舉世舍農桑，趨商賈，牛馬車輿，塡塞道路，游手爲巧，充盈都邑，治本者少，浮食者衆，京邑翼翼，四方是極。〈浮侈〉

「牛馬車輿，塡塞道路」，乃指富商巨賈周流四方，運輸買賣，此則游民瞠乎其後，力所不能及者；

「游手爲巧，充盈都邑」，則農村流民之移入，應佔相當數量。

所謂流民，即指失籍或脫籍者，兩漢大規模流民次數之多（註四七），分佈地區之廣（註四八），實前所罕見。其人數之衆，動輒以十數萬，甚或上百萬計，如武帝元封四年，「關東流民二百萬口，無名數者四十萬，公卿議欲請徙流民於邊以適之。」《漢書．萬石君石奮傳附石慶傳》；成帝時，「流散冗食，餧死於道，以百萬數」《漢書．谷永傳》；哀帝時，「百姓飢饉，父子分散，流離道路，以十萬數」《漢書．孔光傳》；桓帝時，「百姓飢窮，流冗道路，至有數十萬戶」《後漢書．桓帝紀》。即或無人數記載，慘況仍屬驚人，如安帝永初之初，「飢荒之餘，人庶流迸，家戶且盡」《後漢書．樊宏列傳附樊準傳》；「百姓流亡，盜賊并起，郡縣更相飾匿，莫肯糾發」《後漢書．陳寵列傳附陳忠傳》；順帝時，「百姓猶有棄業，流亡不絕」《後漢書．順帝紀》。朝廷雖有諸般稟給與振貸措施（註四九），不少循吏亦頗能招輯流亡（註五十），但畢竟杯水車薪，終無濟於事，若貪吏豪右上下其手，得其饒利，容其姦妄，更使一切努力，化爲烏有。而在龐大之流民群中，人人「心灼內熱，四體惊竦」，於是離鄉背井，展轉道路，「冰解風散，唯恐在後」《後漢書．劉陶傳》，城廓都市，較易謀生，則部份流民展轉移入，應是必然之現象。

依王符之所見聞，移入都市之流民，部份或沒身爲貴戚豪家之奴隸，「孤兒婦女，爲人奴婢，遠見販賣」〈實邊〉，不獨爲「衣必細緻，履必麠麂，組必文采，襪必綸貲，文飾車馬，多畜奴婢」〈浮侈〉京師富人之生產工具，亦且成爲「從奴僕妾，皆服葛子升越，筩中女布，細緻綺縠，冰紈錦繡，犀象珠玉，琥珀瑇瑁，石山隱飾，金銀錯鏤，麞麂履舃，文組綵褋，驕奢僭主，轉相誇詫」〈浮侈〉以財勢相誇尚之工具，「諸能若此者，既不生穀，又坐爲蠹賊也。」〈浮侈〉。

另有部份流民，與都市細民相同，或有經營小型商業活動之機會，但亦只能經營「巧飾」、「鬻奇」之工商末業而已。王符曾例之曰：

> 或作竹簧，削銳其頭，有傷害之象，傅以蠟蜜，有口舌之類，皆非吉祥善應，或作泥車瓦狗，馬騎倡俳，諸戲弄之具，以巧詐小兒。〈浮侈〉

都市消費人口衆多，消費須求自然大幅擴增，「今工好造彫琢之器，飾巧僞之端，以欺民取賄」，「今商競鬻無用之貨，極淫侈之弊，以惑民取產」〈務本〉，類此營生之人，自不在少，即以洛陽一地言之，王符曰：

> 浮末者什於農夫，虛僞游手者什於浮末。〈浮侈〉

而天下「百郡千縣，市邑萬數，類皆如此」，若此之人，追逐此微小利，或可解決生活所須，然「既不助良農工女，無有益於世，而坐食嘉穀，消費白日」〈浮侈〉，且復助長「浮侈離本，僭奢過上」之奢靡風氣，故自王符言之，「皆宜禁者也」〈浮侈〉。

奴隸與末業經營，雖「廢功傷農」〈浮侈〉，猶可以餬口活命，王符所深以爲歎惋者，即在都市之中，實不乏游手好閒，無事生非之輩，其言曰：

> 今民奢衣服，侈飲食，事口舌而習調欺，以相詐紿，比肩是也，或以謀姦會任爲業，或以游敖

博奕爲事。〈浮侈〉

甚或有以殺人爲業者，王符曰：

洛陽至有主諸合殺人者，謂之會任之家，受人十萬，謝客數千，又重饋部吏，吏與通姦，利入深重，幡黨盤互，請至貴戚重臣，説聽於上，謁行於下，是故雖嚴令尹，終不能破壞斷絕。〈述赦〉

今案洛陽主殺人者，高至數十，下至四五，身不死則殺不止。〈述赦〉

高樹異幟，結黨營私，以殺人爲業，洛陽一地即「高至數十，下至四五」，其他通都大衢，自不能謂絕無僅有，亦不能謂絕無農村流民謀不軌於其中者，故東漢農桑本業萎縮，與都市末業之畸形繁華，實互爲因果，密不可分。

工商進步，都市繁榮，原爲物質文明進步之必然現象，然若以農村殘破，流民四起爲代價而取得，則此本荒用侈之畸形現象，王符實憂心忡忡，蓋其意固以「姦工」、「淫商」之輩，夙以「欺民取賄」、「惑民取產」爲能事，影響所及，不獨敗壞社會風氣，更對國家財政之收益，毫無供獻，甚或財政匱乏，導致國祚傾頹。王符曰：

游業末事，以收民利，此貧邦之原。〈務本〉

今民去農業，赴游業，披采眾利，聚之一門，雖於私家有富，然公計愈貧矣。〈務本〉

今工好造彫琢之器，飾巧僞之端，以欺民取賄，雖於姦工有利，而國計愈貧矣。〈務本〉

今商競鬻無用之貨，極淫侈之弊，以惑民取產，雖於淫商有得，然國計愈失矣。〈務本〉

《後漢書‧桓譚傳注》引《東觀漢紀》載桓譚之言曰：「賈人多通侈靡之物，羅紈綺繡，雜綵玩好，以淫人耳目，而竭盡其財，是爲下樹奢媒，而置貧本也，求人之儉約富足，何可得乎？」求百姓之富足而不可得者，正因行商坐賈之故，「商之爲言商也，商其遠近，度其有亡，通四方之物，故謂之商也；賈之爲言固也，固其有用之物，以待民來，以求其利者也。」《白虎通‧商賈》民利盡爲商賈所得，商賈求利，「東西南北，各用智巧，好衣美食，歲有十二之利，而不出租稅」《漢書‧貢禹傳》，「商賈不出租稅」，此正王符所謂「國計不足」之理。

據前節所言，東漢農民所納之賦稅委實繁多，「役賦繁」〈愛日〉，「賦役不時」《漢書‧食貨志》之呼號，屢屢常聞；尋常平民百姓，亦與農民相同，除須繳交算賦、口錢、更賦外，另尚有貲算之徵，所謂「縣官重責，更賦租稅」《漢書‧鮑宣傳》者，東漢實較西漢爲重。況夫官府豪富刻薄剽竊之現象，史書不絕：「刺史太守，多不平均，或優饒豪右，侵刻羸弱，百姓嗟怨，遮道號呼」《後漢書‧劉隆傳》、「民多流亡，皆虛張戶口。戶口既少，而無訾者多，當復榜掠割剝，強令充足」《全後漢文‧卷二十八》，「郡國上貧民，以衣履釜甑爲貲，而豪右得饒其利」《後漢書‧和帝紀》。反觀經商致富之商賈，或賣官鬻爵，直接成爲官僚；或交通王侯，以致力過吏勢，官府雖收其緡錢、市租、軍租，及酒稅、鹽鐵稅、海租、工租……等雜稅，但因「優饒豪右」之事常見，欲以其巨貲所得，挹注國家財政，豈是易事？而小型末業之經營者，亦因稅賦可以轉嫁，本身毫無損失，故競相逐末以侔利，而稅賦所得，又多爲不肖官吏中飽，「姦吏因其利，百姓受其弊」《後漢書．宦者呂強傳》，貪聚無厭，以致國用不足，此亦王符所以倡言「明督工商，勿使淫僞，困辱游業，勿使擅利」〈務本〉之故也。

第三節　貧富不均，兩極對立

除農桑本業萎縮，商賈末業畸形發展之外，貧富不均、兩極對立，更是東漢經濟形勢惡質化之另一標幟。富者乘堅策肥，列鼎而食，與貧者赤貧若洗，簞瓢屢空，形成強烈鮮明之對比。王充嘗謂：「富家之商，必奪貧室之財」《論衡．偶會》，所謂「民物遷流，茹菽不足，而宮女積於房掖，國用盡於羅紈，外戚私門，貪財受賄」、「萬人飢寒，不聊生活，而采女數千，食肉衣綺，脂油粉黛，不可貲記」《後漢書．陳蕃傳》，有識之士，蒿目時艱，宜乎有「謂子草木，支體屈伸，謂子禽獸，形容似人，何受命之薄，稟性不純」《崔駰．博徒論》之歎。王符亦曰：

> 凍餒之所在，民不得不去也，溫飽之所在，民不得不居也，故衰闇之世，務末之人，未必皆不肖也，禍福之所在，勢不得無然爾。〈務本〉

亂世之際，能苟全性命，則其所求，無非求溫飽免凍餒而已，然巨貲豪富，雖爲少數，實又爲人所歆羨，王符雖曰：

> 財賄不多，衣食不贍，聲色不妙，威勢不行，非君子之憂也，行善不多，申道不明，節志不立，德義不彰，君子恥焉。〈遏利〉

> 富貴未必可重，貧賤未必可輕，人心不同好，度量相萬億。〈交際〉

然貧富對立之形勢，王符又不能不有感而發，其言曰：

> 爲仁不富，爲富不仁。〈敍錄〉

> 世人之論也，靡不貴廉讓而賤財利焉，及其行也，多釋廉讓而甘財利，……嗚呼闇哉，無德而富貴者，固可豫吊也。〈遏利〉

富貴因無德而得，則所謂爲富不仁，即指其「任其私知，竊君威德，以陵下民，反戾天地，欺誣神明，偷進苟得，以奉自厚，居累卵之危，而圖泰山之安，爲朝露之行，而思傳世之功」〈忠貴〉之經營手段而言。《潛夫論》中，類此之敍述，亦頗能與漢世之經濟環境相合。依王符所言，富者致富之途逕，除如上節所言之末業經營外，另有二者，一爲土地兼併，一爲高利放貸。而赦贖繁多，亦爲富者提供絕佳之保護，今分別述之。

有關土地兼併者，王符曰：

> 苟有土地，民可富也。〈勸將〉

兩漢之際，土地兼併乃極爲嚴重之政治、經濟、社會問題，土地爲財富之基礎，商賈「以末致財」，復「用本守之」，是土地兼併之相沿成習，實已不足爲異；庶民欲仕宦者，又須以財富爲考量，所謂

「今之進者，唯財與力」《後漢書·李固傳》，王符亦謂「富者乘其財力，貴者阻其勢要，以錢多為賢，以剛強為上」〈考績〉，而兼併土地即是財富增殖之最佳手段；而盤據要津之官僚權貴，以貪污納賄之所得，投入土地兼併風潮之中，更助長土地兼併之風尚。以東漢而言，雖有光武帝嘗下詔州郡，檢覈墾田頃畝，以防近親權臣之田宅踰制（註五一），明帝時之禁民二業（註五二），及崔寔、仲長統之倡議恢復井田，與荀悅之主張限田，但因涉及高位統制者之既得利益，終無實際成效可言，而土地兼併之風氣乃愈演愈烈，貧富兩極對立之形勢，因而有增無減。

東漢土地兼併之風氣，不獨見之於皇室權貴，如陰識「暴至巨富，田有七百餘頃」《後漢書·陰識傳》；濟南安王康，「多殖財貨，大修宮室，奴婢至千四百人，廄馬千二百匹，私田八百頃」《後漢書·光武十王列傳》；馬皇后力裁外家，而馬防兄弟猶貴盛，「奴婢各千人以上，資產巨億，皆買京師膏腴美田，又大起第觀，連閣臨道，彌亙街路」《後漢書·馬援列傳附馬防傳》；至如竇憲恃宮掖聲勢，以賤直奪沁水公主園田，「貴主尚見枉奪，何況小人哉」《後漢書·竇融列傳附竇憲傳》；梁冀多拓林苑，「西至弘農，東界滎陽，南極魯陽，北達河淇，包含山藪，遠帶丘荒，周旋封域，殆將千里」《後漢書·梁統列傳附梁冀傳》；宦者侯覽，「前後請奪人宅三百八十一所，田百一十八頃，起立第宅十有六區」《後漢書·宦者侯覽傳》，故《晉書》曰：「秦漢以來，風俗轉薄，公侯之尊，莫不殖園圃之田，而攻市井之利，漸冉相放，莫以為恥。」〈江統傳〉。而民間私有土地買賣之風氣，亦可以存留至今之土地買賣契約（註五三），得以佐證。經濟力量之多少，即為土地買賣之憑藉，富者擁有土地，「此其人皆與千戶侯等」，以土地放租於農民，則「不窺市井，不行異邑，坐而待收」、「大者傾郡，中者傾縣，小者傾里」，再以其放租所得之財富，壟斷獨佔土地之買賣，富者即可以田連阡陌，貧者反無立錐之地，然則王符所言東漢土地兼併之狀況，雖僅有如前所引者一則，然所言苟有土地，則民可富者，王符固以土地爲財富增殖之條件，倘從寬解釋，則東漢因土地兼併，而造成貧富對立之現象，亦可由此，得其消息之一二矣。

至於高利放貸，不獨與商賈末業發達、土地兼併、因而農業萎縮、農民破產息息相關，且更助長貧富對立衝突之形勢。蓋告貸之事，春秋之際，已然有之，《左傳》襄公二十九年：「出公粟以貸，使大夫皆貸」即其證；戰國時金屬貨幣流通，放貸取息愈益普遍，《孟子》有「爲民父母使民盻盻然，將終歲勤動，不得以養其父母，又稱貸而益之」（〈滕文公上〉）之語；《管子》亦嘗謂：「以上之徵，而倍取於民者四」（〈治國〉），倍取即倍貸，即貸一還二；《戰國策．齊策四》載孟嘗君相齊，使馮諼收債於薛地，尤爲世所熟悉者。兩漢之時，不單有「子錢家」專事高利放貸，且借貸之事亦逐漸複雜：朝廷官府固常以實物錢幣放貸，以賑濟平民，然又常因不論利息，乃至放棄本息，此已形同社會救濟，與放貸取息之事漸不相涉；然官吏亦有以公家款項，私貸予民，以收利息者（註五四）；並有「爲人起債，分利受謝」者《漢書．谷永傳》；乃至「依其權力，賒貸郡國，人莫敢負」者《漢書．貨殖傳》；復次，政府爲支應軍須或應付突發事件（如天災、人禍等），亦有向民間借貸之事（註五五）；而尤爲常見者，則爲民間私人之借貸，債權人之權利，因受律法之保護（註五六），借貸利率又維持在年利率平均百分之二十之經常水準（註五七），遂使「子錢家」應運而起，如遇環境變遷劇烈，利率因而水漲船高，債務人不堪負荷，「亡者取倍稱之息，於是有賣田宅鬻子孫以償責者矣」《漢書．食貨志》，而貧富對立之形勢，即因此而日益嚴重。

《潛夫論》書中，高利放貸之屢爲王符所譏刺者，幾全屬權貴官僚挾勢所爲者，王符曰：

且夫竊位之人……一旦富貴，則背親捐舊，喪其本心，皆踈骨肉而親便辟，薄知友而厚狗馬，財貨滿於僕妾，祿賜盡於猾奴，寧見朽貫千萬，而不忍賜人一錢，寧知積粟腐倉，而不忍貸人一升，人多驕肆，負債不償，骨肉怨望於家，細民謗讟於道，前人以敗，後爭襲之，誠可傷也。〈忠貴〉

放散錢穀，殫盡府庫，乃復從民假貸，彊奪財貨，千萬之家，削身無餘，萬民匱竭，因隨以死亡者，皆吏所餓殺也。〈實邊〉

〈斷訟〉亦載封君王侯貴戚豪富之人，「假舉驕奢，以作淫侈，高負千萬，不肯償責」，雖小民守門，號泣啼呼，「曾無怵惕慙怍哀矜之意」，甚或「毆擊責主，入於死亡」；即或「上書封租，願且償責」，亦只是敷衍苟且，「此乃殘掠官民，而還依縣官也，其誣罔慢易，罪莫大焉」。民間私人告貸，倘「不害于政，不妨于農，取與以時而息財富」《史記．貨殖列傳》，實屬無可厚非，即或高利取息，亦遠高於「有爵邑俸祿，弄法犯奸而富」正如王符所指斥者，蓋權貴之所以求貸於民者，依王符所言，「必非救饑寒而解困急，振貧窮而行禮義」，乃在「咸以崇驕奢而奉淫湎」〈斷訟〉，「負債不償」，乃其一貫技倆，必使「削身無餘，萬民匱竭」，方爲饜足，利息多寡，期限長短，實爲餘事，流弊所及，不獨貧富對立，勢同水火，而東漢末際，諸多社會衝突日趨緊張，實亦莫不與此有關。

兩漢時，商賈末業之經營，雖有官府以政治、法律、稅收、平價、專賣、官營等方式，多方打擊貶斥，但商人仍能掌握商機，既富且貴；私家兼併土地，除以貲財買賣之外，「勢家佔奪」及「強力墾殖」之方式，乃至「分田劫假」不法之例，史不絕書（註五八）；而高利放貸，所謂「取息過律」者，已非常態，負債不償，尤其律法所不容（註五九），但竟「生入死出者，不可勝數」《漢書·谷永傳》、「衆人慕效，不耕而食」《後漢書·桓譚傳》，如此不法之致富途逕，無論王侯貴戚、官僚權貴、豪強地主、乃至市邑之末業商賈，均可透過特權或政經勢力之運作，得以逃避國家律法之懲處，而朝廷之赦贖頻繁，尤其爲此既富且貴之輩，提供絕佳之保障。

以赦而言，因貧者亦可受益，姑且不論。若就贖罪而言，則爲富者乃能獨享之專利，西漢惠帝即位之時，即下詔：「民有罪，得買爵三十級以免死罪。」《漢書·惠帝紀》，爵一級直錢二千，三十級凡爲六萬，即出買爵之錢以贖罪；武帝天漢四年，「令死罪入贖錢五十萬減死一等」《漢書·武帝紀》。東漢之時，出縑贖罪之舉，尤爲常見，從「令天下繫囚罪未決，入縑贖」《後漢書·靈帝紀》、「郡國中都官繫囚死罪贖縑，至司寇及亡命，各有差」《後漢書·和帝紀》，乃至「亡命自殊死以下贖，死罪縑四十匹，右趾至髡髮城旦舂十匹，完城旦及司寇五匹；犯罪未發覺，詔書到日自告者，半入贖」《後漢書·明帝紀》，雖詳略不同，多少有異，然出買爵買縑之錢以贖罪（註六〇），此則決非貧者所能負擔，從而富者之不法經營，自然有恃無恐，故王符曰：

> 今日賊良民之甚者，莫大於數赦贖，赦贖數，則惡人昌而善人傷矣。〈述赦〉
>
> 凡敢爲大姦者，材必有過於眾，而能自媚於上者也。多散苟得之財，奉以諂諛之辭，以轉相驅，非有第五公之廉直，孰能不爲顧。〈述赦〉

富者尋常之賦稅支出，或由轉嫁於消費大眾而抵銷（如商賈），或大部份由佃雇承受（如地主）；漢代徭役雖至爲繁多，然帝王同姓、高級官吏，均可一律免除，富人亦可以金錢買復後，終生免役（註六二），若有貪贓枉法之處，又可以金錢贖罪，此皆非貧者力所能及，富者反愈易坐大，消長之際，貧富差距，更形擴大，遂成爲東漢經濟形勢之另一異常現象。

富者愈富，其相對義則爲貧者愈貧，《潛夫論》中所反映之貧者無所容身之理由，實爲良多，略事分析，計有人爲之政治因素如羌亂、官吏剝削、傜役繁多等；自然及經濟因素如天災、疾疫、賦稅苛雜、農桑荒廢、土地兼併、高利放貸等。若將此諸多因素結合匯集，所顯示之特異現象，即爲百物騰踊，物價高漲。王符曰：

> 一夫耕，百人食之，一婦桑，百人衣之，以一奉百，孰能供之，天下百郡千縣，市邑萬數，類皆如此，本末何足相供，則民安得不飢寒？〈浮侈〉
>
> 凡百君子，競於驕僭，貪樂慢傲，如賈三倍，以相高下。〈交際〉

產品數量少而消耗需求多，價格自然高漲，而供給減少（如工資高、原物料價格高、土地資源少），均可使物價高漲之時間延長，王符書中，此理雖未見評述，但字裡行間，仍有相關訊息呈現。王符嘗曰：「今以目所見，耕、食之本也。」〈釋難〉，又曰：「見米貴則言將饑，見米賤則言將穰。」〈述赦〉，民以食爲天，米價貴賤，自爲升斗小民所關注，若就糧食價格而言，因農民舍棄農桑本業，農業收成不足，「以一奉百，孰能供之」，供需不足，米價自然高漲，何況「競於驕僭，貪樂慢傲」之風，盛行無止，如〈浮侈〉所言，都市住民，喜著華衣美服，「衣必細緻，履必麞麂，組必文采，襪必綸貲」，乃至「文飾車馬，多畜奴婢」，而所得除「以相高下」之外，則「既不助良農工女，無有益於世，而坐食嘉穀，消費白日」，「既不生穀，又坐爲蠹賊」；京師貴戚之養生送死之具，「崇侈上僭」、「競爲華觀」，乃至「一饗之所費，破終身之本業」、「費工傷農，可爲痛心」，此不獨無謂，更易導致米價之長期居高不下。倘稽之以史冊，則王符此一微旨，尤爲明晰，獻帝時，劉虞爲幽州牧，「虞務從寬政，勸督農殖，民悅年登，穀石三十」《後漢書．劉虞傳》，時爲初平元年之事，至興平元年，時隔四載，竟至「穀一斛五十萬，豆麥一斛二十萬」《後漢書．獻帝紀》，差異之巨，實足驚人，然此爲王符身後之事，可以存而不論，他如章帝時，「牛多疾役，墾田減少，穀價頗貴，人以流亡」《後漢書．章帝紀》、「數遭變異，穀價數倍」《後漢書．明德馬皇后紀》；和帝時，「糧穀踊貴」《後漢書．和帝紀》；安帝時，「米穀踊貴，自關以西，道殣相望」《後漢書．馬融傳》，「連年不登，穀石萬餘」《後漢書．龐參傳》；雖亦有「粟斛三千，牛羊被野」《後漢書．明帝紀》、「鹽米豐賤，十倍於前」《後漢書．虞詡傳》之記載，畢竟終屬少數，米夙爲民生必須之物，價格居高不下，竟成普遍長久之現象，則其他百物之騰踊，即或難徵之以實際數據，亦可以常理推之，而貧富之對立，差距之岐異，亦可由此而得其梗概。

綜合而言，東漢之時，勢力足以壟斷政經資源，因而既富且貴者，依《潛夫論》所指，既有「無功於漢，無德於民，專國南面，臥食重祿，下殫百姓，富有國家」〈三式〉、「衣服飲食，車輿文飾廬舍，皆過王制」〈浮侈〉之王侯貴戚、官宦豪家；亦有「好造雕琢之器，飾巧僞之端，以欺民取賄」、「競鬻無用之貨，極淫侈之弊，以惑民取產」〈務本〉之末業商賈；而「衣必細緻，履必麞麂，組必文采，襪必綸貲，文飾車馬，多畜奴婢」、「奢衣服，侈飲食，事口舌而習調欺，以相詐紿」〈浮侈〉之人，亦比肩繼踵而至，以之與王符另外所記「或覆宗滅族，絕無種類，或孤兒婦女，爲人奴婢，遠見販賣，至令不能自活，不可勝數也」〈實邊〉之言觀之，貧富兩相對比之酷烈，尤足怵目驚心。即或有律法以資防堵，但官府上下，徒以「錢刀課之」，則「貧弱少貨者，終無已曠旬滿期，豪富饒錢者，取客使往，可盈千日，非徒百也」〈愛日〉，助豪猾而鎮貧弱，姦宄不獨不能理治，而由貧富差距之擴大，因而導致整體經濟形勢之魚爛土崩，無法匡救，依王符所述驗之，實亦信而有徵矣。

第四節　王符之經濟主張

依本章前數節所言，因種種畸形之經濟活動層出不窮，東漢之經濟形態實已呈現貧富懸絕、兩極對立之惡劣狀況，凡此實足爲漢庭安危之致命隱憂，王符有見於此，除直接揭露類此畸形現象並闡釋其形成原因外，《潛夫論》書中，爲因應此經濟頹勢，除戒絕浮侈，王符所謂「憂之勞之，教之誨之，愼微防萌，以斷其邪，故《易》美節以制度，不傷財，不害民，〈七月詩〉大小教之，終而復始，由此觀之，民固不可恣」〈浮侈〉外，王符另所陳述之主張，實亦頗有可觀者，茲分二項言之。

一、發展農工商業

春秋之時，工商業與農業均等同並重，同爲經濟活動之不可或缺者，殆無有所謂本（農）末（工商）之分，如衛文公嘗衣大布之衣，戴大帛之冠，「務材訓農，通商惠工，敬教勸學，授方任能。」《左傳．閔公二年》晉文公時亦有「救乏振滯，匡困資無，輕關易道，通商寬農」《國語．晉語四》利商旅而不奪農時之舉，即其證；戰國之際，爲富國強兵，商鞅始推行重農抑商之政策，倡言戮力耕織，視不務本作而好末事之工商活動，爲田荒兵弱之主因，故一律禁止之，所謂「末事不禁，則技巧之人利，而游食者衆。」《商君書．外內》、「夫民之不可用也，見言談游士事君之可以尊身也，商賈之可以富家也，技藝之足以糊口也，民見此三者之便且利也，則必避農。」《商君書．農戰》、「苟能令商賈技巧之人無繁，則欲國之無富，不可得也。」《商君書．外內》其後之荀子，雖略事修正，以爲農工商賈當分工運作，「農分田而耕，賈分貨而販，百工分事而勸。」《荀子．王霸》、「商賈敦愨無詐，則商旅安，貨財通，而國求給矣。百工忠信而不楛，則器用巧便，而財不匱矣，農夫朴力而寡能，則上不失天時，下不失地利，中得人和，而百事不廢。」《荀子・王霸》，然又深知工商衆則國常貧，爲生養百姓計，故倡言「務本禁末之爲多材也」《荀子・君道》、「省工賈，衆農夫」《荀子・君道》之理。而後韓非竟以工商爲末作，乃爲不墾而食之邦之蠹者，「修治苦窳之器，聚弗靡之財，蓄積待時而侔農夫之利」《韓非子・五蠹》，其對工商之歧視，尤較前爲苛矣。

漢世崇本抑末之主張，頗與戰國法家有別，其貶斥工商之手段方式亦趨複雜，而其功效乃實屬有限，蓋漢代工商活動趨於頻繁，商品之生產與交換逐漸增多，故雖有諸多抑制工商之舉措，如加重納稅、幣制改革、實施均輸平準、鹽鐵酒專賣、禁止商人入仕及擁有土地等，然工商活動並不因而稍止，而政治腐敗尤賦予工商業者更廣泛之活動空間，所謂「交通王侯，力過吏勢」《漢書・食貨志》，勢小者坐列販賣，即可以操其奇贏，大者直積貯倍息，竟至坐享厚利，「大者傾郡，中者傾縣，下者傾鄉里」《史記・貨殖列傳》類此素封之家，實不可勝數。而農人受困於客觀環境之限制，則常賣田宅鬻子孫以維生計，故法律重農夫，農夫反貧賤，賤商人，商人反富貴，農桑荒廢，工商畸形發展，貧富二極對立，在在皆與禁本抑末之主張，形成強烈之諷刺。王符有見於此，故首揭民富而後國富之呼籲，其言曰：

明君臨衆，必以正軌，既無猒有，務節禮而厚下，復德而崇化，使皆阜於養生，而競於廉恥也，是以官長正而百姓化，邪心黜而姦匿絕，然後乃能協和氣而致太平也。〈班祿〉

國以民爲本，君以臣爲基，基厚，然後高能可崇也，馬肥，然後遠能可致也。人君不務此，而

欲致太平，此猶趾薄而望高墻，驥瘠而責遠道，其不可得也必矣。〈班祿〉

築城先厚其基而後求其高，養馬先求其肥而後求其遠，治國則先求百姓之阜於養生而後求其太平，王符所以有此言者，蓋其深知「願察開闢以來，民危而國安者誰也？下貧而上富者誰也？」（邊議）、「百姓不足，君孰與足？」（愛日）欲民富而國富，則發展農工商各業，實爲必要之舉，王符曰：

苟有土地，百姓可富也，苟有市列，商賈可來也，苟有士民，國家可疆也，苟有法令，姦邪可禁也。〈勸將〉

夫富民者，以農桑爲本，以游業爲末，百工者，以致用爲本，以巧飾爲末，商賈者，以通貨爲本，以鬻奇爲末，三者守本離末則民富，離本守末則民窮。〈務本〉

爲政者，明督工商，勿使淫僞，困辱游業，勿使擅利，寬假本農，而寵遂學士，則民富而國平矣。〈務本〉

手工業本不能生產農作，唯農作工具則常取資於此，商業雖非直接生產者，然其交換之功能，實有益於農作之流通，而農桑本業之發展，實亦有俾益於工商業之進步，彼此之功能，既可相待而長，故《周禮．天官》載太宰以九職任萬民，「六曰商賈，阜通貨賄。」注曰：「行曰商，處曰賈，阜賄，布帛貨金玉也。」《禮記．月令》亦載仲秋之月，「易關市，來商旅，納貨賄，以便民事，四方來集，遠鄉皆至，則財不匱，上無乏用，百事乃遂。」《周禮．考工記》又曰：「審曲面埶，以飭五材，以辨民器，謂之百工。」又曰：「知者創物，巧者述之，守之世，謂之工，百工之事，皆聖人之作也。

爍金以爲刃，凝土以爲器，作車以行陸，作舟以行水，此皆聖人之所作也。」工商業者，或負任擔依以通其有無，或審材稽事而贍其器用，王符皆視其爲富國之「本業」，與農桑耕作實無對立之必要。王符此論，不獨有異於漢世「崇本抑末」之主張，其強化手工業及商品經濟之發展，以求有助於經濟與歷史之進化，實具獨特不凡之識見。

農工商既應同時兼顧並重，然東漢又有諸多畸形經濟現象者，王符則以爲農工商本業中，又各有其「末業」者在，唯此「末業」在，遂導致經濟失序、貧富對立、國用不足。王符曰：

> 今民去農桑，赴游業，披采眾利，聚之一門，雖於私家有富，然公計愈貧矣，……今工好造彫琢之器，飾巧僞之端，以欺民取賄，雖於姦工有利，而國計愈病矣。……今商競鬻無用之貨，極淫侈之弊，以惑民取產，雖於淫商有得，然國計愈失矣。此三者，外雖有勤力富家之私名，然內有損民貧國之公實，故爲政者，明督工商，勿使淫僞，困辱游業，勿使擅利，寬假本農，而寵遂學士，則民富而國平矣。〈務本〉

前文已言之，農桑之末業，乃指豪強地主「收民力」、「披采眾力，聚之一門」之農業經營手段而言；百工末業，即指「巧飾」、「造彫琢之器，飾巧僞之端，以欺民取賄」專爲豪門權貴所製造之奢侈物品；而商賈末業，則指「鬻奇」、「鬻無用之貨，極淫侈之弊，以惑民取產」既不昏於作勞，徒乘時以射利者而言。凡此三者，皆足以使社會淫奢失序，德化思維淪喪，故王符所謂「明督工商」，既在發揮其「通貨」、「致用」、「便事」、「膠固」之功能，亦在防止其「擅利」、「淫僞」之弊，而「寬假本農」，既在導農於正途，亦在遂成其爲主體經濟之價值貢獻。易言之，本末之分，即以實用與否，與有無俾益於國計民生而定，不惟重視產品之質量，亦且強調其經濟效益，若治本者少，浮食者衆，則國必危，王符曰：

一夫耕，百人食之，一婦桑，百人衣之，以一奉百，孰能供之？天下百郡千縣，市邑萬數，類皆如此，本末何足相供，則民安得不飢寒，飢寒並至，則安能不爲非，爲非則姦宄，姦宄繁多，則吏安能無嚴酷，嚴酷數加，則下安能無愁怨，愁怨者多，則咎徵並臻，下民無聊，則上天降災，則國危矣。〈浮侈〉

農工商既皆爲富國之本，論其末業，遂足導致「咎徵並臻，下民無聊」，故守本離末，明督工商，寬假本農，實爲振興經濟所應爲者。惟農工商三者中，王符尤專注於農桑之發展，其言曰：

國之所以爲國者，以有民也，民之所以爲民者，以有穀也。〈愛日〉

今以目所見，耕，食之本也。〈釋難〉

王符嘗謂：「凍餒之所在，民不得不去也，溫飽之所在，民不得不居也。」〈務本〉民既以食爲天，生活溫飽之基本所須，莫不取資於農，故農實爲本中之本，而爲農桑所本之土地，固不可荒棄而不墾，王符曰：

夫土地者，民之本也，誠不可久荒。〈實邊〉

十種之地，膏壤雖肥，弗耕不穫。〈相列〉

而爲提高農作生產機能，人地比尤須顧及，王符曰：

> 《周書》曰：「土多人少，莫出其材，是謂虛土，可襲伐也，土少人眾，民非其民，可匱竭也。」是故土地人民，必相稱也。〈實邊〉

東漢天子爲應付羌亂，動輒驅民內遷（參見本書第五章第二節），遂使邊境地雖千里，「地各有兩縣，戶財置數百，而太守周迴萬里，空無人民，美田棄而莫墾發」〈實邊〉，中州內郡，則「規定拓境，不能半邊，而戶口百萬，田畝不全，人衆地狹，無所容足」〈實邊〉，人地比既不均等，則墾殖增產，實屬空談，故王符反其道而申言以移民實邊之理者（參見本書第五章第四節），除出於國防軍事之考量外，振興農桑本業，實爲另一主要原因。

二、愛惜日力

發展農業之條件，秦漢之際所討論乃至躬親實踐者，如：生產方式之改進、生產工具之改良、水利之修築，乃至省減徭役賦稅、土地之合理分配等皆是。惟王符所尤關注者，胥在強調農業生產之績效，實與生產者之勞動力與勞動時間息息相關，其言曰：

> 國之所以爲國者，以有民也，民之所以爲民者，以有穀也，穀之所以豐殖者，以有人功也，功之所以能建者，以日力也。〈愛日〉

《管子》曰：「民非穀不食，穀非地不生，地非民不動，民非作力，毋以致財。」〈八觀〉《淮南子》亦曰：「上因天時，下盡地財，中用人力。」〈主術〉勞動既可增加生產，亦足創造財富，此誠不易之論。惟王符尤深入解析，以爲勞動績效之多寡又與勞動時間，即所謂日力者相關連，勞動時間多，則農作豐殖，反之則匱乏不足，故日力之多寡，實關乎百姓之貧富與國家之治亂，王符曰：

> 孔子稱庶則富之，既富則教之，是故禮義生於富足，盜竊起於貧窮，富足生於寬暇，貧窮起於無日。〈愛日〉

> 治國之日舒以長，故其民間暇而力有餘，亂國之日促以短，故其民困務而力不足。所謂治國之日舒以長者，非謁義和而令安行也，又非能增分度，而益漏刻也，乃君明察而百官治，下循正而得其所，則民安靜而力有餘，故視日長也。所謂亂國之日促以短者，非謁義和而令疾驅也，又非能減分度而損漏刻也，乃君不明則百官亂而姦宄興，法令鬻而役賦繁，則細民困於吏政，仕者窮於曲禮，寃民鬻獄乃得直，烈士交私乃見保，姦臣肆心於上，亂化流行於下，君子載質而車馳，細民懷財而趨走，故視日短也。〈愛日〉

日力之「間暇」與「無日」，即指百姓勞動時間之有無多寡而言，王符以爲衆民人等，「凍餒之所在，民不得不去也，溫飽之所在，民不得不居也」〈務本〉，爲求溫飽，日力之付出，爲勢之所必然，乃今竟舍棄農桑，背離本業者，除天災人禍外，日力之促以短，尤爲農桑本業無從推展之主因，而此實與官場溷濁，公卿師尹之貪瀆無能有關，王符曰：

> 民爲國基，穀爲民命，日力不暇，穀何由盛？公卿師尹，輕奪民時，誠可憤諍。〈敘錄〉

今公卿始起州郡而致宰相，此其聰明智慮，必未闇也，患其苟先私計而後公義爾。《詩》云：「莫肯念亂，誰無父母。」今民力不暇，穀何以生，百姓不足，君孰與足，嗟哉，可無思乎？〈愛日〉

如永初羌亂時，依王符於〈實邊〉篇所載，邊郡太守令長，多畏惡軍事，故爭徙郡縣以內遷，「至遣吏兵，發民禾稼，發徹室屋，夷其營壁，破其生業，彊劫驅掠，與其內入，捐棄羸弱，使死其處」，當此之時，小民謹劣，不能自達闕庭，「依官吏家，迫將威嚴，不敢有違」，以致「奪土失業，又遭蝗旱饑匱，逐道東走，流離分散者」，「原禍所起，皆吏過爾。」幽冀兗豫荊楊蜀漢既皆如此，中土內郡，則「姦臣肆心於上，亂化流行於下」，故「君子載質而車馳，細民懷財而趨走，故視日短」〈愛日〉者，又何嘗不然？王符復詳釋其事曰：

今則不然，萬官撓民，令長自衒，百姓廢農桑而趨府庭者，非朝餔不得通，非意氣不得見，訟不訟，輒連月日，舉室釋作，以相瞻視，辭人之家，輒請鄰里，應對送餉，比事訖，竟無一歲功，則天下獨有受其饑者矣。而品人俗士之司典者，曾不覺也，郡縣既加冤枉，州司不治，令破家活，遠詣公府，公府不能昭察眞僞，則但欲罷之以久困之資，故猥設一科令，比滿百日，乃爲移書，其不滿百日，輒更遣赦，甚違邵伯訟棠之義，此所謂誦詩三百，授之以政，不達，雖多亦奚以爲者也。〈愛日〉

類此「始見枉於小吏，終重寃辜於大臣」之事，足使一人有辜，動輒舉宗拘繫，雖廢農桑而趨府庭，經年累月猶不能昭察眞僞，遂使滿家妻小，「舉室釋作，以相瞻視」，而鄉里故舊，「應對送餉」，既不堪其苦，而多數勞動日力之脫離生產，其損失可謂驚人，王符曰：

> 且以人功見事言之，今自三府以下，至于縣道鄉亭，及從事督郵，有典之司，民廢農桑而守之辭訟告訴，及以官事應對吏者，一日之間，廢十萬人，又復計之，一人有事，二人護餉，是爲日三十萬人，離其業也。以中農率之，則是歲二百萬口，受其饑也，然則盜賊何從消？太平何從作？〈愛日〉

王符以中農之家，一人之力足可贍養七人計之，一日之間受辭訟之害者以十萬計，而「一人有事，二人護餉」，並連帶受累者則合三十萬，則是一歲之中，二百萬人常受其饑。王符統計正確與否，今且不論，然以日力爲農作生產之計量數據，並以之爲評估農作損失之標準，秦漢之際，實無有出其右者也。

既由日力數據可推斷荒廢民力所造成之農桑損失，而此損失又多由吏治不良、訴訟不公所致，故〈愛日〉之道，其首要者厥爲斷訟廉明，王符曰：

> 君明察而百官治，下循正而得其所，則民安靜而力有餘，故視日長也。〈愛日〉

> 堯敕羲和，欽若昊天，敬授民時，邵伯決訟，不忍煩民，聽斷棠下，能興時雍，而致刑措。〈愛日〉

《詩·召南》有〈甘棠〉之篇，〈鄭箋〉曰：「召伯聽男女之訟，不重煩勞百姓，止舍小棠之下，而聽斷焉。」然則王符引之者，蓋不欲煩民而傷日力也。又本書〈述赦〉王符嘗引漢時民諺曰：「一歲載赦，奴兒噫嗟。」崔寔《政論》亦曰：「頃間以來，歲且一赦，百姓忸妖，輕為奸非，諺曰：『一歲再赦，奴兒暗噁。』」《太平御覽·四九六、六五二》而應劭《風俗通》亦引里語以論讞獄曰：「頃者，廷尉多牆面，而苟充茲位，持書侍御史，不復平議，讞當糾紛，豈一事哉！里語曰：『縣官漫漫，冤死者半。』」《太平御覽二二六、四九六》里巷歌謠，本為民情之直接反應，東漢司法訴訟之不公，其影響於農桑收益者，固由此而得見，宜乎王符以斷訟廉明為珍惜日力之首要之務。

復次，省徭役而輕賦稅，亦為「愛日」之必要之舉，王符曰：

民安靜而彊力，此則太平之基立矣。〈班祿〉

均此苦樂，平徭役，充邊境，安中國之要術也。〈實邊〉

聖人深知力者，乃民之本也，而國之基，故務省役而為民愛日。〈愛日〉

王符嘗述周時幽厲之失曰：「身處汙而放情欲，怠民事而急酒樂，近頑童而遠賢才，親諂諛而踈正直，重賦稅以賞無功，妄加喜怒，以傷無辜。」〈德化〉賦稅繁重之害，所謂「法令鬻而役賦繁」〈愛日〉者，漢世實不遑多讓，其徭役之繁、賦稅之重，本章第一節已略事述之，故范史「田疇不得墾闢，禾稼不得收入」《後漢書·吳漢傳》、「郡縣每因徵發，輕為姦利，詭責羸弱，先急下貧」《後漢書·明帝紀》之言，確為實錄。又縣官因國用不足，復強貸於民而奪其財貨，「遂至千萬之家，削身無餘」，其餘則「萬民匱竭，因隨以死亡」〈實邊〉，故輕薄賦役，與民休息，始能「民安靜而力有餘」〈愛日〉，日力充裕，則農桑豐殖，庶幾不淪為空談。

王符又曰：

> 孝明皇帝，嘗問今旦何得無上書者，左右對曰：「反支故。」帝曰：「民既廢農，遠來詣闕，而復使避反支，是則又奪其日而冤之也。」乃敕公車受章，無避反支。上明聖主，為民愛日如此，而有司輕奪民時如彼，蓋所謂有君無臣，有主無佐，元首聰明，股肱怠惰者也。〈愛日〉

《後漢書．王符傳》亦載：「明帝時，公車以反支日，不受章奏。」注曰：「凡反支日，用月朔為正。戌亥朔一日反支，申酉朔二日反支，午未朔三日反支，辰巳朔四日反支，寅卯朔五日反支，子丑朔六日反支，見陰陽書。」反支日漢世夙以為俗禁，《漢書．游俠陳遵傳》載陳遵與張竦於王莽敗時，「二人俱客於池陽，竦為賊兵所殺。」注引李奇曰：「竦知有賊當去，會反支日不去，因為賊所殺。桓譚曰：『為通人之蔽也。』」又《顏氏家訓．雜藝》曰：「世傳術書，皆出流俗，言辭鄙淺，驗少妄多。至如反支不行，竟以遇害，歸忌寄宿，不免凶終，拘而多忌，亦無益也。」所謂拘而多忌者，反支其於妨功害農，既是禍事，亦流衍實久，他若卜筮巫祝之事，王符所稱「不脩中饋，休其蠶織，而起學巫祝，鼓舞事神，以欺誣細民，熒惑百姓」〈浮侈〉、「世俗小人，醜妾婢婦，淺陋愚戇，漸染既成」〈卜列〉，類此巫覡之所獨語，反為小人所望畏者，積漸所至，百姓遂長於邪淫誑惑之中，「其信之也，難卒解也。」〈卜列〉，然為農桑日力計，故王符亦以為尤當禁絕之也。

【附註】

註一 《後漢書．陳蕃傳》載：「延熹六年，……蕃上疏諫：『夫安平之時，尚宜有節，況當今之世，有三空之戹哉，田野空，朝廷空，倉庫空，是謂三空。』」

註二 參見羅彤華《漢代的流民問題》第四章第一節；嚴耕望先生《中國地方行政制度史》上編卷上。

註三 參見李劍農《先秦兩漢經濟史稿》第十二章。

註四 參見鄒紀萬《兩漢土地問題研究》第二章第三節；羅彤華《漢代的流民問題》第四章第一節。

註五 參見李劍農《先秦兩漢經濟史稿》第十二章；許宏烋〈秦漢社會的土地制度與農業生產〉，文載食貨半月刊第三卷第七期。

註六 參見傅筑夫、王毓瑚編《中國經濟史資料》第六章緒言。

註七 奴隸在法律上之地位，遠低於庶人平民，可以自由販賣，死後不獨葬埋草率，甚或身帶刑具掩埋。參見吳景超〈兩漢的階級制度〉，載清華學報二卷四期；考古一九七二年四期；文物一九七二年七期。

註八 參見梁啓超〈中國奴隸制度〉，載清華學報二卷二期；吳景超〈兩漢的階級制度〉，載清華學報二卷四期。

註九 文物一九七四年四期載四川郫縣犀浦出土之東漢殘碑文，內有奴婢五人值二十萬之文字，則一奴之價爲四萬。

註一〇 見《後漢書．光武帝紀》。

註一一　見《後漢書》各傳。

註一二　參見楊生民《漢代社會性質研究》第五章。

註一三　參見鄒紀萬《兩漢土地問題研究》第五章第一節。

註一四　參見孟祥才《中國農民戰爭史．秦漢卷》第五章第二節。

註一五　見《後漢書．桓帝紀》。

註一六　見《後漢書．朱儁傳》。

註一七　如鄒紀萬《兩漢土地問題研究》第七章第二節有統計表，可以參證。

註一八　同註三。

註一九　參見羅彤華《漢代的流民問題》第三章第五節。

註二〇　同前註。

註二一　同註十。

註二二　見《後漢書．獻帝紀》。

註二三　見《後漢書．龐參傳》；《後漢書．虞詡傳》。

註二四　參見高敏〈秦漢賦稅制度考釋〉，載《秦漢史論集》。

註二五　同前註。

註二六　如順帝時，「長吏，二千石聽百姓謫罰者輸錢，號爲義錢，託爲貧人儲，而守令因以聚斂」《後漢書．

虞詡傳》；桓帝時，吳祐爲酒泉太守，「嗇夫孫性私賦民錢，市衣以進其父」《後漢書·吳祐傳》；以及靈帝時之導行費《後漢書·宦者呂強傳》、與斂天下田畝稅十錢《後漢書·宦者張讓傳》均是。

註二七　參見黃金言《秦漢軍制史論》第二章。

註二八　參見高敏〈秦漢的徭役制度〉，載一九八七中國經濟史研究。

註二九　參見羅彤華《漢代的流民問題》第五章第三節。

註三〇　《後漢書·陸康傳》載：「縣在邊陲，舊制：令戶一人具弓弩，以備不虞，不得行來。」每戶一人，待命家中，以戒不虞，此又爲邊郡百姓之額外負擔。

註三一　參見羅彤華《漢代的流民問題》第三章第一節。

註三二　同前註。

註三三　仲長統《昌言·損益》曰：「今通肥饒之率，計稼穡之入，令畝收三斛。」兩漢田畝之單位產量，鄒紀萬《兩漢土地問題研究》第六章第三節有表，可以參看。

註三四　參見張守軍《中國歷史上的重本抑末思想》。

註三五　如「商人不得衣絲乘車，重租稅以困辱之」，「市井之子孫，亦不得仕宦爲吏」《史記·平準書》……等。詳見高敏〈論漢代抑商政策之實質〉，載一九六三年鄭州大學學報。

註三六　如文帝二年詔：「農，天下之大本也，民所恃以生也。而民或不務本而事末。」；景帝三年詔：「農，天下之本也……間歲或不登，意爲末者衆，農民寡也。」；武帝元狩六年詔：「日者有司以幣輕多奸，農傷而末衆。」；成帝陽朔四年詔：「間者民彌惰怠，鄉本者少，趨末者衆。」均是。

註三七　參見王迺淙、張華、鄭振華《先秦兩漢經濟思想史略》第十四章。

註三八　見本書〈浮侈〉篇。

註三九　同前註。

註四〇　見《後漢書．梁統列傳附梁冀傳》。

註四一　《後漢書．章帝紀》載建初二年詔：「詔齊相省冰紈、方空縠、吹綸絮。」注：「紈，素也，冰言色鮮潔如冰。釋名曰：『縠，紗也。』方空者，紗薄如空也。或曰：『空，孔也。』即今之方目紗也。綸，似絮而細，吹者，言吹噓可成，亦紗也。」則其精妙可知。

註四二　參見李劍農《先秦兩漢經濟史稿》第十五章。

註四三　《漢書．百官公卿表》：「內史，周官，秦因之，掌治京師。景帝二年分置左右內史。右內史武帝太初元年更名京兆尹，屬官有長安市、廚兩令丞，又都水、鐵官兩長丞。左內史更名左馮翊，屬官有廩犧令丞尉。又左都水、鐵官、雲壘、長安四市四長丞皆焉。」；《漢書．食貨志》亦載王莽時，「於長安及五都立五均官，更名長安東西市令及洛陽、邯鄲、臨菑、宛、成都市長皆爲五均司市師。東市稱京，西市稱畿，洛陽稱中，餘四都各用東西南北爲稱，皆置交易丞五人，錢府丞一人。」

註四四　《後漢書．孔奮傳》：「時（建武初）天下擾亂，唯河西獨安，而姑臧稱爲富邑，通貨羌胡，市日四合。」注曰：「古者爲市，一日三合。周禮曰：『大市日側而市，百族爲主，朝市朝時而市，商賈爲主，夕市夕時爲市，販夫販婦爲主。」今既人貨殷繁，故一日四合也。」又《太平御覽》七百三十九引《風俗通》：「俗說市買者當清旦而行，日中交易所有，夕時便罷。」均爲擇時而市之證。

註四五　班固《西都賦》：「九市開場，貨別隧分」，意即依商品種類，區分爲九同業市列之意。他如班超六世祖剛，王莽居攝時，亡命交趾，隱於屠肆之間；費長房曾爲市掾，有老翁懸壺於肆頭；王充曾讀書於書肆，肆有屠肆、藥肆、書肆之名，則亦依區而異之故。

註四六　如主父偃言「臨菑十萬戶，市租千金，人衆殷富，鉅於長安」《漢書．高五王傳》；馮唐對文帝曰：「今臣竊聞魏尚爲雲中守，軍市租盡以給士卒……是以匈奴遠避，不近雲中之塞。」《漢書．馮唐傳》；何武兄弟五人，「皆爲郡吏，郡縣敬憚之。武弟顯家有市籍，租不常入，縣數負其課」《漢書．何武傳》並市有租之證。

註四七　兩漢大規模之流民次數，鄒紀萬《兩漢土地問題研究》第七章第二節有表，可以參考。

註四八　參見羅彤華《漢代的流民問題》第二章第二節。

註四九　如光武建武六年詔：「其命郡國有穀者給稟高年、鰥、寡、孤獨及篤癃，無家屬貧不能自存者，如律。」；和帝永元十三年詔：「其令天下半入今年田租、芻稾；有宜以實除者，如故事。貧民假種食，皆勿收責。」安帝元初五年詔，京師及郡國五旱，稟遭旱貧人；桓帝建和三年詔：「民有不能自振及流移者，稟穀如科。」

註五〇　如第五防、童恢、王景、文齊、任延、衛颯等人。參見《後漢書》各傳。

註五一　同註十。

註五二　見《後漢書．劉般傳》。

註五三　東漢土地買賣地券，羅振玉《地券征存》多有集錄，契約內容亦甚明確，參見鄒紀萬《兩漢土地問題研究》第六章第一節。

註五四　如《後漢書．竇融列傳附竇憲傳》載：「（竇）瓌以素自修，不被逼迫。明年，坐稟假貧人（注曰：假貸貧人，非侯家之法，故坐焉。），徙封羅侯，不得臣吏人」；《後漢書．虞詡傳》亦載：「永平章和中，州郡以走卒錢給貸貧人，司空劾案，州及郡縣皆坐免黜」即是。

註五五　如《後漢書．龐參傳》載：「比年羌寇特困，隴右供徭賦役，爲損日滋，官負人責數十億萬。」；《後漢書．順帝紀》永和六年：「詔假民有訾者，戶一千。」《後漢書．桓帝紀》亦載永壽元年：「司隸、冀州飢，人相食。勑州郡賑給貧窮。若王侯吏民有積穀者，一切貣十分之三，以助稟貸，其百姓吏民者，以見錢雇直，王侯須新租乃償。」

註五六　如《史記．高祖功臣侯年表》：「坐不償人責，過六月奪侯。」；漢簡中亦有「既有物故，知責家中見在者」之語《居延漢簡甲乙編》。

註五七　漢時借貸之利率，高者如文帝時之「亡者取倍稱之息」《漢書．食貨志》、成哀之際之「賒貸郡國……期年所得必倍」《漢書．貨殖傳》，即年利在百分之百（案：史記又載吳楚七國兵起時，無鹽氏出捐千金貸，「其息什之」、「一歲之中，則無鹽氏之息十倍」〈貨殖列傳〉，此爲特殊之例，不足爲據。）；

低者如王莽時，官府放貸，「欲貸以治產業者，……計所得受息，毋過稅什一。」《漢書．食貨志》，即年利百分之十；漢世夙有不得取息過律之禁令，故合理之平均利率，殆以史遷所言之「庶民農工商賈，率亦歲萬息二千，百萬之家則二十萬」《史記．貨殖列傳》為準，即年利為百分之二十。

註五八　參見鄒紀萬《兩漢土地問題研究》第六章第二節。

註五九　如《漢書．高惠高后文功臣表》載：「河陽嚴侯陳涓。孝文元年，信嗣，三年，坐不償人責過六月，免。」本書〈斷訟〉亦曰：「永平時，諸侯負責，輒有絀削之罰，其後皆不敢負民。」

註六〇　《太平御覽》四九六引《風俗通》曰：「臨淮有一人，持一匹縑，到市賣之，道遇雨，披戴，後人求共庇蔭，授與一頭。雨霽，當別，因共爭，各云我縑，謂府自言。丞相薛宣劾實，兩人莫肯首服。宣言：「縑直數百錢耳，何足紛紛，自致縣官」。……縑悉還本主。」此縑價之例。

註六一　參見鄒紀萬《兩漢土地問題研究》第六章第二節。

第四章《潛夫論》所反映之東漢社會情勢

東漢政治，幾爲豪族政治，政治利益，固由豪族壟斷獨佔，經濟利益，亦莫不然。王侯貴戚權貴豪右之輩，雖爲少數，然彼既能挾龐大政經勢力，則影響於東漢社會者，實爲可觀。

蓋東漢光武、永平之時，雖於豪族勢力，略有約制（註一），並檢覈土地，以懲處豪右占田，然因刺史太守徒加優饒，故實無效益，而爲解放奴隸，光武嘗多次下詔，然豪族大量役使之事，一仍其舊，社會問題，遂由此孳衍而出，然則范史所言：「中興以後，逮於永元，雖頗有弛張，而俱存不擾。」《後漢書．和帝紀》俱存不擾云云，實亦可兼指豪族勢力與畸形社會現象之根深固柢，固難以剷除矣。

章和之後，外戚、宦官勢力，如日中天，足以權震朝庭而令公卿希旨。諸出入貴戚者，「類多瑕釁禁錮之人，尤少守約安貧之節，士大夫無志之徒，更相販賣，雲集其門，衆呴飄山，聚蚊成雷，蓋驕佚所從生也。」《後漢書．第五倫傳》外戚則子弟支附，過半州國，「皆剝割萌黎，競恣奢欲，構害明賢，專樹黨類。其有更相援引，希附權彊者，皆腐身熏子，以自衒達，同敝相濟，故其徒有繁。」《後漢書．宦者列傳》阿旨曲從，則可以「光寵三族」，直情忤意，則「參夷五宗」《後漢書．宦者列傳》，職是之故，戚宦遂成為豪族勢力之主流。外此，則另有「不甚富而有知」之豪族（註二），乃逐漸轉化成為士族（註三），遂與戚宦豪族漸行漸遠。惟此中亦有「權富子弟多以人事得舉」《後漢書．黃瓊列傳附黃琬傳》，「皆相拔舉，迭行脣齒，其不合則見排擯，非黨而何」《後漢書．桓帝紀》者，故士族之中，諂諛之徒，望風請託，如王符所指：「當塗之人，既不能昭練賢鄙，然又怯於貴人之風指，脅以權勢之囑託，請謁闐門，禮贄輻湊。」〈本政〉實乃大有人在。《後漢書》載洛陽京師之謠言曰：「欲得不能，光祿茂才。」〈黃瓊列傳附黃琬傳〉此即指「泛泛東西，耽祿畏害」《後漢書．陳蕃傳》如河中木者，他若「怡神無事，偃息衡門，任其飛沈，與時抑揚」《後漢書．李膺傳》者，亦不在少數（註四），而「刻情修容，依倚道藝，以就其聲價，非所謂能通物方弘時務」《後漢書．方術樊英傳》之輩（註五），純以虛名盜世，尤無益於世用也。

士族既良莠不齊，利益不均，則互較高下，美飾亂實之事，時往往有之，其能以天下是非風教為任者，則屢受制於戚宦豪族之壓抑對抗，而戚宦豪族本身既專樹黨類，同惡為群，復又轉相攻擊，彼此拏戮，於是政治資源（如權勢、高位）與經濟資源（如土地、財富）雖迭相移易，皆由彼輩獨享，所謂「餓狼守庖廚，飢虎牧牢豚，遂至熬天下之脂膏，斲生人之骨髓。」《昌言．理亂》，「各言官無見財，皆當出民，搒掠割剝，強令充足，公賦既重，私斂又深。」《後漢書．朱暉列傳附朱穆傳》，遂使社會秩序瀕於瓦解。《潛夫論》中，王符於東漢社會價值之取向、社會現象之畸形演變、及其所以然之因由、及其因應之道闡述頗為詳盡，茲分四節述之。

第一節 東漢社會價值觀之取向

所謂社會價值，乃指社會群體中，多數成員所認同之潮流趨勢。東漢之際，官場仕宦既樹黨恣橫，專權陵上，富豪之家又矜夸財富，侈靡而不務本，則細民之好惡動靜因隨之而相屬，率以功利相尚，唯恐居後。王符嘗曰：

凍餒之所在，民不得不去也，溫飽之所在，民不得不居也。故衰闇之世，務本之人，未必皆不肖也，禍福之所在，勢不得無然爾。〈務本〉

勢有常趨，理有固然，富貴則人爭附之，此勢之常趨也，貧賤則人爭去之，此理之固然也。〈交際〉

王符以人之生活溫飽所須，乃至「民富乃可教」〈務本〉、「富則樂而可教」〈務本〉，莫不皆基植於富足，富貴以求溫飽榮祿，固有其必要合理之意義在。惟王符又以爲財富功利，實不可以彊取，唯有德者居之，其言曰：

且夫利物，莫不天之財也，天之制此財也，猶國君之有府庫也，賦賞奪與，各有眾寡，民豈得彊取多哉？故人有無德而富貴，是凶民之竊官位盜府庫者也，終必覺，覺必誅矣，盜人必誅，況乃盜天乎？〈遏利〉

> 財賄不多，衣食不贍，聲色不妙，威勢不行，非君子之憂也。行善不多，申道不明，節志不立，德義不彰，君子恥焉。……故曰：無德而賄豐，禍之胎也。〈遏利〉

王符嘗以周厲王好專利，遂流死於彘，虞公屢求而失其國，公叔戌崇賄以爲罪，桓魋不節飲食而見討爲例，申言「此皆以貨自己，用財自滅」〈遏利〉之理。然東漢世俗價值取向，一味唯利是圖，皆以財貨相雄，故王符誡之曰：

> 世人之論也，靡不貴廉讓而賤財利焉，及其行也，多釋廉讓而甘財利。之於人，徒知彼之可以利我也，而不知我之得彼，亦將爲人利也。知脂蠟之可明燈也，而不知其甚多則冥之，知利之可娛己也，不知其無稱而必有禍也。前人以病，後人以競，庶民之愚而衰闇之至也。〈遏利〉

> 人皆智德，苦爲利昏，行汙求榮，戴盆望天，爲仁不富，爲富不仁。〈敍錄〉

本書〈考績〉嘗謂：「富者乘其財力，貴者阻其勢要。」又曰：「以錢多爲賢，以剛彊爲上。」類此貪黠斂財之事，東漢時已相沿成習，寖漸爲俗。史載東漢諸帝多有賣官鬻爵錢各有差者（註六），而靈帝「作列肆於後宮，使諸采女販賣，更相盜竊爭鬭，帝著商估服，飲宴爲樂。」《後漢書．靈帝紀》、「（靈）帝本侯家，宿貧，每歎桓帝不能作家居，故聚爲私藏，復臧寄小黃門常侍錢各數千萬。常云：『張常侍是我公，趙常侍是我母。』」《後漢書．宦者張讓傳》天子如此，百僚臣民轉相汲引，奢侈僭制之輩，實不勝數之，故王符曰：

> 當今列侯，率皆襲先人之爵，因祖考之位，其身無功於漢，無德於民，專國南面，臥食重祿，

下殫百姓，富有國家，此素餐之甚者也。〈三式〉

封君王侯貴戚豪富，……假舉驕奢，以作淫侈，高負千萬，不肯償責，……且觀諸敢妄驕奢而作大責者，必非救饑寒而解困急，振貧窮而行禮義者也，咸以崇驕奢而奉淫湎爾。〈斷訟〉

貴戚崇財貨而行驕僭，人臣不奉禮法，反畜積無極，以致冒於貨賄，更爲常見，王符曰：

人臣不奉遵禮法，竭精思職，推誠輔君，效功百姓，下自附於民氓，上承順於天心，而乃欲任其私知，竊君威德，以陵下民，反戾天地，欺誣神明，偷進苟得，以自奉厚，居累卵之危，而圖泰山之安，爲朝露之行，而思傳世之功。譬猶始皇之舍德任刑，而欲計一以至於萬也，豈不禍哉？〈忠貴〉

今者刺史守相，率多怠慢，違背法律，廢忽詔令，專情務利，不卹公事，細民冤結，無所控告。〈三式〉

桓帝時，宦者單超、徐璜、具瑗、左悺、唐衡以誅梁冀有功，五人同日封侯，故世謂之「五侯」，後單超卒，四侯轉横，「天下爲之語曰：『左回天，具獨坐，徐臥虎，唐兩墯。』皆競起第宅，樓觀壯麗，窮極伎巧。金銀罽毦，施於犬馬，多取良人美女以爲姬妾，皆珍飾華侈，擬則宮人，其僕從皆乘牛車而從列騎。」《後漢書．宦者單超傳》靈帝時，宦者張讓遷中常侍，封列侯，有監奴典任家事，交通貨賂，威形顯赫，范史載「扶風人孟佗，資產饒贍，與奴朋結，傾竭饋問，無所遺愛。奴咸德之，問佗曰：『君何所欲，力能辨也。』曰：『吾望汝曹爲我一拜耳。』時賓客求謁讓者，車恆數百千兩，佗時詣讓，後至，不得進，監奴乃率諸倉頭迎拜於路，遂共轝車入門。賓客咸驚，謂佗善於讓，皆爭以珍玩賂之。佗分以遺讓，讓大喜，遂以佗爲涼州刺史。」《後漢書·宦者張讓傳》政風之敗壞，乃至於此，故東漢清修自守之循吏，雖時亦有之，惟貪吏贓錢有至千萬者（註七），或千萬以上者（註八），甚有至億萬者（註九），梁冀被誅，貲財充王府合三十餘萬萬，天下租稅因而減半，尤爲貪婪牟利之首。而若遇糾舉，貪吏牽引或望風解印綬而去者，動輒百餘人（註一〇）。而未舉發者，所謂「豺狼之吏至今未絕者，豈非本舉之主不加之罪乎？」《後漢書·儒林楊倫傳》實又不知凡幾，流風所及，不獨學者多以祿利爲念（註一一），百姓尤以財利爲務。王符曰：

世不識論，以士族位，弗問志行，官爵是紀，不義富貴，仲尼所恥，傷俗陵遲，遂遠聖述。〈敍錄〉

夫與富貴交者，上有稱舉之用，下有貨財之益，與貧賤交者，大有賑貸之費，小有假借之損，今使官人，雖兼桀跖之惡，苟結駟而過士，士猶以爲榮而歸焉，況其實有益者乎？〈交際〉

游手爲巧，充盈都邑，治本者少，浮食者眾，京邑翼翼，四方是極。〈浮侈〉

黔首之民，本書〈德化〉篇中，王符嘗譬以爲豆麥，得良工爲之，「起居以其時，寒溫得其適」，則「一蔭之麴豉，盡美而多量」；倘遇拙工，則「皆臭敗而棄捐」，今官吏貪婪者多，則百姓之爲良爲窳，實無庸多言。《後漢書》載：公沙穆嘗隱居東萊山，「有富人王仲，致產千金。謂穆曰：『方今之世，以貨自通，吾奉百萬與子爲資，何如？』」〈方術公沙穆傳〉趙壹恃才倨傲，屢爲鄉黨所擯，乃作〈刺世疾邪賦〉，而稱「河清不可俟，人命不可延。順風激靡草，富貴者稱賢。文籍雖滿腹，不如一囊錢。伊優北堂上，抗髒倚門邊。」〈文苑趙壹傳〉又劉梁之作〈破羣論〉，亦以「疾世多利交，以邪曲相黨」〈文苑劉梁傳〉，皆足以見功利財勢相倡之盛也。

除功利財富外，浮華虛僞、名實相違，亦爲東漢社會價値之另一內容。《潛夫論》於此，殊多指斥，蓋王符嘗有言曰：

明於禍福之實者，不可以虛論惑也，察於治亂之情者，不可以華飾移也。是故不疑之事，聖人不謀，浮游之説，聖人不聽，何者，計不背是實而更爭言也。〈邊議〉

有號者必稱於理，名理者必效於實。〈考績〉

名者所以指實，故從屬於實，實者必有其名，故爲名之基石；名之所定，王符固以爲須徵之以實際，方有意義。設若實以質變，而名因仍不改，此即名實不符。東漢之際，上焉者如天子，「托之經義，迷罔百姓，欺誣天地」〈忠貴〉，實已與卜筮符咒無別；其下焉者，「志道者少友，逐俗者多儔，是以舉世多朋黨而用私，競背實而趨華」〈實貢〉，向聲背實，更屬無謂，此正王符所謂「凡今之人，言方行圓，口正心邪，行與言謬，心與口違」〈交際〉之義。王符所謂與其「高論而相欺」，不若「忠論而誠實」〈實貢〉者，正足以觀見東漢流俗時尚，而浮華虛僞，名實相違之風，實已充斥於諸多層面矣。

首就學界言之。王符嘗曰：「夫爲國者，……以正學爲基。」〈務本〉蓋學淫則流於詐僞，實不如不學，惟欲底其道而邁其德，則「文之以《禮》、《樂》，導之以《詩》、《書》，幽讚之以《周易》，明修之以《春秋》，其有不濟乎？」（讚學）惟學者多不此圖，王符曰：

當世學士，恆以萬計，而究塗者，無數十焉。其故何也？其富者則以賄玷精，貧者則以乏易計，或以喪亂，朞其年歲，此其所以逮初喪功而反其童蒙者也。（讚學）

學進於振而廢於止，今乃中道而廢，即或窮究鑽研，亦徒自競求浮麗而已，王符曰：

今學問之士，好語虛無之事，爭著彫麗之文，以求見異於世，品人鮮識，從而高之，此傷道德之實，而惑矇夫之大者也。（務本）

今世慕虛者，此謂堅白，堅白之行，明君所憎，而王制所不取。（實貢）

今賦頌之徒，苟爲饒辯屈蹇之辭，競陳誣罔無然之事，以索見怪於世，愚夫戇士，從而奇之，此悖孩童之思，而長不誠之言者也。（務本）

學問之道，「所以遂道術而崇德義」（務本），若「虛無譎詭」，誠爲「亂道之根」（務本）。《後漢書》載：和帝時，儒學陵替，「學者蓋少，遠方尤甚，博士倚席不講，儒者競論浮麗，忘謇謇之忠，習諓諓之辭。」（樊宏列傳附樊準傳）、「其在京師，不務經學，競於人事，爭於貨賄。」（殤帝紀），所謂太學乃交結游談所在（註一二），即或有志於學，亦「皆以意說，不修家法，私相容隱，開生姦路。每有策試，輒興諍訟，論議紛錯，互相是非……今不依章句，妄生穿鑿，以遵師爲非義，意說爲得理，輕侮道術，寖以成俗。」（徐防傳）凡此所指，已可見知東漢學界虛僞浮華之時尚。他若「分爭王庭，樹朋私里，繁其章條，穿求崖穴，以合一家街之說，故楊雄曰：『今之學者，非獨為華藻，又從而繡其鞶帨。』」〈儒林傳論〉、「下則連偶俗語，有類俳優，或竊成文，虛冒名氏。」〈蔡邕傳〉，誠所謂「面牆術學，不識臧否，斯故禍敗所從來也。」〈和熹鄧皇后紀〉是王符所言者，固非無謂也。

次就政界言之，東漢官場，幾全由戚宦士族把持，本書第二章第三節已有論述，凡此之輩，經由察舉、徵辟、貲選、任子、軍功等方式，以運作其血親、婚姻、地緣、門生故舊等關係，而結成勢力集團，內則取媚苟容以自固，外則讒口囂囂以妒賢，其浮華虛偽之風，王符所謂「百寮阿黨，不覈眞偽，苟崇虛譽，以相誑曜」〈敘錄〉，尤在學界之上。王符之言曰：

今多姦諛以取媚，撓法以便己，苟得之徒，從而賢之，此滅貞良之行，而開亂危之原者也。〈務本〉

姦諛取媚，撓法便己，似若有「振賢才之虛譽」，實則「傷道德之至實」〈務本〉，王符嘗例之曰：

吾傷世之不察眞偽之情也，故設虛義以喻其心曰：今觀宰司之取士也，有似於司原之佃也。昔有司原氏者，燎獵中野，鹿斯東奔，司原縱譟之，西方之眾，有逐豨者，聞司原之譟也，競舉音而和之，司原聞音之眾，則反輟己之逐，而往伏焉。遇夫浴堊之豨，司原喜，而自以護白瑞珍禽也，盡芻豢單囷倉以養之，豕俛仰嚘咿，為作容聲，司原愈益珍之。居無何，烈風興而淫雨作，灌巨豕而堊塗渝，豕駭懼，眞聲出，乃知是家之艾猳爾，此隨聲逐響之過也，眾遇之未足信焉。〈賢難〉

隨聲逐響，不辨眞僞，宜其失麟鹿而獲艾猳，而名實不符，求貢不稱之弊，尤爲狡猾不道，王符曰：

群僚舉士者，或以頑魯應茂才，以桀逆應至孝，以貪饕應廉吏，以狡猾應方正，以諛諂應直言，以輕薄應敦厚，以空虛應有道，以嚚瘖應明經，以殘酷應寬博，以怯弱應武猛，以愚頑應治劇。名實不相符，求貢不相稱，富者乘其財力，貴者阻其勢要，以錢多爲賢，以剛彊爲上，此在位所以多非其人，而官職所以數亂荒也。〈考績〉

將相權臣，必以親家，皇后兄弟，主壻外孫，年雖童妙，未脫桎梏，猶籍此官職，功不加民，澤不被下，而取封侯，又不得治民效能，以報百姓，虛食重祿，素餐尸位，而但事淫侈，坐作驕奢，此所以破敗而不及傳世者也。〈思賢〉

本書〈實貢〉亦載東漢貢士之道，已不復依其質幹，準其材行，「直虛造空美，掃地洞說，擇能者而書之」，王符復以公卿刺史掾從事茂才孝廉，且二百員者爲例，「歷察其狀，德侔顏冉，審其行能，多不及中，誠使皆如狀文，則是爲歲得大賢二百也，然則，災異曷爲譏？」仲長統《昌言》亦曰：「天下士有三可賤，慕名而不知實，一可賤；不敢正是非於富貴，二可賤；向盛背衰，三可賤。」《意林》故積習所至，遂使官場網漏防潰，風頹教沮，一敗而無可收拾。章帝建初五年，曾下詔舉直言極諫之士，「其以巖穴爲先，勿取浮華。」《後漢書．章帝紀》和帝永元元年，亦下詔求賢良方正，能直言極諫之士，「昭巖穴，披幽隱，遣詣公車，朕將悉聽焉。」《後漢書．和帝紀》所謂浮華者，即謂「講偶時之說，結比周之黨，更相歎揚，迭爲表裏，既獲者賢己而遂往，羨慕者並驅而從之」《中論·譴交》也，然則《抱朴子》所謂「選用失於上，貢舉輕於下」〈審舉〉，實可知浮華虛假之價值觀，已充斥瀰漫於官場，故如順帝時，為樊英設壇席，令公車令導，尚書奉引，賜几杖，待以師傅之禮，然「及後應對，又無奇謨深策，談者以為失望。」《後漢書·方術樊英傳》桓帝時，漢中晉文經、梁國黃子艾二人，常恃其才智，炫曜上京，臥託養疾，無所通接，「洛中士大夫好事者，承其聲名，坐門問疾，猶不得見。三公所辟召者，輒以詢訪之，隨所臧否，以為與奪。」《後漢書·符融傳》，《謝承後漢書》亦言此二人「曜名遠近，聲價已定，徵辟不就，療病京師，不通賓客。公卿將相大夫遣門生旦暮問疾，郎吏公府掾屬雜坐其門，不得見也。」《後漢書·符融傳注》其後為符融所譏斥，言其「小道破藝，空譽違實」，二人始「名論漸衰，賓徒稍省，旬日之閒，慚歎逃去。」又南陽宛人朱穆，嘗作〈與劉伯宗絕交書〉，譏斥官場浮華之風，尤為傳神，其文曰：「昔我為豐令，足下不遭母憂乎？親解縗經，來入豐寺。及我為持書御史，足下親來入臺。足下今為二千石，我下為郎，乃反因計吏以謁相與。足下豈丞尉之徒，我豈足下部民，欲以此謁為榮寵乎？咄！劉伯宗於仁義道何其薄哉！」《後漢書·朱暉列傳附朱穆傳注》此即「虛華盛而忠信微，刻薄稠而純篤稀」〈朱穆·崇厚論〉之謂，而東漢官場浮華虛假之風，亦可由此而知之。

官場風氣既不可聞問，學界亦少志士仁人之攔阻，故趨勢附利、營黨連群，浮華虛假之價值取向，遂由上而下，竟為東漢民間閭閻布衣寤寐所求者，王符言之曰：

今多務交游，以結黨助，偷勢竊名，以取濟渡，夸末之徒，從而尚之，此違貞士之節，而衒世

> 俗之心者也。〈務本〉
>
> 夫志道者少友，逐俗者多儔，是以舉世多朋黨而用私，競背實而趨華。〈實貢〉

且人群交接之際，率皆捕風捉影，隨俗而不辨眞僞，王符曰：

> 且閭閻凡品，何獨識哉，苟望塵剽聲而已矣。觀其論也，非能本閨閣之行迹，察臧否之虛實也，直以面譽我者爲智，諂諛己者爲仁，處姦利者爲行，竊祿位者爲賢爾，豈復知孝悌之原，忠正之眞，綱紀之化，本途之歸哉？此鮑焦所以立枯於道左，徐衍所以自沈於滄海者也。諺曰：「一犬吠形，百犬吠聲。」世之疾此，固久矣哉。〈賢難〉

鮑焦抱木而立枯，徐衍負石而入海，正以世俗行詐之故，王符於此，尤疾言指斥：

> 今民奢衣服，侈飲食，事口舌而習調欺，以相詐紿，比肩是也。〈浮侈〉
>
> 今一歲斷獄，雖以萬計，然辭訟之辯，鬪賊之發，鄉部之治，獄官之理者，其狀一也，本皆起民不誠信而數相欺紿也。……脉脉規規，常懷姦僞，昧冒前利，不顧廉恥，苟得中後，則偷解坐抵，以致禍變者，比屋是也。〈斷訟〉

本書〈敍錄〉亦言官吏職司之事，皆以鬪訟爲多，「原禍所起，詐欺所爲。」或行僞而堅，或言僞而辯，即或冒觸律法，又苟自解脫，以坐抵其罪，《中論．考僞》所謂：「父盜子名，兄竊弟譽，骨肉相紿，朋友相詐。」正與王符所言相應。《後漢書》載許武嘗爲會稽太守第五倫舉爲孝廉。許武以二弟（許晏、許普）未顯，欲令成名，「乃請之曰：『禮有分異之義，家有別居之道。』於是共割財產以爲三分，武自取肥田廣宅奴婢強者，二弟所得並悉劣少。鄉人皆稱弟克讓而鄙武貪婪，晏等以此並得選舉。武乃會宗親，泣曰：『吾爲兄不肖，盜聲竊位，二弟年長，未豫榮祿，所以求得分財，自取大譏。今理產所增，三倍於前，悉以推二弟，一無所留。』」〈循吏許荊傳〉不能通有無而強遜讓，即所謂「同居，上也，通有無，次也，讓其下焉。」《風俗通義．過譽》此不獨可觀見東漢考選浮僞之濫，而世俗欺紿之弊，其禍患爲何如，自不難得知。

第二節　東漢社會畸形行爲例證

社會價值，即爲社會行爲之動機或意圖，社會成員，既有共同之意圖動機，則選擇有利於實踐其意圖動機之手段，即所謂社會行爲者，必爲一普遍且常存之客觀現象。如前文所指，崇尚功利，虛假不實，既爲東漢社會價值所在，則其社會行爲即可經由此價值之解析，求得具體之內容。《潛夫論》中，王符所揭舉之社會行爲，其普遍、具體而畸形者，約有四例，今析之如后：

一、奢侈浮華之生活享受

東漢之社會階層，可區分爲被統治與統治階層二者，前者即奴隸、佃農、雇農（傭）、流民等，後者則指地主、官僚、王侯、貴戚乃至天子而言。二者之間，又有廣大之百姓農民（自耕農）游移於其中，彼雖偶或有成爲統治階層者，然淪爲被統治階層之機率，實遠超過前者。統治階層數雖極少，惟因其獨佔大部份之政經資源，其行爲舉措之影響，實至深且鉅，其所汲汲經營之奢侈生活，遂成爲流風時尚。王符曰：

　且夫列侯，國大臣也，雖身在外而心在王室，宜助聰明，與智賢，以佐天子，何得坐作奢僭，驕贏負責，欺枉小民，淫恣酒色，職爲亂階，以傷風化而已乎？〈三式〉

　今京師貴戚，衣服飲食，車輿文飾廬舍，皆過王制，僭上甚矣。從奴僕妾，皆服葛子升越，筩中女布，細緻綺穀，冰紈錦繡，犀象珠玉，琥珀瑇瑁，石山隱飾，金銀錯鏤，麞麂履舄，文組綵褋，驕奢僭主，轉相誇詫，箕子所唏，今在僕妾，富貴嫁娶，車軿駱驛，騎奴侍僮，夾轂節引，富者競欲相過，貧者恥不逮及。〈浮侈〉

此即統治階層，侈靡無度之生活寫照，且終東漢之世，相沿而未改。如光武帝之子，琅邪孝王京，「顯宗尤愛幸，賞賜恩寵殊異，莫與爲比。……光烈皇后崩，帝悉以太后遺金寶財物賜京。京都莒，好修宮室，窮極伎巧，殿館壁帶皆飾以金銀。」《後漢書．光武十王列傳》；章帝時，外戚馬防、馬光兄弟貴盛，「奴婢各千人以上，資財巨億，皆買京師膏腴美田，又大起第觀，連閣臨道，彌亙街路，多聚聲樂，曲度比諸郊廟。賓客奔湊，四方畢至，京兆杜篤之徒數百人，常爲食客，居門下，刺史、守、令多出其家。」《後漢書．馬援列傳附馬防傳》；和帝永元之際，天下承平，然「自王侯以下，莫不踰侈。」《後漢書．張衡列傳》，「貴戚近親，百僚師尹，莫肯率從，有司不舉，怠放日甚。」

《後漢書．和帝紀》：桓帝時，梁冀奢侈，大起第舍，其妻梁壽亦對街爲宅，殫極土木，互相誇競，桓帝復封壽爲襄城君，兼食陽翟租，「歲入五千萬，加賜赤紱，比長公主。」壽又善爲妖態，「作愁眉，啼粧，墮馬，折腰步，齲齒笑，以爲媚惑。」《後漢書．梁統列傳附梁冀傳》故京師翕然倣效之（註一三）；靈帝時，「後宮綵女數千餘人，衣食之費，日數百金……宮女無用，填積後庭，天下雖復盡力耕桑，猶不能供。」、「外戚四姓貴倖之家，及中官公侯無功德者，造起館舍，凡有萬數，樓閣連接，丹青素堊，雕刻之飾，不可單言。」《後漢書．宦者呂強列傳》上之化下，猶風之靡草，「上無去奢之儉」，則「下有縱欲之敝」《後漢書．宦者呂強列傳》，所謂富者競欲相過，貧者恥不逮及者，王符嘗例之曰：

今民奢衣服，侈飲食，事口舌而習調欺，以相詐紿，比肩是也。〈浮侈〉

或剋削綺縠，寸切八采，以成葉褕，無窮水波之文，碎刺縫紩，作爲笥囊，裙襦衣被，費繒百縑，用功十倍，此等之儔，既不助良農工女，無有益於世，而坐食嘉穀，消費白日。〈浮侈〉

古者必有命民，然後乃得衣繒綵而乘車馬，今者，既不能盡復古，細民誠不可須，乃踰於古昔孝文，衣必細緻，履必麞麂，組必文采，襪必綸貲，文飾車馬，多畜奴婢，諸能若此者，既不生穀，又坐爲蠹賊也。〈浮侈〉

東漢之時，流民蠭起，民命危淺，復以羌亂凶殘，國用不足，窮泰極侈者，若不能以義制之，則將由惡而終。如漢服飾之制，原爲等級區別之標幟（註一四），所謂「貴賤有級，服位有等」、「見其服而知貴賤，望其章而知勢」《新書.服疑》，今百姓衣服靡麗，不獨爲布帛之蠹，而貴賤尊卑之別，勢不能存；而漢時飲食種類，既較前世爲豐盛（註一五），舞樂宴食之樂（註一六）比之後世，又不遜絲毫，而以東漢衰微局勢衡之，故王符所稱奢衣服、侈飲食者，確爲實錄。王符又曰：

> 或以游敖博奕爲事，丁夫不傳犁鋤，懷丸挾彈，攜手遨游，或取好土作丸賣之，其彈，外不可禦敵，內不足以禁鼠，晉靈好之以增其惡，未嘗聞志義之士，喜操以游者也。唯無心之人，群豎小子，接而持之，妄彈鳥雀，百發不得一而反中人面目，此最無用而有害也。或作竹簧，削銳其頭，有傷害之象，傳以蠟蜜，有口舌之類，皆非吉祥善應，或作泥車瓦狗，馬騎倡俳，諸戲弄之具，以巧詐小兒。〈浮侈〉

《西京雜記》載武帝時，韓嫣好彈，以金爲丸，一日所失者十餘，京師兒童每聞韓嫣出輒隨之，望丸之所落，以爲拾取，故「長安語曰：『苦飢寒，逐彈丸。』」《東觀漢記》亦曰：「三輔皆好彈，一大老從旁舉身曰：『噫，嘻哉。』」《北堂書鈔一百二十四》是漢時挾彈爲俗，多有樂之而不疲者，他如巧詐小兒之泥車瓦狗之具等，則東漢之社會所爲，不獨奢侈，尤多無謂。《後漢書》載明帝永平十二年詔曰：「車服制度，恣極耳目，田荒不耕，游食者衆。」〈明帝紀〉；又和帝永元十一年詔曰：「商賈小民，或忘法禁，奇巧靡貨，流積公行。」〈和帝紀〉；安帝永初元年詔亦曰：「禁奢侈，無作浮巧之物。」〈安帝紀〉；桓帝永興二年詔曰：「輿服制度有踰侈長飾者，皆宜損省。」〈桓帝紀〉；可知紛華靡麗之奢侈生活，實爲常見普通。

二、踰制過節之婚葬習俗

婚姻之道，乃所以合二姓之好，既以祀宗廟，且以繼後世，故《易．序卦下》曰：「有夫婦，然後有父子，有父子，然後有君臣，有君臣，然後有上下，有上下，然後禮義有所錯。」婚姻既為社會制度之基石，而禮樂制度亦由此而出，故婚姻之待禮備物，實為事理之常。東漢之世，婚姻之結構雖較西漢為嚴，如嚴別男女之防，夫權提高、要求女子貞潔等，而「婚娶不論行輩」（註一七），東漢亦少於西漢，此即禮法觀念漸趨強固之證。惟婚姻程序，即所謂納采、問名、納吉、納徵、請期、親迎六禮者，其踰制過節之事，實為常見，王符曰：

富貴嫁娶，車軿駱驛，騎奴侍僮，夾轂節引，富者競欲相過，貧者恥不逮及。〈浮侈〉

《續漢書．輿服志注》載蔡邕〈表志〉曰：「永平初，詔書下車服制度……諸侯王以下，至於士庶，嫁娶被服，各有秩品。」然此秩品之設，徒為虛文敷衍而已，嫁娶過度者，如袁槐嫁女於張奉，「奴婢百人，皆被羅縠，輜軿充路」（《太平御覽五〇二引謝承後漢書》），此正《鹽鐵論．國疾》所謂「葬死殫家，遣女滿車」之事；又蔡邕〈協和婚賦〉亦曰：「良辰既至，婚禮以舉，二族崇飾，威儀有序，嘉賓僚黨，祈祈雲聚，車服照路，驂騑如舞，既臻門屏，結軌下車，阿傅御豎，雁行蹉跎，麗女盛飾，曄如春華。」《初學記十四》是王符所謂輜軿駱驛者，固比比皆是也。

東漢嫁娶之奢侈，不獨顯現於前所引親迎之禮，整體婚禮耗資花費，從士庶之二、三萬錢，乃至天子皇族之鉅億（註一八），影響所及，小之或阻礙嫁娶之正常進行（註一九），家財破滅，債臺高築（註二〇），大之則「奢縱無度，嫁娶送終，尤爲僭侈」《後漢書·章帝紀》，遂間接助長社會、經濟秩序之解體。王符又曰：

諸一女許數家，雖生十子，更百赦，勿令得蒙一還私家，則此姦絕矣。不則髡其夫妻，徙千里外劇縣，乃可以毒其心而絕其後，姦亂絕則太平興矣。〈斷訟〉

又貞潔寡婦，或男女備具，財貨富饒，欲守一醮之禮，成同穴之義，執節堅固，齊懷必死，終無更許之慮。遭値不仁世叔，無義兄弟，或利其娉幣，或貪其財賄，或私其兒子，則彊中欺嫁，處迫脅遣送，人有自縊房中，飲藥車上，絕命喪軀，孤捐童孩，此猶迫脅人命自殺也。或後夫多設人客，威力脅載，守將抱持，連日乃緩，與彊掠人爲妻無異，婦人軟弱，猥爲衆彊所扶與執迫，幽阨連日，後雖欲復脩本志，嬰絹呑藥。〈斷訟〉

《後漢書．列女傳》載劉長卿妻，桓鸞之女，生一男五歲而長卿卒，防遠嫌疑，不肯歸寧，後兒又夭歿，慮不免，乃豫刑其耳以自誓；陰瑜之妻，荀爽之女，陰瑜卒，常慮爲家所逼，自防禦甚固，後荀爽果強嫁之，遂以衣帶自縊。此殆貪其利幣，故或劫略而逼迫之例。

婚娶之外，喪葬制度亦同爲社會行爲之具體表現，若就喪葬制度之演變及等級層次而言，周時喪葬之規範，至成康之時，「其典稍乖」，戰國之後，「漸至頹陵，法度衰毀，上下僭雜」，爰及秦世，「違道廢德，滅三代之制，興淫邪之法，國貲糜於三泉，人力單於酈墓，玩好窮於粪土，伎巧費於窀穸。」（

註二一），而兩漢之世，僭禮厚終之弊，益趨常見，雖天子詔以為戒（註二二）、官府下令以為禁（註二三）、識者議論以為譏、甚或抗俗而薄葬（註二四）、然王侯貴戚、豪門權貴、地主富家反以厚葬僭禮相矜尚，王符亦曰：

> 今多違志儉養，約生以待終，終沒之後，乃崇飾喪紀以言孝，盛饗賓旅之求名，誣善之徒，從而稱之，此亂孝悌之眞行，而誤後生之痛者也。（務本）

凡喪葬之制，逾越某一公認標準，或舖陳其事，而非其能力所逮及者，即所謂厚葬也。漢世厚葬之風尤盛，竟有約其父母之養，以豫備其終沒之用如王符所言者，《後漢書．趙咨傳》曰：「廢事生而榮終亡，替所養而為厚葬，豈云聖人制禮之義乎？」崔寔《政論》亦曰：「念親將終無以奉遺，乃約其供養，豫修亡沒之備，老親之飢寒，以事淫佚之華稱，竭家盡業，甘心而不恨。」《群書治要》而喪家於來弔者，亦饗之以酒肉，娛之以歌舞，《鹽鐵論．散不足》曰：「今俗因人之喪以求酒肉，幸與小坐，而責辨歌舞俳倡，連笑技戲。」崔寔《政論》亦曰：「送終之家，亦無法度，至用檽梓黃腸，多藏寶貨，烹牛作倡，高墳大寢，是可忍也孰不可忍？而俗人多之，咸曰健子，天下跂慕，恥不相逮。」《群書治要》喪家所以如此者，蓋以為不厚葬不足以言孝，《漢書、游俠傳》載，原涉父死，讓還南陽賻送，行喪冢廬三年，因而顯名京師，「涉自以為前讓南陽賻送，身得其名，而令先人墳墓儉約，非孝也，乃大治起冢舍，周閣重門。」即如倡言薄葬之議之崔寔，其父崔瑗，臨終遺言曰：「夫人稟天地之氣以生，歸精於天，還骨於地，何地不可藏形骸，勿歸鄉里。其賵贈之物，羊豕之奠，一不得受。」《後漢書·崔駰列傳附崔瑗傳》崔寔受命，雖留葬其父於洛陽，竟「剽賣田宅，起冢塋，立碑頌。葬訖，資產竭盡，因窮困，以酤釀販鬻為業。時人多以此譏之，寔終不改。」《後漢書·崔駰列傳附崔寔傳》士大夫尚不能免俗，然則王符所言崇飾喪紀、盛饗賓旅，以求名稱孝者，固已成為時尚。且東漢之際，天災人禍頻仍，復以政經舉措荒唐，故致農村破產，流民四起，細民死者竟不得葬，故天子賜棺，郡縣為之收斂之事（註二五），每每常見，《後漢書·獨行傳》載周嘉從弟周暢，為河南尹，安帝永初二年，夏旱久禱無應，「暢因收葬洛城傍客死骸骨，凡萬餘人。」京師不得葬者尚如此之多，其餘「斬截無孑遺，尸骸相撐拒」（蔡邕·悲憤詩）之衆，實可以想見。而王符所以力斥厚葬之非，實亦因少數統治階層之競相為之，轉相誇耀而已，其言曰：

今天下浮侈離本，僭奢過上，亦已甚矣，凡諸所譏，皆非民性，而競務者，亂政薄化，使之然也。〈浮侈〉

厚葬之風，王公貴人倡其先導，下民則轉相倣效，《漢書·成帝紀》載永始四年詔曰：「公卿列侯，親屬近臣，四方所則，未聞修身遵禮，同心憂國者也。……車服嫁娶，葬埋過制，吏民慕效，寖以成俗。」西京已然如此，此後東漢諸帝雖屢下詔書，而吏民慕效，積漸成俗，終不能挽此頹風，原其所來，王符則直指京師貴戚為始作俑者：

京師貴戚，必欲江南樗梓，豫章楩柟，邊遠下土，亦競相倣效，夫樗梓豫章，所出殊遠，又乃生於深山窮谷，經歷山岑，立千步之高，百丈之谿，傾倚險阻，崎嶇不便，求之連日，然後見

> 之，伐斫連月，然後訖。會衆然後能動擔，牛列然後能致水，漬油入海，連淮逆河，行數千里，然後到雒，工匠彫治，積累日月，計一棺之成，功將千萬，夫既其終用，重且萬斤，非大衆不能舉，非大車不能輓，東至樂浪，西至燉煌，萬里之中，相競用之，此之費功傷農，可爲痛心。〈浮侈〉

漢世喪葬通以木制爲棺，各取方土所出，王符所謂楰梓梗柟豫章者，皆天下之名木也，「生於深山之中，產於谿谷之傍。」《新書．資質》宜乎須待多方經營，乃可成棺。《後漢書．光武十王列傳》載中山簡王焉，和帝永元二年薨，「大爲修冢塋，開神道，平夷吏人冢墓以千數，作者萬餘人。發常山、鉅鹿、涿郡柏黃腸雜木，三郡不能備，復調餘州郡工徒及送致者數千人。凡徵發搖動六州十八郡。」此尤駭人之甚者，王符又曰：

> 今京師貴戚，郡縣豪家，生不極養，死乃崇喪，或至金鏤玉匣，楰梓梗柟，良田造塋，黃壤致藏，多埋珍寶，偶人車馬，造起大冢，廣種松柏，廬舍祠堂，崇侈上僭。〈浮侈〉

金鏤玉匣，本天子之制，《西京雜記》曰：「漢帝送死皆珠襦玉匣，形如鎧甲，連以金鏤。」《續漢書．禮儀志下》亦記大喪之後：「金鏤玉匣如故事。」除有詔命賞賜者外（註二六），臣民不得擅用，擅用則爲僭，如《後漢書》載桓帝永興元年，宦者趙忠喪父，「歸葬安平，僭爲璵璠、玉匣、偶人。（朱）穆聞之，下郡案驗。吏畏其嚴明，遂發墓剖棺，陳尸出之，而收其家屬。」〈朱暉列傳附朱穆傳〉又玉匣玉衣本少府屬官東園匠所作，今「郡縣豪家」亦往往有之，則私造成風，可以無疑。

墓內多埋珍寶者，漢自天子以下，莫不如此，「漢天子即位，一年而為陵，天下貢賦，三分之一供宗廟，一供賓客，一供山陵。漢武帝饗年久長，比崩而茂陵不復容物，其樹皆已可拱，赤眉取陵中物不能減半，於今猶有朽帛委積珠玉未盡。」《晉書．索琳傳》文帝尚儉，以敦樸為天下先，所修霸陵，「皆瓦器，不得以金銀銅錫為飾」《漢書．文帝紀》，然晉建興年間，三秦人尹桓解武等數千家盜發之，竟「多獲珍寶」《晉書．索琳傳》，其餘兩漢諸帝，屬下臣民，即可以無庸論矣。而偶人車馬之用，即「謂死如生，閔死獨葬，魂孤無副，故作偶人以待戶柩。」《論衡．薄葬》偶人車馬外，亦有以鳥獸魚鼈牛馬虎豹等生禽、飲食用器、兵器、樂器、金錢財物從葬者，舉凡生人之器，無不可以為從葬之用，耗貲既巨，而以供無知之須，此正王符所言「無益於奉終，無增於孝行」者也。

又造起大冢，多種松柏，乃至競修廬舍祠堂，尤為漢世喪葬奢侈之現象。墳之高低，原有定制，《周禮春官．冢人》鄭注曰：「漢律：列侯墳高四丈，關內侯以下至庶人各有差。」如有過高者則削之（註二七），違者即以律法懲處（註二八），漢天子之墳，有高至十餘丈者（註二九），而庶人之制，則為丈五之墳（註三〇），或為半仞之墳（註三一），王符言「造起大冢」，則必高於此數也；墳上種樹，樹植松柏者，《風俗通》曰：「墓上樹柏，路頭石虎。《周禮．方相氏》入壙毆魍象，魍象好食亡者肝腦，人家不能常令方相立於墓側以禁禦之，而魍象畏虎與柏。」《太平御覽九五四》，古詩〈孔雀東南飛〉曰：「兩家求合葬，合葬華山傍，東西種松柏，左右種梧桐。」《西京雜記》亦曰：「杜子夏葬長安北四里，墓前種松柏樹五株，至今茂盛。」此亦《鹽鐵論》所謂「富者積土成山，列樹成林」〈散不足〉之事也；又廬舍祠堂者，尤爲富人喪葬習俗所常見（註三二），其費用乃有以億計者（註三三），蓋其製作工麗，如《水經注．比水》：「車隆山之西側，有漢日南太守胡著碑，子珍，騎都尉，尙湖陽公主，即光武之伯姊也。廟堂皆以青山爲階陛。廟北有石瑩，珍之玄孫桂陽太守瑒以延熹四年遭母憂，於墓次立石祠，勒銘於梁。石宇傾頹，而梁字無毀。隆山南有一小山坂，有兩石虎相對夾隧道，雖處蠻荒，全無破毀，作制甚工，信爲妙矣。」又〈濟水〉曰：「黃水東南流，水南有漢荊州刺史李剛墓，有石闕，祠堂石室三間，椽架高丈餘，鏤石作椽瓦，屋施平天，造方井，側荷梁柱，四壁引起，雕刻爲君臣官屬龜龍麟鳳之文，飛禽走獸之像，作制工麗，不甚毀傷。」是則崇侈上僭，奢麗過禮，實爲漢世厚葬之寫照矣。王符又曰：

寵臣貴戚，州郡世家，每有喪葬，都官屬縣，各當遣吏齎奉，車馬帷帳，貸假待客之具，競爲華觀，此無益於奉終，無益於孝行，但作煩攪擾，傷害吏民。〈浮侈〉

喪車所過，不獨街路有祭（註三四），喪家親友並隨柩送葬。《漢書．孔光傳》曰：「光薨，公卿百官會弔送葬，車萬餘兩。」《後漢書．申屠蟠傳》曰：「及黃瓊卒，歸葬江夏，四方名豪會帳下者六七千人。」〈儒林樓望傳〉又曰：「（望）卒於官，門生會葬者數千人。」〈鄭玄傳〉亦曰：「玄卒，自郡守以下嘗受業者縗絰赴會千餘人。」賓客雲集，則王符所稱車馬帷帳諸待客之具者，豈能不張羅畢置，攪擾吏民？而賻贈之送，亦爲常制。中都官死，其官屬有賻送，郡國官死，其吏民有賻送（註三五），國家又有法賻（註三六），而王侯貴戚死，天子賻送尤多（註三七），賻錢竟有巨至億萬者（註三八）然庶民尤貧者，除由官府賜棺葬埋外，往往待親友賻贈方能舉喪（註三九），是貧富對立之岐異，從此又可得知。《後漢書》載明帝永平十二年詔曰：「百姓送終之制，競爲奢靡，生者無擔石之儲，而財力盡於墳土，伏臘無糟糠，而牲牢兼於一奠。糜破積世之業，以供終朝之費，子孫飢寒，絕命於此，豈祖考之意哉！」〈明帝紀〉此正與王符所言厚葬之俗，「邊遠下土，競相倣效」，「東至樂浪，西至燉煌，萬里之中，相競用之」，「無益於奉終，無增於孝行」，同是一義。

三、結黨營私之人際相與

人爲社會群體之成員，相與交接之際，其外顯之作爲，除聖賢君子乃由其德操學識導引外，其餘多在求得酬賞，其人際關係之終極目的，即在求得酬賞之自我滿足。依王符之體驗，東漢社會多數成員，因求酬賞而所作爲者，均極近似，其言曰：

凡今之人，言方行圓，口正心邪，行與言謬，心與口違。〈交際〉

世有可患者三，三者何？曰：情實薄而辭稱厚，念實忽而文想憂，懷不來而外克期。不信則懼失賢，信之則詿誤人，此俗士可厭之甚者也。……今世俗之交也，未相察照，而求深固，探懷扼腕，拊心祝詛，苟欲相護，論議而已，分背之日，既得之後，則相棄志，或受人恩德，先以濟渡，不能拔舉，則因毀之，爲生瑕釁，明言我不遺力，無奈自不可爾。〈交際〉

言與情相悖，情與貌相反，社會層級不論貴賤高低，所欲求酬賞之利，則爲首要，王符曰：

凡人所以肯赴死亡而不辭者，非爲趨利，則因以避害也，無賢鄙愚智皆然，顧其所利害有異爾。不利顯名，則利厚賞也，不避恥辱，則避禍亂也。〈勸將〉

世人之論也，靡不貴廉讓而賤財利焉，及其行也，多釋廉讓而甘財利。〈遏利〉

因汲汲於求利，故官場諸多活動，則受脅於位勢之貴，而怯於貴人之風指，王符曰：

今當塗之人，既不能昭練習鄙，然又怯於貴人之風指，脅以權勢之囑託，請謁闐門，禮贄輻湊，迫於目前之急，則且先之，此正士之所獨蔽，而群邪之所黨進也。〈本政〉

交通屬託，興致浮僞，此實開長姦門之故，而親其黨類，舉其私人，以致位益高者罪益重，王符曰：

遠跡漢元以來，驕貴之臣，每受罪誅，黨與在位，并伏辜者，常十二三。由此觀之，貴寵之臣，未嘗不播授私人，進姦黨也。……由此觀之，衰世群臣，誠少賢也，其官益大者罪益重，位益高者罪亦深爾。故曰：治世之德，衰世之惡，常與爵位自相副也。〈本政〉

如此之類，「內充京師，外布列郡」《昌言，法誡》，驕貴失度，逸豫無厭，雖骨肉相怨，細民謗讟，亦無所忌憚，王符曰：

且夫竊位之人，天奪其鑒，神惑其心。是故貧賤之時，雖有賢明之資，仁義之志，一旦富貴，則背親捐舊，喪其本心，皆踈骨肉而親便辟，薄知友而厚狗馬，財貨滿於僕妾，祿賜盡於猾奴，寧見朽貫千萬而不忍賜人一錢，寧知積粟腐倉而不忍貸人一升，人多驕肆，負債不償，骨肉怨望於家，細民謗讟於道，前人以敗，後爭襲之，誠可傷也。〈忠貴〉

此蓋得位之徒，或「依女妹之寵以驕士」，或「藉亢龍之勢以陵賢」，賢者唯「採薇凍餒，伏死巖穴之中而已爾，豈有肯踐其闕而交其人者哉？」〈本政〉而在朝者徒自「坐調文書，以欺朝庭」，所謂「傾側巧文，要取便身利己，而非獨憂國之大計，哀民之死亡」〈實邊〉，「其言不可久行，其業不可久厭」〈邊議〉者，此即東漢官場活動之大較也。

官場之外，《潛夫論》書中，於東漢民間之社會活動，亦多所指責。其言曰：

無慢制而成天下者，三皇也，畫則象而化四表者，五帝也，明法禁而和海內者，三王也，行賞罰而齊萬民者，治國也，君立法而下不行者，亂國也，臣作政而君不制者，亡國也。〈衰制〉

東漢中世之後，就政治形勢言之，正王符所稱之亂國，「姦臣肆心於上，亂化流行於下」〈愛日〉，所謂「人君出令，而貴臣驕吏弗順也，則君幾於弒，而民幾於亂矣。」〈衰制〉下民既亂，「困於吏政」〈愛日〉之餘，則彼此交接之手段，或倣效官場結私營黨而爲不義之舉，王符曰：

今多務交游，以結黨助，偷勢竊名，以取濟渡，夸末之徒，從而尚之，此違貞士之節，而衒世俗之心者也。〈務本〉

凡品則不然，……苟阿貴以比黨，剽聲以群吠，事富貴如奴僕，視貧賤如傭客，百至秉權之門，而不一至無勢之家，執心若此，難以稱義矣。〈交際〉

或欺紿詐騙，甘爲不信之人，王符曰：

今一歲斷獄，雖以萬計，然辭訟之辯，鬭賊之發，鄉部之治，獄官之理者，其狀一也，本皆起

民不誠信而數相欺紿也。〈斷訟〉

凡品則不然，內無持操，外無準儀，傾側險詖，求同於世，口無定論，不恆其德，二三其行，秉操如此，難以稱信矣。〈交際〉

本書〈斷訟〉王符嘗譬之曰：「輕薄父兄，淫僻婦女，不惟義理，苟踈一德，借本治生，逃亡抵中，卒以致於刳腹芟頸滅宗之禍者，何所無之？」此即詐欺禍根，不早斷絕，則轉而滋蔓，姦宄由是而多之例。

不義不信之外，另有不仁不忠之人，結爲會任之家，而以暴力相逞，王符曰：

洛陽至有主諧合殺人者，謂之會任之家，受人十萬，謝客數千，又重饋部吏，吏與通姦，利入深重，幡黨盤互，請至貴戚寵臣，說聽於上，謁行於下，是故雖嚴令尹，終不能破壞斷絕。〈述赦〉

苟崇聚酒徒無行之人，傳空引滿，啁啾罵詈，晝夜鄂鄂，慢游是好，或毆擊責主，入於死亡，與群盜攻剽，劫人無異。〈斷訟〉

兩漢之世，私鬪復仇之風甚爲流行，外戚豪族「交通輕俠，藏匿亡命」《漢書．酷吏尹賞傳》者，實爲常見。如「竇氏悍士刺客滿城中」《後漢書．周榮傳》；馬防兄弟「要結輕狡無行之客，縱而莫誨。」《後漢書．楊終傳》；潁川大豪戴子高好給施，尚俠氣，「食客常三四百人」《後漢書．逸民戴良傳》，以之武斷鄉曲，「養劍客以威黔首，專殺不辜，號無市死之子。」《崔寔．政論》而王符所謂會任之家者，即今所謂之職業殺人集團。「洛陽主殺人者，高至數十，下至四五，身不死則殺不止。」〈述赦〉，此不獨東漢洛陽有之，西京長安，已然常見，「長安中姦滑浸多，閭里少年群輩殺吏，受賕報仇，相與探丸爲彈，得赤丸者斫武吏，得黑者斫文吏，白者主治喪。城中薄暮塵起，剽劫行爲，死傷橫道，枹鼓不絕。」《漢書·酷吏尹賞傳》衆暴寡，強淩弱，前漢後漢，同屬常見，鮑宣所謂民有七死者，「怨仇相殘」，實不勝其數。《後漢書·魏朗傳》載：「魏朗兄爲鄉人所殺，朗白日操刃，報仇於縣中。」又〈郅惲傳〉亦謂：「惲友人董子張者，父先爲鄉人所害，及子張病將終，……惲即起將客遮仇人，取其頭以示子張。」而朝廷律法鬆弛，竟有間接鼓勵之嫌（註四〇），彼此怨仇相報，其事好還，所謂「今人相殺傷，雖已伏法，而私結怨讎，子孫相報，後忿深前，至於滅戶殄業，而俗稱豪健，故雖有怯弱，猶勉而行之，此爲聽人自理，而無復法禁者也。」《後漢書·桓譚傳》聽人自理，無復法禁，此正王符所稱「論人不恕己，動作不思心，無之己而責之人，有之我而譏之彼」、「愚而喜傲賢，少而好陵長，恩義不相達，禮敬不相報」〈交際〉必欲暴力以逞、不仁不忠之人也。

四、荒誕虛妄之方術活動

方術一辭，原指道術學問，莊子所謂：「天下之治方術者多矣。」〈天下〉漢以後則以之爲非理性而具神秘色彩之方技與術數之泛稱。方術活動不惟影響兩漢之政治、經濟活動，其支配民間社會之力量，亦不在律法與政令之下，漢人夙喜借助巫覡占工，以探索虛幻之神鬼世界，然所導致之物質與精神斲傷，亦尤足可悲。

《潛夫論》書中，王符雖於巫覡方術之事，並未全然否定，然時人過耽於迷信，王符實引以爲憂。先秦以前，巫覡乃鬼神與生人之中間媒介，《國語．楚語》言：「古者民神不雜。民之精爽不攜貳者，而又能齊肅衷正，其智能上下比義，其聖能光遠宣朗，其明能光照之，其聰能聽徹之。如是則神明降之，在男曰覡，在女曰巫。」（註四一）鬼神之意志命令因巫者而可顯示，故巫者遂取得極高之人世支配權力。然時移漢世，儒家人文化成之恩維，逐次彰顯，巫者雖仍被視爲可交通鬼神者（註四二），其地位已日趨低落，所謂「疫歲之巫，徒能鼓口耳。」《鹽鐵論．救匱》、「本巫家，不應爲吏。」《後漢書．逸民高鳳傳》惟民間深信而不疑者，實不乏其人，故王符明言巫者之作用，實屬有限，其言曰：

> 凡人吉凶，以行爲主，以命爲決。行者己之質也，命者天之制也，在於己者，固可爲也，在於天者，不可知也，巫覡祝請，亦其助也，然非德不行。巫史祈祝者，蓋所以交鬼神而救細微爾，至於大命，末如之何。譬民人之請謁於吏矣，可以解微過，不能脫重罪。設有人於此，晝夜慢侮君父之教，干犯先王之禁，不克己心思，改過遷善，而苟驟發請謁，以求解免，必不幾矣。〈巫列〉

天理幽渺，深不可知，巫者雖可以交鬼神，惟亦救細微之助，人事吉凶，依仍在己，「不若脩己，小心畏慎，無犯上之必令。」〈巫列〉王符又曰：

若乃巫覡之謂獨語，小人之所望畏，土公、飛尸、咎魅、北君、銜聚、當路、直符七神，及民間繕治微，蔑小禁，本非天王所當憚也。〈巫列〉

土公、飛尸等，王者夙不以爲懼，況夫巫者之所獨語？故王符於民間細民諸般畏憚，甚或借助以之治病療疾者，實不以爲然，其言曰：

治疾當得眞人參，反得支羅服，當得麥門冬，反得烝穬麥，已不識眞，合而服之，病以侵劇，不自知爲人所欺也，乃反謂方不誠而藥皆無益於療病，因棄後藥而弗敢飲，而便求巫覡者，雖死可也。〈思賢〉

而巫者之欺誣百姓，牟取財利者，王符尤直斥無遺：

《詩》刺不績其麻，女也婆娑。今多不脩中饋，休其蠶織，而起學巫祝，鼓舞事神，以欺誣細民，熒惑百姓，婦女羸弱，疾病之家，懷憂憒憒，皆易恐懼，至使犇走便時，去離正宅，崎嶇路側，上漏下濕，風寒所傷，姦人所利，盜賊所中，益禍益祟，以致重者，不可勝數。或棄醫藥，更往事神，故至於死亡。不自知爲巫所欺誤，乃反恨事巫之晚，此熒惑細民之甚者也。〈浮侈〉

漢人罹患疾病，求醫之外，亦時有求助於巫者，依王符所言，巫者或教以「犇走便時，去離正宅」〈巫列〉；或教以佩符繫綵，「或裁好繒，作爲踈頭，令工采畫，雇人書祝，虛飾巧言，欲邀多福；或裂拆繒綵，裁廣數分，長各五寸，縫繪佩之；或紡綵絲而縻，斷截以繞臂，此無益於吉凶，而空殘滅繒絲，熒悸小民」〈浮侈〉；或教以祭禱於山川鬼神，「及諸神祇、太歲、豐隆、鉤陳、太陰、將軍之屬」〈卜列〉；凡此之為，王符並斥之為：「淺陋愚戇，漸染既成，又數揚精破膽，今不順精誠行向，而彊之以其所畏，直亦增病爾。」〈卜列〉王符又曰：

天之有此神也，皆所以奉陳陰陽而吏物也，若人治之，有牧守令長矣，向之何怒？背之何怨？君民道近，不宜相責，況神至貴，與人異禮，豈可妄事？〈卜列〉

今民生不見正道，而長於邪淫誑惑之中，其信之也，難卒解也。〈卜列〉

「鬼神與人，殊氣異務，非有事故，何奈於我？」〈卜列〉故不疑之事，「亦不問也」，非禮之祈，「亦不為也」〈卜列〉，「今俗人狎於卜筮，而祭非其鬼，豈不惑哉？」〈卜列〉《後漢書》載：光武時，第五倫為會稽太守，「會稽俗多淫祠，好卜筮。民常以牛祭神，百姓財產以之困匱，其自食牛肉而不以薦祠者，發病且死先為牛鳴，前後郡將莫敢禁。倫到官，移書屬縣，曉告百姓，其巫祝有依託鬼神，詐怖愚民，皆案論之。有妄屠牛者，吏輒行罰。民初頗恐懼，或祝詛妄言，倫案之愈急，後遂斷絕，百姓以安。」〈第五倫傳〉；宋均為辰陽長，「其俗少學者而信巫鬼，均為立學校，禁絕淫祠，人皆安之。」〈宋均傳〉後遷九江太守，「浚遒縣有唐、后二山，民共祠之，眾巫遂取百姓男女以為公嫗，歲歲改易，既而不敢嫁娶，前後守令莫敢禁。均乃下書曰：『自今以後，為山娶者，皆娶巫家，勿擾良民。』於是遂絕。」〈宋均傳〉；順帝時，欒巴為豫章太守，「郡土多山川鬼怪，小人常破貲財以祈禱，巴素有道術，能役鬼神，乃悉毀壞房祠，翦理姦巫，於是妖異自消。」〈欒巴傳〉；凡此所舉，既可見東漢民俗之耽於淫祠巫祝，而巫祝依託鬼神，詐怖百姓，「百姓破貲財以祈禱」、「百姓財產以之困匱」者，實因巫祝居中賦斂之故，然則《鹽鐵論》所言：「世俗飾僞行詐，爲民巫祝，以取釐謝，堅額健舌，或以成業致富。故憚事之人，釋本相學，是以街巷有巫，閭里有祝。」〈散不足〉西京東漢，殊無二致。

巫覡之外，漢世方術之士，復有卜者、相者、日者……等，此輩因專業分工之故，其影響力亦不在巫覡之下。依王符所述，若此方士，或妄傳姓於五音，設五宅之符第：

> 亦有傳姓於五音，設五宅之符第，其爲誣也甚矣。古有陰陽，然後有五行，五帝各据行氣，以生人民，載世遠乃有姓名，敵民名字者，蓋所以別眾猥而顯此人爾，非以紀五音而定剛柔也。今俗人不能推紀本祖，而反欲以聲音言語定五行，誤莫甚焉。〈卜列〉

> 俗工又曰：「商家之宅，宜西出門。」此復虛矣。五行當出乘其勝，入居其隩，乃安吉。商家向東入，東入反以爲金伐木，則家中精神，日戰鬭也，五行皆然。〈卜列〉

> 又曰：「宅有工商之第，直符之歲。」既然者，於其上增損門數，即可以變其音而過其符邪？今一宅也，同姓相代，或吉或凶，一官也，同姓相代，或遷或免，一宮也，成康居之日以興，幽厲居之日以衰，由此觀之，吉凶興衰，不在宅明矣。〈卜列〉

蓋古人習以人之姓氏，按五行五音相配，以推測其吉凶宜忌。即按發音時，唇、舌、齒之張歙縮撮不同位置，將姓氏區分爲宮、商、角、徵、羽五類，又將每類冠以不同之五行屬性，如商屬金、徵屬水等。《論衡·詰術》曰：「五行之家，用口調姓名及字，用姓定其名，用名正其字，口有張歙，聲有內外，以定五音，宮商之實。」即此之謂，其後堪輿家移用於推斷住宅之方位吉凶，如張姓五音屬商，五行屬金，宅忌向南，此因南方屬火，火能克金；李姓五音屬徵，五行屬火，宅忌向北，因北方屬水，水能克火，故《論衡·詰術》引《圖宅術》曰：「宅有五音，姓有五聲，宅不宜其姓，姓與宅相賊，則疾病死亡，犯罪遇禍。」、「五姓之宅，門有宜向，向得其宜，富貴吉祥。」又居宅不獨有宮商之音，又有直符之歲，《論衡·調時》曰：「太歲在子，子宅直符，午宅爲破。」孫人和釋之曰：「〈難歲篇〉云：『移徙之家，禁南北徙者，以爲歲在子位，子者破午，南北徙者，抵觸其衝，故謂之凶。』《潛夫論·卜列篇》云：『宅有直符之歲。』蓋相衝則破，不相衝則不破也。衝破或以死生，或以相對，支干位置，各自相對，故各有衝，則各有破也。若太歲在丑宅直符，未觸其衝，則未宅爲破；太歲在寅，寅宅直符，申觸其衝，則申宅爲破；太歲在卯，卯宅直符，酉觸其衝，則酉宅爲破，餘類此。」《論衡校釋》考王符以諸事爲虛妄者，蓋名字之起，乃既以推記本祖，亦「所以別衆猥而顯此人，非以紀五音而定剛柔」；而「商家之宅，宜西出門」者，王符特假設以五行之理，所謂商家向東入，「東入反以爲金伐木」，則家中精神日益爭鬭之理駁之；而宅有宮商之第，直符之歲者，實亦不知吉凶興衰，實與居宅無涉。惟諸事所稱，雖無理性成份可言，然由〈卜列〉篇中，前後相互徵引，並與《論衡》諸篇相參照，則此術流行於東漢之世，固可以想見。

外此，相人術亦爲漢世流行之方術活動，相者之職掌，上至帝王選后（註四三）、任官選人（註四四）、乃至個人之功名前程（註四五）、婚娶（註四六）、死喪（註四七），相者皆可以爲之，甚而推諸器物、六畜，亦無不可相者。王符雖於人之形氣，承認相術之可行：

人身體形貌，皆有象類，骨法角肉，各有分部，以著性命之期，顯貴賤之表。〈相列〉

人之相法，或在面部，或在手足，或在行步，或在聲響。面部欲溥平潤澤，手足欲深細明直，行步欲安穩覆載，音聲欲溫和中宮，頭面手足，身形骨節，皆欲相副稱，此其略要也。〈相列〉

然王符又以後天修行，否定形相與吉凶禍福之關聯，其言曰：

夫骨法爲祿相表，氣色爲吉凶候，部位爲年時徵，德行爲三者招，天授性命決然，表有顯微，色有濃淡，行有薄厚，命有去就，是以吉凶期會，祿位成敗，有不必然者。〈相列〉

人之有骨法也，猶萬物之有種類，材木之有常宜，巧匠因象，各有所授，曲者宜爲輪，直者宜爲輿，檀宜作輻，榆宜作轂，此其正法通率也。若有其質而工不材，可如何？故凡相者，能期其所極，不能使之必至，十種之地，膏壤雖肥，弗耕不穫，千里之馬，骨法雖具，弗策不致。〈相列〉。

骨法氣色部位，雖可以測斷吉凶貴賤，惟德行乃爲三者之主，先天骨相氣色，能否作用之，實取決於後天之德行修持，或脩德，或縱恣，唯人是賴，原不及於形狀相貌。「人之吉凶，相之氣色，無問善惡，常恐懼脩省，以德迎之，乃其逢吉，天祿永終。」〈夢列〉是形相之不可依恃者正如此。《後漢書》載：明帝永平初，有新野功曹鄧衍，以外戚小侯常豫朝會，「容姿趨步，有出於衆，顯宗目之，顧左右曰：『朕之儀貌，豈若此人。』特賜輿馬衣服。（虞）延以衍雖有容儀而無實行，未嘗加禮。帝既異之，乃詔衍令自稱南陽功曹詣闕。既到，拜郎中，遷玄武司馬。衍在職不服父喪，帝聞之，乃歎曰：『知人則哲，惟帝難之。信哉斯言！』」〈虞延傳〉，而「聖人不相」者，古史所在，固斑斑可考（註四八）然東漢時，相人術已有專門術語，如《後漢書．光武帝紀》謂光武「身長七尺三寸，美鬚眉，大口，隆準，日角。」〈注〉引鄭玄《尚書中侯注》曰：「日角，謂庭中骨起，狀如日。」《東觀漢紀》亦謂光武「隆準、日角、大口、美鬚眉、長七尺三寸。」〈世祖光武皇帝〉此術語出於東漢之證也。順帝永建三年，梁皇后選入掖庭，相工茅通見之，謂「日角偃月，相之極貴」《後漢書．順烈梁皇后紀》；李固之貌，亦有奇表，「鼎角匿犀，足履龜文。」《後漢書．李固傳》；是范史所書之術語，實相承於東漢而非後出者，此亦可證東漢時相術之流行，而王符云：「智者見祥，脩善迎之，其有憂色，修行改尤。愚者反戾，不自省思，雖休徵見相，福轉爲災，於戲君子，可不敬哉！」〈相列〉所稱反戾不思之愚者，固比比皆是也。

巫覡相術之外，漢人又嘗以夢境預測人事之吉凶，即所謂占夢是也。「衆占非一，而夢爲大。」《漢書．藝文志》，《周禮．春官．占夢》所占之夢凡六（註四九）王符則將夢類析之爲十，其言曰：

凡夢，有直、有象、有精、有想、有人、有感、有時、有反、有病、有性。〈夢列〉

……无有差忒者，謂之精；晝有所思，夜夢其事，乍吉乍善，凶惡不信者，謂之想；貴賤賢愚，男女長少，謂之人；風雨寒暑，謂之感；五行王相，謂之時；陰極即吉，陽極即凶，謂之反；觀

其所疾，察其所夢，謂之病；心精好惡，於事驗之，謂之性。凡此十者，占夢之大略也。〈夢列〉

而占夢者欲斷吉凶禍福，則依夢之內容而定之，王符曰：

凡察夢之大體，清絜鮮好，狀貌堅健，竹木茂美，宮室器械，新成方正，開通光明，溫和升上，向興之象，皆爲吉喜，謀從事成；諸臭汙腐爛，枯槁脆薄，傾倚微邪，劓刖不安，閉塞幽昧，解落墜下，向衰之象，皆爲凶咎，計謀不從，舉事不成，妖孽怪異，可憎可惡之事，皆爲憂；圖畫卵胎，刻鏤瓦器，虛空非眞，皆爲見欺紿；倡優俳舞，侯小兒所戲弄之象，皆爲觀笑，此其大部也。〈夢列〉

《後漢書》載：梁節王暢，數有惡夢，從官卞忌自言「能使六丁，善占夢。」〈孝明八王列傳〉；和熹鄧皇后，未選入宮前，「嘗夢捫天，蕩蕩正青，若有鍾孔狀，乃仰噉飲之。以訊諸占夢，言堯夢攀天而上，湯夢及天而咶之，斯皆聖王之前占，吉不可言，又相者見后驚曰：『此成湯之法也。』家人竊喜而不敢宣。」〈和熹鄧皇后紀〉；蔡茂在廣漢，「夢坐大殿，極上有三穗禾，茂跳取之，得其中穗，輒復失之。以問主簿郭賀，賀離席慶曰：『大殿者，宮府之形象也，極而有禾，人臣之上祿也。取中穗，是中臺之位也，於字禾失爲秩，雖曰失之，乃所以得祿秩也。袞職有闕，君其補之。』旬月而茂徵焉。」〈蔡茂傳〉；是察夢之大體，各隨夢而解之。且依王符所言之詳細，則此事固爲普遍常見。

王符將夢分類爲十，又述占夢之四例者，此蓋指陳當時風尚，實則王符本人固不以此事爲然，其言曰：

> 本所謂之夢者，困不了察之稱，而懵憒莫明也，故亦不專信以斷事，人於清明計事，起而行之，尚有不從，況於忘忽雜夢，亦可必乎？〈夢列〉

夢既懵憒莫明，故自不必專斷自信，是占夢斷事云云，實屬不宜，王符曰：

> 今一寢之夢，或屢遷化，百物代至，而其主不能究道之，故占者有不中也，此非占之罪也，乃夢者過也。或言夢審矣，而說者不能連類傳觀，故其善惡，有不驗也，此非書之罔，乃說之過也，是故占夢之難者，談其書爲難也。〈夢列〉

夢者、占者、與占夢書，既嫌隙屢生，非能全然相合，故占夢之事，實不宜草率爲之。然王符又曰：

> 本所謂之夢者，……唯其時有精誠之所感薄，神靈之所告者，乃有占爾。〈夢列〉
>
> 夫占夢必謹其變故，審其徵候，內考情意，外考王相，即吉凶之符，善惡之效，庶可見也。〈夢列〉

蓋相人占夢之術，既爲時俗所尙，則可借以爲文飾化導世俗人心之助，即所謂「凡人道見端而脩德者，福必成，見端而縱恣者，福轉爲禍；見妖而驕侮者，禍必成，見妖而戒懼者，禍轉爲福」〈夢列〉之謂，此亦先賢所言「君子以爲文，而百姓以爲神，以爲文則吉，以爲神則凶」〈荀子．天論〉之意，亦與王符所恆言「天工，人其代之」〈本訓〉者相合。唯時人不識，後人妄傳，相人占夢，遂成爲東漢迷信虛幻之畸形社會活動矣。

第三節　東漢社會畸形行爲產生原因分析

由功利浮華之價值取向所產生之畸形社會行爲，《潛夫論》既舉列如前，而其所以致此之因，除政治、經濟紊亂失序（參見本書第二、三章）外，王符另又析之爲二：一曰教育倫常墮棄，二曰司法不公，赦贖過繁。

一、教育倫常墮棄

教育之功能，雖在傳道修業，惟變化氣質，提昇情操，實爲首要。而所謂人倫之首，大教之本，莫不奠始於家庭，而後博文約禮於學校。依王符之所觀見，東漢社會所以紊亂失序者，家庭倫常墮棄，不能謂爲無涉，王符曰：

> 賢人志士之於子孫也，厲之以志，弗厲以辭，勸之以正，弗勸以詐，示之以儉，弗示以奢，貽之以言，弗貽以財。是故董仲舒終身不問家事，而疏廣不遺賜金，子孫若賢，不待多富，若其不賢，則多以徵怨，故曰，無德而賄豊，禍之胎也。〈遏利〉

> 今世俗之人，自慢其親而憎人敬之，自簡其親而憎人愛之者，不少也。豈獨品庶，賢材時有焉。〈

賢難〉

西漢家庭人口數，常以四至五人居多，且以夫婦及子女組成，父母同居者實非多見（註五〇），東漢時，生分之俗，頗有改易（註五一），然「禮有分異之義，家有別居之道。」《後漢書．循吏許荊傳》故生分之事仍爲常態，是於家庭倫常之傷害，無論主幹家庭或核心家庭，多不能免，而家族貲財之移轉分配，誠如王符所謂：「世人之論也，靡不貴廉讓而賤財利焉，及其行也，多釋廉讓而甘財利。」〈遏利〉故怨謗輒起，雖有至德之人，亦難攔阻，《後漢書》載和帝時，許荊爲桂陽太守，嘗行春到耒陽縣，「人有蔣均者，兄弟爭財互相言訟。」〈循吏許荊傳〉；安帝時，汝南薛包，好學篤行，以至孝聞，父母亡後，「既而弟子求分財異居，包不能止，乃中分其財。」〈劉平傳〉；〈獨行傳〉亦載陳留李充家貧，「兄弟六人同食遞衣，妻竊謂充曰：『今貧居如此，難以久安，妾有私財，願思分異。』」；繆彤，汝南召陵人，少孤，兄弟四人，皆同財業，「及各娶妻，諸婦遂求分異，又數有鬥爭之言。」〈逸民傳〉又載周黨，太原廣武人，家產千金，少孤，「爲宗人所養，而遇之不以理，及長，又不還其財，黨詣鄉縣訟，主乃歸之。」是則爭訟之事，又由家族漫衍至宗族矣。前王符所引疏廣者，嘗有言曰：「賢而多財，則損其志，愚而多財，則益其過。」《漢書．疏廣傳》然自時俗視之，徒惹嗤笑而已。

家庭倫常墮壞，學校教育，亦不能化民而成俗，王符曰：

> 夫教訓者，所以遂道術而崇德義也。今學問之士，好語虛無之事，爭著雕麗之文，以求見異於

世，品人鮮識，從而高之，此傷道德之實，而惑矇夫之大者也。〈務本〉
別賢愚而獲多士，成教化而安民氓，三代於世，皆致太平。聖漢踐祚，載祀四八，而猶未者，
教不修而功不考，賞罰稽而赦贖數也。〈考績〉

學問之士，好語虛無，是漢時學校誨教，弊端實多。蓋漢自武帝采董仲舒之議，創設太學，立五經博士，設博士弟子員，設科射策，勸以官祿，其後遂支葉蕃滋，傳業寖盛。東漢時，光武雅好經術，五經博士各以家法傳授，又修太學，稽式古典，明帝主講太學，冠帶縉紳之士，圜觀而聽者，以萬千計，章帝又大會諸儒於白虎觀，考校諸經同異，連月而罷，和帝亦臨幸東觀，閱覽書林，唯鄧太后稱制後，儒學頗懈，安帝復薄於藝文，博士倚席不講，朋徒相互怠散，而後遊學雖盛，大學多至三萬餘生，然「章句漸疏，而多以浮華相尙，儒者之風蓋衰矣。」《後漢書．儒林傳》而東漢地方官學，雖多著跡（註五二），私學尤不遑多讓，或私立門戶（如菴、所、廬、精舍、精廬等），授徒講學、或家傳、或游說、或博士家法，各以教授（註五三）。而私人從學之數，動輒又以萬千計，「若乃經生所處，不遠萬里之路，精廬暫建，贏糧動有千百，其耆名高義開門受徒者，編牒不下萬人。」《後漢書．儒林傳論》官學、私學既如斯彬彬稱盛，乃王符竟譏之以「教不修」而學「虛無之事」者，此殆與東漢學者之治學內容與目的有關。

兩漢學術，以儒家經典爲主，王符亦以此相倡，嘗曰：「文之以《禮》、《樂》，導之以《詩》、《書》，幽讚之以《周易》，明修之以《春秋》，其有不濟乎？」〈讚學〉又曰：「先聖之智，心達神

明，性直道德，又造經典，以遺後人，試使賢人君子，釋於學問，抱質而行，必弗具也。及使從使就學，按經而行，聰達之明，德義之理，亦庶矣。」〈讚學〉此所謂「聖人以其心來造經典，後人以經典往合聖心」之理，故王符本人於儒家經典，實多所闡釋（註五四），然觀之世俗上下，乃多不治經，王符曰：

> 人君求賢下應以鄙，舉直下應以枉，己不別眞，受而官之，國以侵亂，不自知爲下所欺也，乃反謂經不信而賢皆無益於救亂。〈思賢〉
>
> 治身有黃帝之術，治世有孔子之經。然病不愈而亂不治者，非鍼石之法誤，而五經之言誣也，乃用之者非其人，苟非其人，……猶尚無功，則又況乎懷道術以撫民氓，乘六龍以御天心者哉？〈思賢〉

即或治經，亦已非孔孟眞傳，蓋光武崇經術，又宣佈圖讖於天下，明章二帝祖述相沿，讖緯之學遂躍居學術正宗。讖學雖「非聖人所作，其中多近鄙別字，頗類世俗之辭」《後漢書・儒林尹敏傳》，然以帝王所好，故儒者「爭學圖緯，兼復附以妖言」《後漢書・張衡列傳》，故以桓譚之博習多通，徧學五經，然因「熹非毀俗儒」，由是「多見排抵」《後漢書・桓譚傳》，光武嘗令議靈臺所處。欲以讖決之，桓譚極言讖之非經，光武大怒，謂桓譚「非聖無法，將下斬之」《後漢書・桓譚傳》；鄭興依經守義，文章溫雅，數言政事，「然以不善讖故不能任」《後漢書・鄭興傳》；其後明帝時，「詔東平王蒼正五經章句，皆命从讖。」《隋書・經籍志》；樊儵「以讖記正五經異說。」《後漢書・樊宏列傳附樊鯈傳》；曹充說明帝制禮樂，引讖爲言，明帝遂改太樂官爲太予樂；其子曹充，章帝時正叔孫通《漢儀》十二篇，「雜以五經讖記之文，撰次天子至於庶人冠婚吉凶終始制度，以爲百五十篇。」《後漢書．曹褒傳》；而章帝之上明帝廟號，亦曰：「聰明淵塞，著在圖讖。」《後漢書．章帝紀》圖讖之重，有如此者，故范曄曰：「桓譚以不善讖流亡，鄭興以辭遜僅免，賈逵能附會文致，最差顯貴，世主以此論學，悲矣哉！」《後漢書．鄭范陳賈列傳論》，《隋書．經籍志》亦曰：「俗儒趨時，益爲其學，篇卷第目，轉加增廣。」而後和帝時，「博士倚席不講，儒者競論浮麗，忘謇謇之忠，習諓諓之辭。」《後漢書．樊宏列傳附樊準傳》；安帝元初之際，「時俗淺薄，巧僞滋生，五經衰缺，不有化導。」、「末世貴戚食祿之家，溫衣美飯，乘堅驅良，而面牆術學，不識臧否。」《後漢書．和熹鄧皇后紀》合而觀之，經義虛無如此。而欲教化成俗，豈可以得之？

復次，王符又以學者治學，多爲獵弋利祿功名，故教化修德云云，實爲空談，王符曰：

> 當世學士，恆以萬計，而究塗者，無數十焉，其故何也？其富者則以賄玷精，貧者則以乏易計，或以喪亂，朞其年歲，此其所以逮初喪功而反其童蒙者也。〈讚學〉

> 今賦頌之徒，苟爲饒辯屈蹇之辭，競陳誣罔無然之事，以索見怪於世，愚夫戇士，從而奇之，此悖孩童之思，而長不誠之言者也。〈務本〉

即以太學言之，東漢天子不獨起太學、修太學、臨幸太學，經學博士爲天子提供建言，參與議論，尤多仕宦擢遷之際遇（註五五），而太學之建構華麗，「宮殿官府，多所搆飾」《後漢書．郎顗傳》、

「凡所造構二百四十房，千八百五十室」《後漢書．儒林傳》，似亦爲太學諸生之功名前程，提供保障。而太學學風，雖不乏倚經守藝之士，然所取非其人者，亦自有之，「太學試博士弟子，皆以意說，不修家法，私相容隱，開生姦路。每有策試，輒興生訟，論議紛錯，互相是非。」《後漢書．徐防傳》、「京師英雄四集，志士交結之秋，雖務經學，守之何固？」《後漢書．循吏仇覽傳》太學尚猶如此，其餘地方官私之學之營私求利，所謂「學無經術，而妄構講舍，外招儒徒，實會姦桀」《後漢書．酷吏周紆傳》者，實亦無裨益於世教人心矣。

二、司法不公，赦贖過繁

倫常教育墮棄外，司法不公、赦贖繁多，亦使東漢社會行爲流於畸形。王符嘗謂：「今一歲斷獄，雖以萬計，然辭訟之辨，鬭賊之發，鄉部之治，獄官之理者，其狀一也，本皆起民不誠信而數相欺紿也。」〈斷訟〉所謂「事口舌而習調欺，以相詐紿，比肩是也。」〈浮侈〉故定分止爭，維持社會秩序，遂成爲律法制定之要旨。

漢世律法，不可謂不詳備，高祖先入關中，蠲削煩苛，即與父老約法三章，後以三章之法不足以禦奸，而後蕭何有九篇之律，叔孫通復益律所不及傍章十八篇，而後諸凡天子詔令、禮儀規範、乃至經師之引經註律，皆爲律法之內容，「文書盈於几閣，典者不能徧睹。」、「律令煩多而不約，自典文者不能分明。」、「大辟之刑千有餘條，律令煩多，百有餘萬言，奇請它比，日以益滋，自明習者不知所由。」《漢書．刑法志》東漢沿襲西京，「後漢二百年間，律章無大增減。」《魏書．刑法志》、「憲令稍增，科條無限」、「典刑用法，猶尚深刻」《後漢書．陳寵傳》，然律法竟不能輔教，亦不能以止刑者，王符曰：

百姓廢農桑而趨府庭者，非朝餔不能通，非意氣不得見，訟不訟，輒連日月，舉室釋作，以相瞻視，辭人之家，輒請鄰里，應對送餉，比事訖，竟亡一歲功，則天下獨有受其饑者矣。而品人俗士之司典者，曾不覺也，郡縣既加冤枉，州司不治，令破家活，遠詣公府，公府不能詔察眞僞，則但欲罷之以久困之資，故猥說一科令，比滿百日，乃爲移書，其不滿百日，輒更遣赦，甚違邵伯訟棠之義。〈愛日〉

夫直者眞正而不撓志，無恩於吏，怨家賂主者，結以貨財，故鄉亭與之爲排直家，後反覆時，吏坐之，故共排之於庭，以羸民與豪吏訟，其勢不如也，是故縣與部并，後有反覆，長吏坐之，故舉縣排之於郡，以一人與一縣訟，其勢不如也，故郡與縣并，後有反覆，太守坐之，故舉郡排之於州，以一人與一郡訟，其勢不如也，故州與郡并，而不肯治，故乃遠詣公府爾，公府不能察，而苟欲以錢刀課之，則貧弱少貨者，終無已曠旬滿期，豪富饒錢者，取客使往，可盈千日，非徒百也，治訟若此爲務，助豪猾而鎭貧弱也，何冤之能治，非獨鄉部辭訟也，武官斷獄，亦皆始見枉於小吏，終重冤於大臣，怨故未讎，輒逢赦令，不得復治，正士懷冤結而不得信，猾吏崇姦究而不痛坐，此郡縣所以易侵小民，而天下所以多饑窮也。〈愛日〉

漢律訴訟之斷決，先由審詢被告而始，即所謂「鞫獄」，《尚書．呂刑》正義曰：「漢世問罪謂之鞫。」審訊取得口供，三日後再行覆審，即所謂「傳覆」，「訊考三日覆問之，知與前辭同不也。」《史記．張湯傳集解》覆審後即判決，如不服，又可以復審，即所謂「乞鞫」。又有「有故乞鞫」《史記．樊酈滕灌列傳集解》，即當事者如不服原司法機關之判決，可向上級司法機關覆審，以三月爲限，「在期內者聽，期外者不聽，若今時徒論決滿三月，不得乞鞫。」《周禮．秋官．朝士鄭注》唯良法美意，常因官官相護，或猥設科令，稽延時日，遂致「司徒辭訟，久者數十年，事類溷錯，易爲輕重，不良吏得生因緣」《後漢書．陳寵傳》，即能詣闕上書，王符稱「萬無數人，其能省治，不能百一」〈三式〉者，檢《後漢書》載順帝時，有寧陽主簿詣闕，訴其縣令之枉，「積六七歲不省。」〈虞詡傳〉細民百姓則可想而知，「小人有怨，不遠千里，斷髮刻肌，詣闕告訴，而不爲理。」〈虞詡傳〉是王符所言，固信而有徵。

犯罪者既交付審訊，「州郡官府，各自考事，姦情賕賂，皆爲吏餌。」《後漢書．劉瑜傳》則以財貨行賄而減免其罪者，往往有之，即或定罪，而漢世刑罰如死刑、勞動刑、財產刑、奪爵、免官、廢錮、徙邊等，復因天子常有赦贖之令，而可減免其刑，此殆爲過失犯罪者提供庇護，故漢時識者如匡衡、荀悅、崔寔皆屢有指斥，王符亦以爲赦贖之不可行者，實以「惡人昌而善人傷」之故，其言曰：

今日賊良民之甚者，莫大於數赦贖，赦贖數，則惡人昌而善人傷矣，奚以明之哉？曰，孝悌之家，脩身慎行，不犯上禁，從生至死，無銖兩罪，數有赦贖，未嘗蒙恩，常反爲禍，何者，正直之士之爲吏也，不避彊禦，不辭上官，從事督察，方懷不快，而姦猾之黨，又加誣言，皆知赦之不久，則且共橫枉侵冤，誣奏罪法，令主上妄行刑辟，高至死徙，下乃論免，而被冤之家，乃甫當乞鞫，告故以信直，亦無益於死亡矣。〈述赦〉

惡人之不可以赦者，非特因其罪重，亦因其不肯悔改之故，王符曰：

今夫性惡之人，居家不孝悌，出入不恭敬，輕薄慢傲，凶悍無辨，明以威侮侵利爲行，以殘賊酷虐爲賢，故數陷王法者，此乃民之賊，下愚極惡之人也。雖脱桎梏而出囹圄，終無改悔之心，自恃以亡死罪，憿然出獄，踧踖復犯法者，何不然。〈述赦〉

前引王符所稱洛陽有會任之家者，「高至數十，下至四五，身不死則殺不止，皆以數赦之所致也。」〈述赦〉是大惡之人，終不可化，亦不可赦，「雖歲赦之，適勸姦耳。」〈述赦〉

又尋常百姓亦常因赦贖而有僥倖之想，乃至自甘墮落，漸趨下流，故赦贖之事，王符尤期期以爲不可，其言曰：

凡民之所以輕爲盜賊，吏之所以易作姦匿者，以赦贖數而有僥望也。若使犯罪之人，終身被命，得而必刑，則計姦之謀破，而慮惡之心絕矣。夫赦贖行，孺子可令姐，中庸之人，可引而下。故其諺曰：「一歲載赦，奴兒噫嗟。」言王誅不行，則痛瘀之子皆輕犯，況狡乎？〈述赦〉

漢世天子赦贖之事，其類有六，大赦、曲赦、別赦、赦徒、減等、贖罪是也（註五六），而天子所以赦宥者，《漢舊儀》曰：「踐祚、改元、立皇后、太子，赦天下。」《初學記二十、太平御覽六五二》，惟尚不止於此，后臨朝、大喪、帝加冠、郊祀……等，亦莫不爲之（註五七），《漢舊儀》又曰：「每赦自殊死以下及謀反、大逆不道諸不得赦者，皆赦除之。令下丞相、御史，復奏可。分遣丞相、御史乘傳駕，行郡國，解因徒，布詔書。郡國各分遣吏傳廏車馬，行屬縣，解囚徒。」《初學記二十、太平御覽六五二》此赦贖之大較也。

兩漢赦贖之事，實爲繁多，而東漢次數又在西漢之上（註五八），其中有一年再赦者，一年三赦者，而連續數年皆赦者尤多（註五九），然赦贖雖多，「（建武）二十年，（吳）漢病篤。車駕親臨，問所欲言。對曰：「臣愚無所知識，唯願陛下愼無赦而已。」」《後漢書·吳漢傳》《崔寔政論》亦曰：「不軌之民，孰不肆意，遂以赦爲常俗，赦以趨赦，轉相趨蹴而不得息，雖日赦之，亂彌繁也。」《太平御覽六五二》，王符亦謂赦贖之事，宜罕而不宜數，其言曰：

> 古者唯始受命之君，承大亂之極，被前王之惡，其民乃並爲敵讎，罔不冠賊消義，姦宄奪攘，以革命受祚，爲之父母，故得一赦，繼體以下，則無遵焉。（述赦）
>
> 殺人雖有大罪，非欲以終身爲惡，乃過誤爾，是不殺也，若此者，雖曰赦之可也。（述赦）
>
> 若良不能于無赦者，罕之爲愈，令卅歲放古時一赦，則姦宄之減十八九，可勝必也。（述赦）

赦贖原爲天子示恩行惠之用，可以防酷吏「笭梏酷烈之痛」，與俗吏貪吏「訛欺放濫之文」《後漢書·陳寵傳》然如東漢諸帝之再三爲之，甚或「三辰有候，天氣當赦，故人主順之而施德」（述赦），弊之所至，既使「惡人高會而夸詫，老盗服臧而過門，孝子見讎而不得討，亡主見物而不得取」（述赦〉，而窺伺取巧如靈帝時河內張成，「能候風角，知將有赦，教子殺人，捕得七日，赦出。」《史記．越王句踐世家集解》是欲求八方交泰，四海齊明者，不啻緣木求魚，東漢社會秩序之敗壞，此尤助紂爲虐之甚者也。

第四節　王符之社會主張

如前文所述，東漢社會之價值取向，或求取功利，或講究浮僞，遂導致社會行爲趨於畸形，而王符所譏斥者，誠如近人彭鐸所言：「東漢浮僞，諸所譏刺，自衣食器用之靡，車輿廬舍之僭，下至游敖博奕之紛，徘倡戲弄之巧，巫覡祝禱之誕，婚姻禮節之繁，无巨細咸列舉之，而尤痛疾於喪葬祠祭之濫。」《潛夫論校正》爲挽救時弊，故明贊學術、崇尚德化、強調法制三者，遂成爲《潛夫論》書中因應東漢社會之對策，茲分別述之。

一、明贊學術

欲化民成俗，王符以爲當從個人修治起始，修治之道，則以教學爲先，故《潛夫論》三十六篇，首篇〈讚學〉，王符即敘其撰述之由曰：「先聖遺業，莫大教訓，博學多識，疑則思問，智明所成，德義所建，夫子好學，誨人不倦。」〈敘錄〉，而篇首開宗名義，王符即曰：

「天地之所貴者，人也。」

人之所以可貴，非在四肢手足，有氣有生有知而已（註六〇），蓋以其有爲之故，而人爲之終極目的，就個人言之，即在依學而成聖。王符嘗曰：

上古之世，太素之時，元氣窈冥，未有形兆，萬精合並，混而爲一，莫制莫御。若斯久之，翻然自化，清濁分別，變成陰陽，陰陽有體。實生兩儀，天地壹鬱，萬物化淳，和氣生人，以統理之。是故天本諸陽，地本諸陰，人本中和，三才異務，相待而成，各循其道，和氣乃臻，璣衡乃平，天道曰施，地道曰化，人道曰爲。〈本訓〉

依王符所述，上古之世，太素之時，渾沌元氣，翻然自化，分爲陰陽，而成天地，次而天地合德，生成萬物，同時和氣孕育，並生成人。萬物生成之後，其運動、轉變、發展，王符又以爲有一規律可循者在，即所謂道是也，「道之爲物也，至神以妙，其爲功也，至彊以大。」〈本訓〉道爲規律，規律之執行者，由氣爲之，「道者，氣之根也，氣者，道之使也，必有其根，其氣乃生，必明其使，變化乃成。」〈本訓〉道爲主，氣爲從，是天地萬物莫不由氣而生，且以道爲依歸，元氣與道，似若足可支配天地一切現象，唯王符又曰：

天道曰施，地道曰化，人道曰爲。爲者，蓋所謂感通陰陽而致珍異也。人行之動天地，譬猶車上御駟馬，蓬中擢舟船矣，雖爲所覆載，然亦在我，何所之耳。……從此觀之，天呈其兆，人序其動，《書》故曰：「天功，人其代之。」〈本訓〉

> 苟非其人，則規不圓而矩不方，繩不直而準不平，鑽燧不得火，鼓石不下金，驅馬不可以追速，催舟不可以涉水也。〈思賢〉

此處足可理會者，王符言天，雖不脫西漢董仲舒「天人感應」之窠臼，然其意固在強調人雖爲天地所覆載，然所謂動天地、臻和氣、平璣衡之能力作爲，仍由人所主導掌握，人所呈現於外者，實爲一統御萬物之主動積極角色。人之所以可貴，所謂「人道曰爲」者，「雖有至聖，不生而智，雖有至材，不生而能。」〈讚學〉自當依學而立，治學之目的，即在成聖，蓋聖人始能無入而不自得也。王符曰：

> 天地之所貴者，人也，聖人之所尚者，義也，德義之所成者，智也，明智之所求者，學問也。〈讚學〉

人之所以可貴，即在有所爲，所爲者，德義是也，成德義即是聖人，唯成德義須待明智而後可，欲求明智，則舍學問而無它途，此王符所謂上聖之人，「猶待學問，其智乃博，其德乃碩」〈讚學〉之意也。智博德碩，小者修身，大者治世，豈有不濟之理，而學問之內容爲何？王符則以儒家經典爲主，其言曰：

> 文之以《禮》、《樂》，導之以《詩》、《書》，幽贊之以《周易》，明修以《春秋》，其有不濟乎？〈贊學〉
>
> 無董、景之才，倪、匡之志，而欲強捐家出身，曠日師門者，是必無幾矣。夫此四子者，耳目聰明，忠信廉勇，未必無儔也，而及其成名立績，德音令問不已，而有所以然，夫何故哉？徒

> 以其能自託於先聖之典經，結心於夫子之遺訓也。〈讚學〉
>
> 索道於當世者，莫良於典。典者，經也，先聖之所制，先聖得道之精者，以行其身，欲賢人自勉，以入於道。〈讚學〉

本書〈思賢〉亦謂治身有黃帝之術，治世有孔子之經，然竟病不愈而亂而不治者，「非鍼石之法誤，而五經之言誣也」，乃「用之者非其人」之故，非其人而欲社會清平，必無是理。

常人由習經而可優入聖域，而其入門途徑，則師友之化導，必不可缺，王符曰：

> 試使賢人君子，釋於學問，抱質而行，必弗具也。及使從師就學，按經而行，聰達之明，德義之理，亦庶矣。〈讚學〉
>
> 故志曰：「黃帝師風后，顓頊師老彭，帝嚳師祝融，堯師務成，舜師紀后，禹師墨怡，湯師伊尹，文武師姜尚，周公師虢叔，孔子師老聃。」若此言之而信，則人不可以不就師矣。〈讚學〉

師友化導之外，學者治經尤須繼之以勤，王符曰：

> 夫道成於學而藏於書，學進於振而廢於窮，是故董仲舒終身不問家事，景君明經年不出戶庭，得銳精其學，而顯昭其業者，家富也，富佚若彼而能勤精若此者，材子也。倪寬賣力於都巷，匡衡自鬻於保徒者，身貧也，貧阨若彼而能進學若此者，秀士也。〈讚學〉

勤學自發，則不論貧富，必能「自託於先聖之典經，結心於夫子之遺訓」，《潛夫論》書中，王符於孔子經典，多有闡釋，而引孔子之言凡二十見，其指稱孔子之行事者，猶不在此數（註六一），蓋孔子之經，乃不刊之鴻教，亦恆久之至道，實大有裨益於世道人心之故。「惑者既失精進，明贊學術而正人倫，致至治，於理雖信而有徵，然勉學待問，依經守藝之際，僻者又隨時抑揚，遠離道本，苟以譁眾取寵，後進循之，是以五經乖析。」《漢書．藝文志》班史所謂僻儒之患者，東漢正自不少，故儒教雖大，「其利物博矣，篤父子，正君臣，尚忠節，重仁義，貴廉讓，賤貪鄙，開政化之本源，鑿生民之耳目，百王損益，一以貫之。」《隋書．儒林傳序》尤有待識者之以斯文為己任。故王符屢言儒學之可以救世之弊者，除如前文所言以之肯定人之價值，乃至助人成聖外，儒學有助於人之理性思考，可以除僻儒之患，亦實為緊要。王符曰：

是故工欲善其事，必先利其器，士欲宣其義，必先讀其智。〈讚學〉

君子者，性非絕世，善自托於物也。人之情性，未能相百，而其明智，有相萬也，此非其眞性之材也，必有假以致之也。君子之性，未必盡照，及學也，聰明無蔽，心智無滯，前紀帝王，顧定百世，此則道之明也，而君子能假之以自彰爾。〈讚學〉

夫是故道之於心也，猶火之於人目也，中穽深室，幽黑無見，及設盛燭，則百物彰矣。此則火之燿也，非目之光也，而目假之，則為己明矣。天地之道，神明之為，不可見也，學問聖典，心思道術，則皆來覩矣。此則道之材也，非心之明也，而人假之，則為己知矣。〈讚學〉

王符此論，實即承孔子「性相近，習相遠也」《論語．陽貨》而言，其義有二：一為承認人之先天性資質，「未能相百」，差距不大，然各人智慧，卻因後天之學習，而各自有「相萬」之異，智慧低者，「

非能本閨閤之行迹，察臧否之虛實」〈賢難〉，「豈復知孝悌之原，忠正之眞，綱紀之化，本途之歸哉？」〈賢難〉，智慧高者，則「聰明無弊，心智無滯」，而可以「前紀帝王，顧定百世」；二爲智之所以有「相萬」之異者，此非性之絕世，乃智者善自托於物（學）而已，「明智之所求者，學問也。」〈讚學〉復因所治之學，逐次由寡至多，由近至遠，由內至外，由淺至深，即能掌握萬事萬物之客觀規律（道），智者以道指引思維，諸多事理，無不豁然貫通，此即理性思維是也。王符所謂「道之於心也，猶火之於人目」，目有所見有所不見，一如人心思維所至，有可以解者，亦有不可以解者，心所不能解者，則以道爲指引，即可以理性思維解之，無入而不自得，亦猶目之所不能見者，即可以有燭照之，「及設盛燭，則百物彰矣」，「此則火之燿也，非目之明也，而目假之，則爲己明矣。」王符所謂之道者，實即儒家之先典，「學問聖典，心思道術，則皆來覩矣。」以理性思維，實無有不可解者，而王符所指稱人之所以可貴者，亦即在此。

學者有理性思維，則進退出處之際，自有其尺度分寸，既非隨俗附和，亦無譁衆取寵之舉，王符曰：

箕子陳六極，〈國風〉歌〈北門〉，故所謂不憂貧也，豈好貧而弗之憂邪？蓋志有所專，昭其重也。是故君子之求豐厚也，非爲嘉饌美服淫樂聲色也，乃將以底其道而邁其德也。〈讚學〉

夫教訓者，所以遂道術而崇德義也，今學問之士，好語虛無之事，爭著彫麗之文，以求見異於世，品人鮮識，從而高之，此傷道德之實，而惑矇夫之大者也。〈務本〉

涉獵書記，若徒以虛無巧辯爲事，或以弋獵功名爲念，是「財賄不多，衣食不贍，聲色不好，威勢不行」〈遏利〉，君子輒引以爲憂；而以虛義設教者，「托之經義，迷罔百姓，欺誣天地。」〈忠貴〉此皆有傷於道德之至實，故君子不爲，而王符駁之，實不爲寬假。王符曰：

> 《詩》云：「題彼鶺鴒，載飛載鳴，我日斯邁，而月斯征，夙興夜寐，無忝爾所生。」是以君子終日乾乾，進德修業者，非直爲博己而已也，蓋乃思述祖考之令問，而以顯父母也。〈讚學〉

此即《孝經》所稱「立身行道，揚名於後世，以顯父母」〈開宗明義章〉之義。王符所以有此言，蓋一則駁時人之虛論門第閥閱。所謂「以族舉德，以位命賢」〈論榮〉者，而漢世喪葬逾制，此尤學之不講者所常爲，故王符引經而設意也。王符又曰：

> 《詩》云：「高山仰止，景行行止。」「日將月就，學有緝熙于光明。」是故凡欲顯勳績揚光烈者，莫良於學矣。〈讚學〉

> 夫爲國者，以富民爲本，以正學爲基，民富乃可教，學正乃得義，民貧則背善，學淫則詐僞，可教則不亂，得義則忠孝。故明君之法，務此二者，以爲太平之基，致休徵之祥。〈務本〉

治國之大本，富民與教化，二者俱不應偏廢，「民富乃可教，學正乃得義」是也。唯〈釋難〉篇中，王符又曰：「今以目所見，耕，食之本也，以心原道，即學又耕之本也。」是明贊學術，尤其爲治國之根本矣。

綜合王符所言，明贊學術，既足以肯定人之價值，引導常人超凡入聖，復又以理性思維，於個人之出處進退，乃至隆親處世，事雖千舉萬變，皆可以因應無窮，然則東漢社會之若干畸形現象，當亦可迎刃而解，今試舉一二例言之。

前節嘗言赦贖頻繁爲東漢社會畸形行爲產生之原因，實則此事亦爲畸形之司法現象。王符所據以駁斥者，其中亦有理性思維之考量因素在，王符嘗錄主倡赦贖者之言曰：

俗人又曰：「先世欲赦，常先遣馬，分行市里，聽于路隅，咸云當赦，以知天之教也，乃因施德。」若使此言也而信，則殆過矣，夫民之性，固好意度者也，見久陰則稱將水，見久陽則稱將旱，見米貴則言將饑，見米賤則言將穰，然或信或否，由此觀之，民之所言，未必天下，前世贖赦稀踈，民無覬覦，近時以來，赦贖稠數，故每春夏，輒望復赦，或抱罪之家，僥倖蒙恩，故宣此言，以自悅喜，誠令仁君聞此，以爲天教而輒從之，誤莫甚焉。〈述赦〉

所謂「民之性，固好意度」者，意度之說所以不可信者，實以其缺乏理性思維之故，然則赦贖之不可行者，亦不待贅言矣。王符又曰：

論者多曰：「久不赦則姦宄熾而吏不制，故赦贖以解之。」此乃未昭治亂之本原，不察禍福之所生者之言也。凡民之所以輕爲盜賊，吏之所以易作姦匿者，以赦贖數而有僥望也。若使犯罪之人，終身被命，得而必刑，則計姦之謀破，而慮惡之心絕矣。夫赦贖行，孺子可令姐，中庸之人，可引而下，故其諺曰：「一歲載赦，奴兒噫嗟。」言王誅不行，則痛瘀之子皆輕犯，況狡乎？若誠畏盜賊多而姦不勝，故赦，則是爲國之姦宄服也。〈述赦〉

王符復駁之者，實以倡赦贖者未能明察治亂禍福之本原，蓋「王誅不行，則痛瘀之子皆輕犯，況狡乎？」唯理性思維方足以辨識赦贖之不可常行，赦贖不行，則「惡人昌而善人傷」之弊不再，庶幾畸形社會行爲可以防止，此皆明贊學術之功也。

再以方術之事例之，如巫覡之事，兩漢之前，「古者德行求福，故祭祀而寬，仁義求吉，故卜筮而希」，漢世則「俗寬於行而求於鬼，怠於禮而篤於祭，嫚親而貴勢，至妄而信日，聽訑言而幸得，出實物而享虛福。」《鹽鐵論．散不足》與前世相較，漢世街巷有巫，閭里有祝者，實因個人人格價値、理性思維闕如之故。《後漢書．張奐傳》載：「（奐）復拜武威太守，……其俗多妖忌，凡二月、五月產子及與父母同月生者，悉殺之。奐示以義方，嚴加賞罰，風俗遂改。」示以義方者。即以理性思維說之也。〈郭躬列傳附郭鎮傳〉又載：「順帝時，廷尉河南吳雄季高，以明法律，斷獄平，起自孤宦，致位司徒。雄少時家貧，喪母，營人所不封土者，擇葬其中。喪事趣辨，不問時日，巫皆言當族滅，而雄不顧。」巫言族滅，吳雄不顧者，除以理性思維哂之外，殆亦知隆親尊親，非必唯擇時日、葬地而後可言孝也，唯此作爲，實屬罕見。光武帝建武十七年、十九年，嘗有妖巫叛亂之事（註六二），靈帝時，亦有駱曜、張角、張脩之亂，張角爲「太平道」、張修爲「五斗米道」，其行事與巫者實無以異（註六三），其餘大小規模之妖賊叛亂，更不計其數，或「託驗神道」、或「矯妄冕服」《後漢書．張法滕馮度楊列傳論》，源其所自，除政經失序，以致百姓襁負，反者影從外，學術教化不彰，人心思維紊亂，亦其主要原因。

又東漢儒者，多好言怪異，以經師而兼巫事，實不乏其人（註六四），雖治經書，亦有破碎章句、妄生穿鑿者（註六五），其愚誣之妄，實令人發噱（註六六），而讖緯之說，竟蔚爲學術主流正宗，尤足訝異，讖本祕記之流，與神仙方士不殊，緯則附經而作，與陰陽災異無別，「其文舛謬淺俗，不類聖人之旨，相傳疑世人造爲，或者又加點竄，非其實錄。」《隋書．經籍志》徒以王莽好符命，光武又以圖讖興起，是以盛行於東漢，桓譚、張衡之外，鮮有不爲其所惑者，然若微以實際，驗之常理，讖緯云云，不過炫一時之耳目而已，自爲識者所不取（註六七），故自王符視之，巫覡祝禱、讖緯方術諸事，實多非理性之成份在，既不足以彰顯人文化成之精義，亦無俾益於世俗人心，然則明贊學術之至要，即可由此而得之矣。

二、崇尚德化

德化與學術，同爲化民成俗之要道。學術可以成登高博見之功，可以有琢玉成器之用，若論扶世導民，知足安身，則又賴德化而後可。《潛夫論》書中，王符所以屢屢申言德化之教者，亦實因東漢社會諸多不安之因素使然。王符曰：

直以面譽我者爲智，諂諛己者爲仁，處姦利者爲行，竊祿位者爲賢爾，豈復知孝悌之原，忠正之眞，綱紀之化，本途之歸哉？此鮑焦所以立枯於道左，徐衍自沈於滄海者也。諺曰：「一犬吠形。百犬吠聲。」世之疾此，固久矣哉。〈賢難〉

面譽者不忠，反以爲智，諂諛者不義，反以爲仁，處姦利竊祿位者非德貴之人，反以爲賢者之行，凡此皆世俗價值混淆之現象，王符又曰：

凡百君子，競於驕僭，貪樂慢傲，如賈三倍，以相高下，苟能富貴，雖積狡惡，爭稱譽之，終不見非，苟處貧賤，雖素恭謹，祇爲不肖，終不見是，此俗化之所以浸敗，而禮義之所以消衰也。〈交際〉

貪樂慢傲，如同商賈販賣之三倍其價，偷取富貴而以爲恥，而俗化浸敗，又何止於此？王符復例之曰：

世有可患者三，三者何？曰：情實薄而辭稱厚，念實忽而文想憂，懷不來而外克期。不信則懼失賢，信之則詿誤人，此俗士可厭之甚者也。〈交際〉

所謂三患云云，可以一言以蔽之，曰：虛假。唯其虛假，故言過其行者，殊不以爲意，「言方行圓，口正心邪，行與言謬，心與口違」〈交際〉，故世俗之交，實不堪聞問，王符曰：

今世俗之交也，未相照察，而求深固，探懷扼腕，拊心祝詛，苟欲相護，論議而已。分背之日，既得之後，則相棄忘，或受人恩德，先以濟度，先以濟度，不能拔舉，則因毀之，爲生瑕舋，明言我不遺力，無奈自不可爾。〈交際〉

唯其虛假，故舉世之人，競相浮華，尤崇侈靡，「志道者少友，逐俗者多儔，是以舉世多朋黨而用私，競背實而趨華。」〈實貢〉王符嘗記述都市游民之乖張曰：「今民奢衣服，侈飲食，事口舌而習調欺，以相詐紿，比肩是也。」〈浮侈〉或以「謀姦會任」爲業，或以「游敖博奕」爲事，或「取好土作丸賣之」，並皆「不傳犁鋤，攜手遨游」〈浮侈〉之輩；而貴戚豪門，則衣服飲食，車輿廬舍，乃至婚喪喜慶，「皆過王制，僭上甚矣。」〈浮侈〉又〈卜列〉、〈巫列〉、〈相列〉、〈夢列〉諸篇，所記方術迷信之事，「世俗小人，醜妾婢婦，淺陋愚戇，漸染既成，又數揚精破膽」〈卜列〉、「愚者反戾，不自省思」〈相列〉，然則移風易俗之本，所謂「開其心而正其精」〈卜列〉之德化之教，遂成爲必要之當務之急矣。

德化之教，既爲急須，王符以爲舉世之人，宜由童蒙初始，均應一體修治，即或未生之前，亦不可忽，即今所謂「胎教」、「家教」是也。其言曰：

> 聖人深知之，皆務正己以爲表，明禮義以爲教，和德氣於未生之前，正表儀於咳笑之後，民之胎也，合中和以成其生也，立方正以長，是以爲仁義之心，廉恥之志，骨著脈通，與體俱生，而無麤穢之氣，無邪淫之欲。〈德化〉

未生之前，乃和德氣以成胎，既生之後，則正表儀以長成。長成之後，「孝子之行，非徒吮癰而已也，必有駮焉。」〈賢難〉尤須教之以義方，如「賢人智士之於子孫也，厲之以志，弗厲以辭，勸之以正，弗勸以詐，示之以儉，弗示以奢，貽之以言，弗貽以財。」〈遏利〉王符所以有此言者，蓋人之所以爲人者，即在此也。

王符嘗以人性之異，區分人爲三等，如本節前文所述，王符以爲萬物之孳長演化，均由氣爲之，而氣之發用，以道爲依歸，道有正常反常之分，氣遂有和氣與乖戾之別，秉和氣以生者，心性志意，耳目情欲，無不廉潔而勝私，此即「上智」之人；「下愚」之人則乖戾之氣使然，「數陷王法，此乃民之賊，下愚極惡之人。」〈述赦〉王符又曰：

上智與下愚之民少，而中庸之民多。〈德化〉

上智與下愚之人極少，王符所深致意者，端在中庸之民，中庸之民，可以爲善，亦可以爲惡，故王符曰：

正性勝，則遂重己不忍虧也，故伯夷餓死而不恨；邪性勝，則忸怵而不忍舍也，故王莽竊位而不慚，積惡習之所至也。〈愼微〉

常人欲去惡向善，則如泥之在鈞，金之在鎔，唯視甄者所爲、冶者所鑄而已。民之有心，猶如種之有園，「遭和氣則秀茂而成實，遇水旱則枯槁而生孽」〈德化〉，故教化中庸之責任，王符則屬之於君王，其言曰：

教訓者，以道義爲本，以巧辯爲末。〈務本〉

夫本末消息之事，皆在於君，非下民之所能移也，夫民固隨君之好，從利以生者也。是故務本，則雖虛僞之人皆歸本，居末，則雖篤敬之人皆就末，……故明君莅國，必崇本抑末，以遏亂危之萌，此誠治亂之漸，不可不察也。〈務本〉

中民之生世也，猶鑠金之在鑪也，從革變化，唯治所爲，方圓薄厚，隨鎔制爾，是故世之善否，俗之厚薄，皆在於君。〈德化〉

風俗之善否厚薄，既在於君，倘人主能「和德氣以化民心，正表儀以率群下」、「躬道德而敦慈愛，美教訓而崇禮讓」〈德化〉，則六和之內，舉世之人，「咸懷方厚之情，而無淺薄之惡，各奉公正之心，而無姦險之慮。」〈德化〉然則欲「羲農之俗，復見于茲，鱗龍鸞鳳，復畜于郊」〈德化〉，實可有以待之。唯以史實徵之，東漢天子，明章之後，皆昏庸無能之輩，是王符所以作此言者，殆已知其不可而不得不言之也。

姑不論漢天子能否施行德化之效，針對亂世之弊，王符實以爲德化乃必要之舉，蓋道德化育之功，誠至深且鉅，王符曰：

人君之治，莫大於道，莫盛於德，莫美於教，莫神於化。道者所以持之也，德者所以苞之也，教者所以知之也，化者所以致之也。〈德化〉

教以知之，化以成俗，教化之內容，則取決於道德，道者守常理而勿失，德者從容有其涵養，故治世之法，唯此最盛。本書〈敍錄〉曰：「明王統治，莫大身化，道德爲本。」即此之謂。又道德所指，王符時或稱之爲「德義」：

明德義之表，作信厚之心，然後化可美而功可成也。〈本訓〉

或稱之爲「禮義」：

聖人深知之，皆務正己以爲表，明禮義以爲教。〈德化〉

或稱之爲「仁義」：

道德爲本，仁義爲佐。〈敍錄〉

或稱之爲「德讓」：

先王因人情喜怒之所不能已者，則爲之立禮制而崇德讓。〈斷訟〉

質言之，道德教化之實質行爲，即仁義禮信是也，而仁義禮信之擴充依據，則恕平恭守是也。王符曰：

世有大本者四，而人莫之能行也。一曰恕，二曰平，三曰恭，四曰守。夫恕者，仁之本也，平者，義之本也，恭者，禮之本也，守者，信之本也。四本並立，四行乃具，四行具存，是謂眞賢，四本不立，四行不存，四行無一，是謂小人。〈交際〉

所謂恕者，君子之人，論彼則恕於我，動作則思於心，己之所無，不以責下，我之所有，不以譏彼，感己之好敬也，故接士以禮，感己之好愛也，故遇人有恩，己欲立而立人，己欲達而達人，善人之憂我也，故先勞人，惡人之忘我也，故常念人。……所謂平者，內懷尸鳩之恩，外執砥矢之心，論士必定於志行，毀譽必參於效驗，不隨俗而雷同，不逐聲而寄論，苟善所在，不譏貧賤，苟惡所錯，不忌富貴，不諂上而慢下，不厭故而敬新。……所謂恭者，內不敢傲於室家，外不敢慢於士大夫，見賤如貴，視少如長，其禮先入，其言後出，恩意無不答，禮敬無不報，覩賢不居其上，與人推讓，事處其勞，居從其陋，位安其卑，養甘其薄。……所謂守者，心也，有度之士，情意精專，心思獨覩，不驅於險巇之俗，不惑於衆多之口，聰明懸絕，秉心塞淵，獨立不懼，遯世無悶，心堅金石，志輕四海，故守其心而成其信。」〈交際〉

仁義禮信，王符稱之爲「四行」者，恕平恭守，王符又稱之爲「四本」者，實以仁義禮信四者，乃指道德表現而言，爲人所當行者，「四行具存，是謂眞賢」；恕平恭守四者，乃爲「四行」之依據，如前引文所言者，不以此，四行不足以爲德，故稱「四本不立，四行不存」。合而言之，「四行」、「四本」即爲修己安人之要道也。又王符所言之「四行」與儒家傳統之言「五常」，略稍有異，蓋「五常」之「智」，其所涉及者，乃學問知識之事，與道德修養正自有別，故王符省略之也。

仁義禮信既爲道德之表現，恕平恭守又爲道德之依據，由「四本」而「四行」，二者間之趨進步驟，王符以爲先以正心爲主，其言曰：

> 夫人之所以爲人者，非以此八尺之身也，乃以其有精神也，……移風易俗之本，乃在開其心而正其精。〈卜列〉

> 民有性有情，有化有俗，情性者，心也本也，化俗者，行也末也，末生於本，行起於心，是以上君撫世，先其本而後其末，愼其心而理其行，心情苟正，則姦慝無所作，邪意無所載矣。〈德化〉

民有性情，性指資質秉賦，情指喜怒哀樂，二者王符以之從屬於心，心者化民成俗之本，心情苟正，則「姦慝無所作，邪意無所載」。而「行起於心」，既行之後，尤須愼微；王符曰：

> 夫積微成顯，積著成象，鄂鄂譽譽，以致存亡，聖人常愼其微也。文王小心翼翼，成王夙夜敬止，思愼微眇，早防未萌，故能太平而傳子孫。〈愼微〉

千里之行，常始於足下，九層之臺，屢起於累土，故盡小者大，愼微者著，唯既大且著，又須時常反省，即可無遺身殃，王符曰：

君子戰戰慄慄，日愼一日，克己三省，不見是圖。孔子曰：「善不積，不足以成名，惡不積，不足以滅身。」小人以小善謂無益而不爲也，以小惡謂無傷而不去也，是以惡積而不可掩，罪大而不可解也。〈愼微〉

知己曰明，自勝曰彊。夫有不善，未嘗不知，知之，未嘗復行，此顏子所以稱庶幾也。〈愼微〉

心既端正，復又敬小愼微，時刻觀照省思，則凡「四行」者，皆可以擴充而無所窒礙，王符曰：

公劉厚德，恩及草木，羊牛六畜，且猶感德，仁不忍踐履生草，則又況於民萌而有不化者乎？君子修其樂易之德，上及飛鳥，下及淵魚，無不歡忻悅豫，則又況於士庶而有不仁者乎？〈德化〉

倘能如此，則人人皆可以爲君子，既能辨義利，亦可別榮辱，王符曰：

財賄不多，衣食不贍，聲色不妙，威勢不行，非君子之憂也，行善不多，申道不明，節志不立，德義不彰，君子恥焉。〈遏利〉

論士苟定于志行，勿以遭命，則雖有天下，不足以爲重，無所用，不足以爲輕，處隸圉，不足以爲恥，撫四海，不足以爲榮，況乎其未能相懸若此者哉？故曰：寵位不足以尊我，而卑賤不足以卑己。〈論榮〉

唯其不能辨義利而別榮辱，故時人徒知「利之可娛己也」，而不知「其無稱而必有禍」〈遏利〉，故「以族舉德，以位命賢」〈論榮〉、「虛造空美」、「名實不相符，求貢不相稱」〈考績〉之事，層出不窮，所謂累世臺輔、家世二千石遂成爲東漢社會惡質化之常見現象。今若以德化教之，「上以天子，下至庶人，蔑有好利而不亡者，好義而不彰者。」〈遏利〉然則浮妄虛假、奢侈過制之行爲，以理論之，庶幾可以弊絕而風清矣。

(三)、加強法治

相較於學術、德化二者之不可須臾捨棄，「法令刑賞者，乃所以治民事而致整理爾，未足以興大化而升太平也。」〈本訓〉法治雖爲次要，然王符仍視其爲治國安國之所須，其言曰：

凡治病者，必先知脉之虛實，氣之所結，然後爲之方，故疾可愈而壽可長也。爲國者，必先知民之所苦，禍之所起，然後設之以禁，故姦可塞，國可安矣。〈述赦〉

治病者須先知脉之虛實，氣之所結，方可對症下藥，治國者當先知民之所苦，禍之所起，而後設之以禁，禁者，實即法令之謂。王符又曰：

法也者，先王之政也，令也者，己之命也。先王之政，所以與眾共也，己之命，所以獨制人也。君誠能授法而時貸之，布令而必行之，則群臣百吏，莫敢不悉心從己令矣。己令無違，則法禁必行矣，故政令必行，憲禁必從，而國不治者，未嘗有也。〈衰制〉

漢世法令，除成文之「律」之外，天子單行之「令」亦具同等效力，「律」所涵蓋之範圍較廣，多延續前世而來，且不輕言改易，故爲「先王之政」；「令」則多由天子視情勢而機動頒佈，以補「律」之不足，故爲天子之「己之命」也。授法而時貸，布令而必行，二者之間，或寬以濟猛，或猛以濟寬，寬猛相濟，賞罰必行，社會家國之欲求安治，法令實爲必要。

王符所以強調法治者，若就消極面言之，乃因法治之用，可以補德化之不足，王符曰：

議者必將以爲刑殺當不用，而德化可獨任，此非變通者之論也，非救世者之言也。夫上聖不過堯舜，而放四子，盛德不過文武，而赫斯怒，《詩》云：「君子如怒，亂庶遄沮，君子如祉，亂庶遄已。」是故君子之有喜怒也，蓋以止亂也，故有以誅止殺，以刑禦殘。〈衰制〉

前文言之，王符嘗將人分爲三等，「上智」之人，「心達神明，性直道德」，「聰明無蔽，心智無滯」〈讚學〉，故不必教化；「中庸」之民，可以善亦可以惡，「民蒙善化，則有士君子之心，被惡政，則人有懷姦亂之慮。」〈德化〉則有待於教化；唯「下愚」之民者，如本書〈述赦〉所言，「居家不孝悌，出入不恭敬，輕薄慢傲，凶悍無辨，明以威侮侵利爲行，以殘賊酷虐爲賢，故數陷王法者，此乃民之賊，下愚極惡之人也。」、「輕薄惡子，不道凶民，思彼姦邪，起作盜賊，以財色殺人父母，戮人之子，滅人之門，取人之賄」、「貪殘不軌，凶惡弊吏，掠殺不辜，侵冤小民。」此皆「大惡之資，終不可化」，「雖脫桎梏而出囹圄，終無悔改之心。」是教化已然無用，尤須法治始能禁止之，而法治正可以輔德化之不足也。

而就積極面言之，則法治之功能，可得而言者，王符以爲計有三事，一則可以杜絕姦吏之妄爲，王符曰：

民之所以不亂者，上有吏，吏之所以無姦者，官有法。〈衰制〉

妄違法之吏，妄造令之臣，不可不誅也。〈衰制〉

吏治不良，若不以法治禁之，則「法令決事，輕重不齊，或一事殊法，同罪異論，姦吏得因緣爲市，所欲活則出生議，所欲陷則與死比，是爲刑開二門也。」《後漢書．桓譚傳》而「州曰任郡，郡曰任縣，更相委遠，百姓怨窮，以苟容爲賢，盡節爲愚」〈後漢書．虞詡傳〉之事，自是匈匈不絕，尤可浩歎。本書〈三式〉篇載明帝夙重明選守相之事曰：「其耗亂無狀者，皆銜刀瀝血於市，賞重而信，罰痛而必，群臣畏勸，競思其職，故能致治安而世升平，降鳳凰而來麒麟，天人悅喜，符瑞並臻，功德茂盛。」故官吏若有「率多怠慢，違背法律，廢忽詔令，專情務利，不卹公事」者，「懷姦藏惡，別無狀」者，皆當圖以「鈇鑕斧鉞之誅」，然則良臣「如王成黃霸龔遂邵信臣之徒，可比郡而得也」，神明瑞應，亦可「朞年而致也。」

二則可以防姦止亂，前文言及，王符所稱下愚極惡之人，除〈述赦〉所言者，他如「脉脉規規，常懷姦僞，昧冒前利，不顧廉恥，苟得之中後，則偷解坐抵，以致禍變」〈斷訟〉、「輕薄父兄，淫僻婦女，不惟義理，苟疎一德，借本治生，逃亡抵中」〈斷訟〉，若斯之輩，非法治不足以爲禁，故王符曰：

> 先王之制刑法也，非好傷人肌膚，斷人壽命者也，乃以威姦懲惡，除民害也。〈述赦〉
>
> 凡立法者，非以司民短而誅過誤，乃以防姦惡而救禍敗，檢淫邪而內正道爾。〈德化〉

懲制頑凶，初雖「慙恡一人」，然終極所致，則可以「長利於萬世」〈斷訟〉，是「小懲而大戒」，所謂「全小人而濟頑凶」〈斷訟〉者，正為法治之功能也。

三則可以護衛善人，民既蒙善化，則有士君子之心，是為善人。然善人常又蒙惡人之妬害，所謂「修善則見妬，行賢則見嫉，而必遇患難。」〈賢難〉、「妬媢之攻擊也，亦誠工矣，聖賢之居世也，亦誠危矣。」〈賢難〉〈述赦〉篇中，王符嘗以正直之吏例之曰：「不避彊禦，不辭上官，從事督察，方懷不快，而姦猾之黨，又加誣言，皆知赦之不久，則且共橫枉侵冤，誣奏罪法」，遂令主上「妄行刑辟，高至死徙，下乃論免」，而被冤之人，雖或「甫當乞鞫，告故以信直，亦無益於死亡矣。」王符又以隱逸行士、淑人君子為例曰：「為讒佞利口所加誣覆冒，下士冤民，能至闕者，萬無數人，其得省問者，不過百一，既對尚書，空遣去者，復十六七」，雖或考覈其事，則「州郡轉相顧望，留苦其事」，以致「春夏待秋冬，秋冬復涉春夏」，留連愁苦，莫此為甚，故欲使善人得其庇護，實有賴於律法，故王符曰：

> 立法之大要，必令善人勸其德而樂其政，邪人痛其禍而悔其行。〈斷訟〉

惡人懼正足以使善人勸，而所以能致此者，正賴律令之禁其姦。又良人吉士即或時有過誤，亦可以法理救治之，「原情論意，以救善人，非欲令兼縱惡逆，以傷人也。」〈述赦〉此亦庇護善人之另一義也。

所謂法治，實質言之，即指司法刑獄之事，東漢司法機關、司法官吏之組織編制，不可謂不完善，法律訴訟之程序，諸如公訴、私訴、審訊、判決、覆審、上訴，乃至彔囚、行刑時令，均有詳細之程序（註六八），然防姦止惡，竟不可得，被刑而死者，歲以萬數，監獄多至二千餘所（註六九），此實因「禮教不立，刑法不明，民多貧窮，豪桀務私，姦不輒得，獄犴不平之所致也。」《漢書．刑法志》易言之，即司法執行之方式與手段實屬不當，故王符曰：

正士懷冤結而不得信，猾吏崇姦宄而不痛坐，此郡縣所以易侵小民，而天下所以多饑窮也。〈愛日〉

然則法令執行之際，王符針對時弊，特明揭其施行之要旨。一則賞罰須公正公開，王符曰：

嘗觀上計，人君身修正，賞罰明者，國治而民安。〈巫列〉

今欲變巧僞以崇美化，息辭訟以閑官事者，莫若表顯有行，痛誅無狀，導文武之法，明詭詐之刑。〈斷訟〉

所謂公正，即「罰賞之寔，不以虛名。」〈敍錄〉蓋刑賞之事，原本不難，「中材以上，皆可議曲直之辯，刑法之理，鄉亭部吏，足以斷絕，使無怨言。」（愛日），中材以上，皆可聽訟斷獄，則公正之求，應即可致。唯若「有功不賞，無德不削」〈三式〉，則「賞罰不明，安得不敗？」〈敍錄〉；所謂公開，即人主當「崇利顯害以與下市，使親疏貴賤賢鄙愚智，皆必順我令，乃得其欲。」〈勸將〉蓋王符以爲人之無論賢鄙愚智，「不利顯名，則利厚賞也，不避恥辱，則避禍亂也」〈勸將〉，如能顯行賞罰，以明善惡，則百姓自可以「肯赴死亡而不辭者」〈勸將〉也。

二則爲賞厚罰重。王符曰：

夫積怠之俗，賞不隆則善不勸，罰不重則惡不懲，故凡欲變風改俗者，其行賞罰也，必使足驚心破膽，民乃易視，聖主誠肯明察，群臣竭精稱職，有功效者，無愛金帛封侯之費，其懷姦藏惡，別無狀者，則圖鈇鑕斧鉞之誅。〈三式〉

夫帝王者，其利重矣，其威大矣，徒懸重利，足以勸善，徒設嚴威，可以懲姧，乃張重利以誘民，操大威以驅之，則舉世之人，可令冒白刃而不恨，赴湯火而不難，豈云但率之以共治而不宜哉？〈明忠〉

漢世法律，以刑法爲主，並以刑法囊括民法，民事糾紛如家庭婚姻關係、物權債權關係等，若違背民事法律中之權利與義務規定，即屬違禮，違禮即違法，須受刑事之懲處（註七〇）。王符倡言人君之設賞厚而立重禁者，實以賞不厚，則吏民臣下不以爲利，刑禁過輕，則姦邪又不以爲畏，故王符曰：「法令賞罰者，誠治亂之樞機也，不可不嚴行也。」〈斷訟〉。

三則爲罕赦贖，赦贖之不可行，本書〈述赦〉王符已詳言之（參見本章第三節），故漢天子動輒赦贖，王符嘗例舉以言其不可，如：「妄違法之吏，妄造令之臣，不可不誅也。」〈衰制〉、「惡人有罪雖小，然非以過差爲之也，乃欲終身行之，故雖小，不可不殺也。何則？是本頑凶思惡而爲之者也。」〈述赦〉他若「居家不孝悌，出入不恭敬，輕薄慢傲，凶悍無辨，明以威侮侵利為行，以殘賊酷虐為賢」〈述赦〉之性惡之人；「以財色殺人父母，戮人之子，滅人之門」〈述赦〉之輕薄惡子，不道凶民；「貪殘不軌，掠殺不辜，侵冤小民」〈述赦〉之凶惡弊吏；「受人十萬，謝客數千，又重饋部吏，吏與通姦，利入深重，幡黨盤互，……身不死則殺不止」〈述赦〉之會任之家，此皆數陷王法，終無悔改之輩，「雖歲赦之，適勸姦耳」，自當「觀惡深淺，稱罪降罰」〈忠貴〉，實不可一門赦之也，王符所謂「有罪而備辜，冤結而信理，此天之正也，而王之法也。」即此之謂。

外此，若良不能于無赦者，則以罕之為愈，王符曰：

> 《詩》譏君子屢盟，亂是用長。故不若希其令，必其言。若良不能于無赦者，罕之為愈，令卅歲放古時一赦，則姦宄之減十八九，可勝必也。〈述赦〉

三十歲一赦，即赦之罕也，《崔寔．政論》亦曰：「宜十歲以上，乃時一赦。」與此意同。若有特殊情況者，則可赦之，王符復舉例以釋其理曰：

> 古者唯始受命之君，承大亂之極，被前王之惡，其民乃並為敵讎，罔不寇賊消義，姦宄奪攘，以革命受祚，為之父母，故得一赦。〈述赦〉

受命之君，方可一赦，其餘「繼體以下」，實不可為之，荀悅《漢紀》曰：「夫赦者，權時之宜，非常典也。漢興，承秦兵革之後，大過之世，比屋可刑，故設三章之法大赦之，令蕩滌穢流，與民更始，時勢然也。後世承業，襲而不革，失時宜矣。」故因災異、符瑞、徙宮、立廟而有恩赦之事者，實失之殺人雖有大罪，非欲以終身爲惡，乃過誤爾，是不殺也，若此者，雖曰赦之可也。金作贖刑，赦過宥罪，皆謂良人吉士，時有過誤，不幸陷離者爾，先王議獄以制，原情論意，以救善人，非欲令兼縱惡逆，以傷人也。〈述赦〉

於瑣碎。王符又曰：

漢人言律，有故、誤之分，斷案時，原情論意，則故意與過失之別，即可得知之，所謂「志善而違于法者免，志惡而合於法者誅。」〈鹽鐵論．刑德〉，「原心省意，故誅故貰誤。」《論衡．答佞》，故意犯罪，誠爲法理所不容，惟因過失而誤蹈法網，即可以赦過宥罪。要之，王符之言法治，赦贖並非常制，除少數情況外，公正議論，賞厚罰重，始爲應然之道。

職是之故，本章第二節所引宋均、第五倫、欒巴之治巫祝之事，手段容或不一，或引經義、漢律以禁之（註七一），或逕自誅殺之（註七二），然神道設教之事並因而禁絕；而桓帝延熹時，張奐爲武威太守，武威俗多妖忌，「凡二月、五月產子及與父母同月生者，悉殺之。」《後漢書．張奐傳》，張奐「示以義方」外、復「嚴加賞罰」，亦自有其一定之作用矣。

【附　註】

註一　《後漢書．光武十王列傳》載沛獻王輔之事曰：「壽光侯劉鯉，更始子也，得幸於輔。輔怨劉盆子害其父，因輔結客，報殺劉盆子兄故式侯恭；輔坐繫詔獄，三日乃得出。自是後，諸王賓客坐刑罰，各循法度。」又載楚王英之事曰：「英少時好游俠，交通賓客，晚節更喜黃老，學為浮屠齋戒祭祀。……十三年，男子燕廣告英與漁陽王平、顏忠等造作圖書，有逆謀，事下案驗。……英至丹陽，自殺。立三十三年，國除。……楚獄遂至累年，其辭語相連，自京師親戚諸侯州郡豪傑及考案吏，阿附相陷，坐死徙者以千數。」即其例。

註二　參見楊聯陞先生〈東漢的豪族〉一文，載清華學報十一卷四期。

註三　參見劉增貴《漢代豪族研究——豪族的士族化與官僚化》第二章第四節。

註四　如郭泰、陳寔、黃憲、魏桓、韋著、申屠蟠……諸人等。

註五　如樊英、張伯大、鄧子敬等人。

註六　參見本書第二章第三節。

註七　如明帝時之交阯太守張恢、順帝時之武威太守任嘉，桓帝時之河內相曹鼎等。分見《後漢書》之〈鍾離意傳〉、〈儒林楊倫傳〉、〈黨錮蔡衍傳〉。

註八　如順帝時之陳留太守梁讓、濟陰太守氾宮、濟北相崔瑗、桓帝時之濟陰太守單匡之賓客親吏等。分見《後漢書》之〈杜喬傳〉、〈第五種傳〉。

註九　如質帝時之南陽太守韓昭、桓帝時之益州刺史侯參、靈帝時之南陽太守蓋升、張忠、太尉曹嵩等。分見《後漢書》之〈質帝紀〉、〈宦者侯覽傳〉、〈橋玄傳〉、〈徐璆傳〉、〈宦者曹騰傳〉。

註一〇　如順帝時有司奏武威太守任嘉臧罪千萬，徵考廷尉，其所牽染將相大臣百有餘人，見《後漢書．儒林楊倫傳》；桓帝時史弼爲郡功曹，條諸生聚斂姦吏百有餘人，見《後漢書．史弼傳注》。

註一一　《後漢書．桓榮傳》：「榮，初遭倉卒，與族人桓元卿同飢戹，而榮講誦不息。元卿嗤榮曰：『但自苦氣力，何時復施用乎？』榮笑不應。及爲太常，元卿歎曰：『我農家子，豈意學之爲利乃若是哉！』」

註一二　《後漢書．循吏仇覽傳》：「（符融）乃謂（覽）曰：『今京師英雄四集，志士交結之秋，雖務經學，守之何固？』覽乃正色曰：『天子修設太學，豈但使人游談其中？』高揖而去，不復與言。」

註一三　見《後漢書．梁統列傳附梁冀傳》注引《風俗通》；又見《續漢書．五行志一》。

註一四　《晉書．輿服志》：「漢……中興後，明帝乃始采《周官》、《禮記》、《尚書》及諸儒記說，還備袞冕之服。」又《舊唐書．輿服志》亦曰：「東京帝王博雅好古，明帝始令儒者考曲臺之說，依《周官》……創爲法服。」

註一五　漢世飲食，無論質與量，均遠較古時爲豐富，《鹽鐵論．散不足》記載尤詳，可參見。

註一六　如《藝文類聚七四》引古詩云：「玉樽延貴客，入門黃金堂。東廚具餚膳，椎牛烹豬羊。主人前進酒，琴瑟爲清商。投壺對彈棋，博奕並復行。」

註一七　參見《二十二史箚記》「婚娶不論行輩」條〈卷三〉。

註一八　參見彭節《漢代婚姻形態》第四章。

註一九　如《太平御覽五四一》引李固〈助展永婚教〉：「議曹史展允，篤學貧苦，慈孝推讓，年將知命，配匹未定，聞之愴然，甚閔哀之。」

註二〇　《潛夫論．浮侈》曰：「富貴嫁娶，車軿駱驛，騎奴侍僮，夾轂節引，富者競欲相過，貧者恥不逮及，是故一饗之所費，破終身之本業。」《鹽鐵論．國疾》亦曰：「葬死殫家，遣女滿車，富者欲過，貧者欲及，富者空減，貧者稱貸。」是嫁娶破產，兩漢均同。

註二一　語見《後漢書．趙咨傳》。

註二二　如《後漢書》所載建武七年詔、永平十二年詔、建初二年詔、永元十一年詔、永初元年詔、永初五年詔等。分見各帝紀。

註二三　《後漢書．宋均傳》：「均遷上蔡令，時府下記。禁人喪葬不得侈長。」

註二四　如何熙、樊宏、馬融、盧植、趙咨等人。分見《後漢書》之〈梁瑾傳〉、〈樊宏傳〉、〈馬融傳〉、〈盧植傳〉、〈趙咨傳〉。

註二五　事見於安帝延光元年、順帝永建三年、四年、永和三年、桓帝永壽元年。分見《後漢書》各帝紀。

註二六　如《後漢書．耿秉傳》：「明年（永元三年）夏卒，時年五十餘，賜以朱棺玉衣，將作大匠穿冢，假鼓吹，五營騎士三百餘人送葬。」〈梁商傳〉：「竦死獄中，……永元九年，……備禮西迎竦喪，詔京師改殯，賜東園畫棺、玉匣、衣衾，建塋於恭懷皇后陵傍。」又：「〈永和〉六年秋，（梁）商病篤，……及薨，帝親臨喪，……賜以東園朱壽之器、銀鏤、黃腸、玉匣、什物二十八種，錢二百萬，布三千匹。」

註二七　《後漢書．明德馬皇后紀》：「初。太夫人葬，起墳微高，太后以為言，兄廖等即時減削。」

註二八　《潛夫論．浮侈》：「明帝時，桑民摐陽侯坐冢過制髡削。」

註二九　《續漢書．禮儀志下》注引《古今注》：「……安帝恭陵，山周二百六十步，高十五丈。……桓帝宣陵，《帝王世紀》曰：『山方三百步，高十二丈，……。』靈帝文陵，《帝王世紀》曰：『山方三百步，高十二丈。……』」

註三〇　《漢書．朱雲傳》：「雲年七十餘，終於家。病不呼醫飲藥，遺言以身服斂，棺周於身，土周於椁，為丈五墳，葬平陵東郭外。」

註三一　《鹽鐵論．散不足》：「庶人之墳半仞。」

註三二　《漢書．龔勝傳》：「勝因敕以棺斂喪事：『衣周於身，棺周於衣。勿隨俗動吾家，種柏，作祠堂。』」龔勝違俗不作祠堂，則漢時築祠堂乃常見可知。

註三三　《後漢書．李固傳》：「固欲令（梁）商先正風化，退辭高滿，乃奏紀曰：『……明將軍望尊位顯，當以天下為憂，崇高謙省，垂則萬方。而新營祠堂，費功億計，非以昭明令德，崇示清儉。』」

註三四　《周禮．春官．小祝》：「乃葬，設道齎之奠。」杜子春注云：「齎當為粢，道中祭也。《漢儀》：『每街路輒祭。』」

註三五　《漢書．儒林歐陽生傳》：「元帝即位，地餘侍中，貴幸，至少府。戒其子曰：『我死，官屬即送汝財物，慎毋受。汝九卿儒者子孫，以廉絜著，可以自成。』及地餘死，少府官屬共送數百萬，其子不受。天子聞而嘉之，賜錢百萬。」《後漢書．張禹傳》：「父歆，……終於汲令，禹性篤厚節儉，父卒，汲吏人賻送前後數百萬，悉無所受。」

註三六　《漢書·何並傳》：「（並）疾病，召丞掾作先令書，曰：『告子恢，吾生素餐日久，死雖當得法賻，勿受。』」如淳曰：「公令，吏死官，得法賻。」《後漢書·羊續傳》：「病卒，時年四十八。遺言薄斂，不受賵遺。舊典：二千石卒官賻百萬。府丞焦儉遵續先意，一無所受。」

註三七　如竇融、馬廖、杜詩、樊鯈、中山王焉、濟北惠王壽等，死後天子賻送甚厚。分見《後漢書》之〈竇融傳〉、〈馬援列傳附馬廖傳〉、〈杜詩傳〉、〈樊宏列傳附樊鯈傳〉、〈光武十王列傳〉、〈章帝八王傳〉。

註三八　如《後漢書·光武十王列傳》載中山簡王焉，永元二年薨，「自中興至和帝時，皇子始封薨者，皆賻錢三千萬，布三萬匹；嗣王薨，賻錢千萬，布萬匹。是時竇太后臨朝，竇憲兄弟擅權，太后及憲等，東海出也，故睦於焉而重於禮，加賻錢一億。」

註三九　《後漢書·王丹傳》：「家累千金，隱居養志，好施周急，……沒者則賻給，親自將護，其有遭喪憂者，輒待丹為辨，鄉鄰以為常。」〈崔駰列傳附崔寔傳〉：「建寧中病卒，家徒四壁立，無以殯斂，光祿勳楊賜、太僕袁逢、少府段熲為備棺槨葬具，大鴻臚袁隗樹碑頌德。」

註四〇　如《後漢書·張敏傳》：「建初中，有人侮辱人父者，而其子殺之，肅宗貰其死刑而降宥之，自後因以為比，是時遂定其議，以為輕侮法。」又〈橋玄傳〉：「自安帝以後，法禁稍弛，京師劫質，不避豪貴。」

註四一　巫非特指女性而言，《周禮·春官》即有男巫、女巫之分，職司亦各異。《周禮·春官·家宗人》賈公彥疏曰：「言在男曰覡，在女曰巫者，男子陽，有兩稱，名巫名覡。女子陰，不變，直名巫，無覡稱。」

註四二　《後漢書．方術劉根傳》：「劉根者，潁川人也。隱居嵩山中，諸好事者自遠而至，就根學道，太守史祈以根爲妖妄，乃收執詣郡，數之曰：『汝有何術，而誣惑百姓？若果有神，可顯一驗事。不爾，立死矣。』根曰：『實無它異，頗能令人見鬼耳。』祈曰：『促召之，使太守目覩，爾乃爲明。』根於是左顧而嘯，有頃，祈之亡父祖近親數十人，皆反縛在前，向根叩頭曰：『小兒無狀，分當萬坐。』顧而叱祈曰：『汝爲子孫，不能有益先人，而反累辱亡靈！可叩頭爲吾陳謝。』祈驚懼悲哀，頓首流血，請自甘罪坐。根嘿而不應，忽然俱去，不知在所。」

註四三　《後漢書．皇后紀》：「漢法常因八月筭人，遣中大夫與掖庭丞及相工，於洛陽鄉中閱視良家童女，年十三以上，二十以下，姿色端麗，合法相者，載還後宮，擇視可否，乃用登御。」

註四四　《後漢書．梁慬傳》：「何熙……身常八尺五寸，善爲威容，贊拜殿中，音動左右。和帝偉之，擢爲御史中丞，歷司隸校尉、大司農。」〈虞延傳〉：「永平初，有新野功曹鄧衍，以外戚小侯每豫朝會，而容姿趨步，有出於衆，顯宗目之，顧左右曰：『朕之儀貌，豈若此人。』特賜輿馬衣服。」

註四五　《後漢書．班超傳》：「超……家貧，常爲官傭書以供養，久勞苦，……其後行詣相者，曰：『祭酒，布衣諸生耳，而當封侯萬里之外。』超問其狀，相者指曰：『生燕頷虎頸，飛而食肉，此萬里侯相也。』」

《漢書．衛青傳》：「有一鉗徒相青曰：『貴人也，官至封侯。』青笑曰：『人奴之生，得無笞罵，即足矣，安得封侯事乎？』」

註四六　《漢書．循吏黃霸傳》：「始霸少爲陽夏游徼，與善相人者共載出，見一婦人，相者曰：『此婦人當貴，不然，相書不可用也。」霸推問之，乃鄉里巫家女也。霸即娶爲妻，與之終身。」

註四七　《漢書．李陵傳》：「上欲陵死戰，召陵母及婦，使相者視之，無死喪色。」

註四八　參見祝平一《漢代的相人術》附錄〈聖人不相表〉。

註四九　《周禮．春官．占夢》：「以日月星辰占六夢之吉凶。一曰正夢，二曰噩夢，三曰思夢，四曰寤夢，五曰喜夢，六曰懼夢。」

註五〇　參見杜正勝〈傳統家族試論〉（上），文載大陸雜誌六十五卷第二期。

註五一　《後漢書．樊宏傳》：「父重，……性溫厚，有法度，三世共財，子孫朝夕禮敬，常若公家。」〈魏霸傳〉：「霸少喪親，兄弟同居，州里慕其雍和。」〈循吏許荊傳〉集解引《謝承書》：「郴人謝弘等不養父母，兄弟分析，因此皆還供養者千有餘人。」

註五二　如欒巴、宋均、應奉、衛颯、任延、王追等人。分見《後漢書》之〈欒巴傳〉、〈宋均傳〉、〈應奉傳〉、〈循吏列傳〉、〈南蠻西南夷列傳〉。

註五三　參見羅義俊〈兩漢私人講學考略〉。文載紀念顧頡剛學術論文集上冊。

註五四　參見劉文英〈潛夫論與漢代經學〉。文載孔子研究一九九四年第三期（總第三十五期）。

註五五　參見王國維〈漢魏博士考〉，載觀堂集林卷四。

註五六　參見陳宗乞《兩漢赦宥制度考察》第四章。

註五七　同前註。

註五八　此依陳宗乞《兩漢赦宥制度考察》附《兩漢赦宥表》推算而得。

註五九　一年再赦者：有光武建武二年、三年、五年、六年、七年；明帝永平十五年、十八年；和帝永元三年、十三年；安帝永初四年；順帝永建元年、陽嘉元年、建康元年；桓帝和平元年、永興元年、二年；靈帝熹平三年、四年、六年、光和三年、五年、中平四年；獻帝建安元年等。一年三赦者：有明帝中元二年；章帝章和二年；安帝永初元年；桓帝建和元年；獻帝初平三年等。

註六〇　《荀子．非相》曰：「人之所以爲人者，非特以二足無毛也，以其有辨也。」〈王制〉又曰：「水火有氣而無生，草木有生而無知，禽獸有知而無義，人有氣有生有知亦且有義，故最爲天下貴也。」

註六一　參見胡楚生先生《潛夫論集釋．遏利》注一案語。

註六二　《後漢書．光武帝紀》：「（十七年）秋七月，妖巫李廣等群起據晥城，遣虎賁中郎將馬援、驃騎將軍段志討之。九月，破晥城，斬李廣等。」又：「（十九年）妖巫單臣、傅鎮等反，據原武，遣太中大夫臧宮圍之。夏四月，拔原武，斬臣、鎮等。」事又見〈馬援列傳〉、〈臧宮傳〉。

註六三　《三國志．魏書．張魯傳》注引《典略》曰：「熹平中，妖賊大起，三輔有駱曜。光和中，東方有張角，漢中有張脩。駱曜教民緬匿法，角爲太平道，脩爲五斗米道。太平道者，師持九節杖爲符祝，教病人叩頭思過，因以符水飲之，得病或日淺而愈者，則云此人信道，其或不愈，則爲不信道。脩法略與角同，加施靜室，使病者處其中思過。又使人爲姦令祭酒，祭酒主以老子五千文，使都習，號爲姦令。爲鬼吏，主爲病者請禱。請禱之法，書病人姓名，說服罪之意。作三通，其一上之天，著山上，其一埋之地，其一沉之水，謂之三官手書。使病者家出米五斗以爲常，故號曰五斗米師。實無益于治病，但爲淫妄，然小人昏愚，競共事之。後角被誅，脩亦亡。及魯在漢中，因其民信行脩業，遂增飾之。教使作義舍，以米肉置其中以止行人；又教使自隱，有小過者，當治道百步；則罪除；又依月令，春夏禁殺；又禁酒。流移寄在其地者，不敢不奉。」

註六四　如楊厚「學天文推步之術」、郎顗「能占候」、襄楷「能天文之術」、公沙穆「好河洛推步之術」、唐檀「好星占」、蔡邕「好術數天文」、鄭玄「以讖合之，知命當終」，分見《後漢書》相關各傳。

註六五　《論衡．別通》曰：「章句小儒，不覽古今，或以說一經爲是，不須博覽。夫孔子之門，五經皆有，庶幾之才也，我不能博五經，又不能通衆事，守言一學，不好廣觀，無溫故知新之明，有守愚不覽之闇。」故「章句之徒，破碎大體」《後漢書．楊終傳》、「不依章句，妄生穿鑿」《後漢書．徐防傳》、東漢儒者流弊，此即其一。

註六六　《後漢書．蓋勳傳》：「（宋）梟患多寇叛，謂勳曰：『涼州寡於學術，故屢致反暴。今欲多寫《孝經》，令家家習之，庶或使人知義。』」又〈獨行向栩傳〉：「張角作亂，栩上便宜，頗譏刺左右，不欲國家興兵，但遣將於河上北向讀《孝經》，賊自當消滅。」

註六七　《意林》引桓譚《新論》曰：「讖出《河圖》、《洛書》，但有兆朕而不可知，後人妄復加增依託，稱是孔丘，誤之甚也。」光武時，竇融之教子，即「朝夕教導以經藝，不令觀天文、見讖記，誠欲令恭肅畏事，恂恂循道。」《後漢書．竇融傳》而祭遵討中山賊張滿，「初，滿祭祀天地，自云當王，既執，嘆曰：『讖文誤我。』乃斬之，夷其妻子。」《後漢書．祭遵傳》賊猶有此憾，何況讖者？

註六八　參見孔慶明《秦漢法律史》第十二章。

註六九　《漢書．刑法志》載東漢之獄政曰：「郡國被刑而死者，歲以萬數，天下獄二千餘所，其冤死者，多少相覆，獄不減一人。」

註七〇　同註六八。

註七一　第五倫治會稽巫祝之事，除《後漢書》本傳所載之外，《風俗通義．怪神》亦載第五倫到官，先禁絕之曰：「夫建功之事在敢斷，爲政當信經義，經言：『淫祀無福』、『非其鬼而祭之，諂也。』律：『不得屠殺少齒。』……遂移書屬縣，曉諭百姓，民不得有出門之祀，……祀依託鬼神，恐怖愚民，皆按論之，有屠牛，輒行罰。……後遂斷。」

註七二　如宋均出任九江太守，「勑條巫家男女以備公嫗，巫叩頭服之，乃殺之，是後遂絕。」《風俗通義．怪神》；欒巴爲豫章太守，「悉毀壞房祀，翦理姦巫，於是妖異自消。」《後漢書．欒巴傳》

第五章《潛夫論》所反映之東漢羌亂

秦漢之際，天下統一，爲因應政治經濟、國防軍事所須，漢世對外開疆闢土，設官置署者，前後相沿，僂指難以悉數。而異族陵跨中國，結患生人者，又靡世而寧。利益既相衝突，盛衰互有消長，邊患遂爲漢庭之心腹巨患，尤以匈奴、烏桓、鮮卑、羌亂，其勢互強，最爲凶暴。

西漢初始，匈奴冒頓單于有控弦之士三十餘萬，南與中國爲敵（註一），平城之役後，漢采和親之議，「奉宗世女公主爲單于閼氏，歲奉匈奴絮繒酒米食物各有數」《史記．匈奴列傳》，然匈奴入侵寇盜，不爲稍止。武帝即位，情存遠慮，志闢四方，承文景二帝休養生息之功，遂戮力出擊之，然雖匈奴遠遁，幕南無王庭，漢亦「數十年間，官民俱匱」《後漢書．烏桓鮮卑列傳》。迨東漢光武二十四年，匈奴分裂，有南北二庭，南匈奴降漢，北匈奴勢蹙，和帝永元年間，漢先後大破北匈奴，北單于逃亡不知所在，烏桓、鮮卑遂乘勢而起。

烏桓與鮮卑，本皆東胡族，武帝時爲防烏桓與匈奴交通，因徙烏桓於上谷、漁陽、右北平、遼西、遼東五郡塞外（註二），並置烏桓校尉監控之。東漢光武初，烏桓與匈奴相連入寇，代郡以東，受害尤重，建武二十五年，遼西烏桓大人九百二十二人率衆內屬，詣闕朝賀。然自安帝永初三年始，烏桓又寇患連連，至獻帝時，蹋頓總攝烏桓號令，袁紹矯制賜與單于印綬，最爲雄健。建安十二年，蹋頓爲曹操所斬，首虜二十餘萬人，其餘衆萬餘落，皆徙居中國，烏桓勢始歇，然其爲東漢外患，百餘年間，固未有休止。

鮮卑爲患之烈，尤甚於烏桓，西漢初，嘗爲匈奴冒頓所破，遠竄遼東塞外，因烏桓相隔，未與漢相交通。光武初，始與匈奴、烏桓寇鈔北邊，建武三十年，鮮卑大人先後歸附，和帝永元中，北匈奴遠遁，鮮卑因徙據其地，納匈奴餘部十餘萬落，其勢遂強（註三），由是不聽漢庭節制，右北平、漁陽、代郡、雁門、定襄、太原、朔方、遼東屬國，皆多鮮卑入寇之警。桓帝時，檀石槐立庭於彈汗山歠仇水上，儼然與漢分庭相抗（註四），此後幽、并、涼三州緣邊諸境，鮮卑殺掠無數。光和中，檀石槐死，權力鬥爭隨之而至，衆遂離散，鮮卑始不復爲患，然東漢國祚，亦近淪亡。

第一節　羌人之生活習俗

相較於匈奴、烏桓、鮮卑擁有成熟之政治體制與軍事編制（註五），羌人「不立君臣，無相長一，強則分種爲酋豪，弱則爲人附落，更相抄暴，以力爲雄。殺人償死，無它禁令。其兵長在山谷，短於平地，不能持久。」《後漢書．西羌傳》，原應不足爲患，西漢宣帝元康三年，先零羌與諸羌種豪二百餘人解仇交質盟詛，宣帝以問趙充國，充國即對曰：

羌人所以易制者，以其種自有豪，數相攻擊，勢不壹也。《漢書．趙充國傳》

然自光武建武十年，先零羌與諸種相結，侵寇金城、隴西起，羌人揭木爲兵，負柴爲械，「轂馬揚埃，陸梁於三輔，建號稱制，恣睢於北地。東犯趙魏之郊，南入漢蜀之鄙，塞湟中，斷隴道，燒陵園，剽城市，傷敗踵係，羽書日聞，并涼之士，特衝殘斃，壯悍則委身於兵場，女婦則徽纆而爲虜，發冢露胔，死生塗炭，自西戎作逆，未有陵斥上國若斯其熾也。」《後漢書．西羌傳》，所謂「周秦之際，戎狄爲害，中興以來，羌寇最盛，誅之不盡，雖降復畔。」《後漢書．段熲傳》後雖略定，而「漢祚亦衰」《後漢書．西羌傳》，羌患爲害之烈，於此可見。

匈奴、烏桓、鮮卑諸患，不見於《潛夫論》書中者，蓋和帝永元之際，匈奴或附漢或北遁，威脅已趨衰微；烏桓、鮮卑之亂，未直接及於西北王符家鄉。羌亂則不然，不獨涼州常當其衝，安帝永初年間，羌亂最巨，「邊民死者，不可勝數，并涼二州，遂至虛耗」《後漢書．西羌傳》，王符當無置若罔聞之理，後羌勢轉盛，漢庭遂徙郡縣以避寇難，「隴西徙襄武，安定徙美陽，北地徙池陽，上郡徙衙。」《後漢書．安帝紀》，順帝永建四年，雖「復安定、北地、上郡歸舊土」，永和六年，又「徙安定居扶風，北地居馮翊」《後漢書．順帝紀》顛沛流離，王符當在行列之中（註六）。羌亂禍延連接，無有寧止，《潛夫論》中，〈勸將〉、〈救邊〉、〈邊議〉、〈實邊〉四篇，雖爲永初元年涼州羌亂未久，大約五年至十年之內寫定（註七），但幾可視爲東漢羌亂之整體縮影，而王符指訐時短，討讁物情之旨，亦可由其對羌亂之論述而觀見矣。

羌人之歷史及分佈地區，范史嘗言之曰：

> 西羌之本，出自三苗，姜姓之別也。其國近南岳。及舜流四凶，徙之三危，河關之西南羌地是也。濱於賜支，至乎河首，緜地千里。賜支者，《禹貢》所謂析支者也，南接蜀漢徼外蠻夷，西北接鄯善、車師諸國。《後漢書．西羌傳》

范書言西羌爲三苗之後裔，已實難考定（註八）。據《史記．秦始皇本紀》、《大宛列傳》、《漢書．西域傳》諸書，則先秦時羌族已分佈於河西走廊之南，洮、泯二州之西（註九），又依《漢書．趙充國傳》、司馬彪《續漢書》、江統《徙戎論》（註一〇）所記，則青海東部，古之所謂「河曲」及以西以北各地，乃其主要分佈中心（註一一）。

羌人之生活習俗，約略言之，則與漢人迥不相同：披髮左衽，無文字曆法（註一二）；性剛毅勇猛，堪耐寒苦；生則以力爲雄，更相抄暴，以戰死爲榮（註一三），死則火葬（註一四）；飲食、衣服、居住，皆多游牧民族特色（註一五）。又羌人本以狩獵爲事，《後漢書．西羌傳》所謂「河湟間少五穀，多禽獸，以射獵爲事」是也。秦厲公時，有羌人爰弋無劍者，爲秦所執，以爲奴隸，「後得亡歸，……諸羌擁以爲豪……爰劍教之田畜，遂見敬信，廬落種人依之者日益衆。」《後漢書．西羌傳》故至漢時，羌人墾殖之地，已至爲廣大，田畝收成，頗足可觀（註一六），農事既盛，依戀舊土之情自殷，兩漢之際，西北屯田戍兵之事屢有，趙充國所言屯田十二便者，適足以削奪羌人利益，則羌人反畔，實亦不足爲奇矣。農業之外，羌人亦多事畜牧，僅以漢軍出擊，奪其牛馬羊牲畜數量之多（註一七），則羌人畜牧亦十足稱盛。

羌人與華夏早有接觸，《國語．周語》載大禹時，羌人因治水有功，遂封姜姓之國，如呂、許、申等；殷商時，羌人與殷人之接觸亦密（註一八）；周始祖曰棄，其母姜嫄，周人奉以爲始妣者，即姜姓部落之女，亦羌族之人，武王伐紂，羌人即爲隨同出征八族之一（註一九），周封建諸侯之中，如齊、呂、申、許、紀、向、州、彰等，皆姜姓封國；東周之際，常以西戎之名泛稱西方諸民族，所謂「自隴山以東，及乎伊、洛，往往有戎。」《後漢書．西羌傳》，羌族即爲西戎之一支，姜戎、陸渾戎、義渠戎等，名雖爲戎，而實皆爲羌；秦獻公時，「欲復穆公之迹，兵臨渭首，滅狄獂戎。」《後漢書．西羌傳》，羌人遂分二支，爰劍曾孫忍及弟舞，獨留湟中，「並多娶妻婦，忍生九子爲九種，舞生十七子爲十七種，羌之興盛，從此起矣。」《後漢書．西羌傳》，另則以忍季父卬爲首，因畏秦威，將其種人附落南下，「出賜支河曲數千里，與衆羌遂絕遠，不復交通。其後子孫分別，各自爲種，任隨所之。或爲氂牛種，越巂羌是也；或爲白馬種，廣漢羌是也；或爲參狼種，武都羌是也。」《後漢書．西羌傳》。羌人之俗，「氏族無定，或以父名母姓爲種號。十二世後，相與婚姻，父沒則妻後母，兄亡則納釐嫂，故國無鰥寡，種類繁熾。」《後漢書．西羌傳》，「父子伯叔兄弟死者，即以繼母、世叔母、及嫂、弟婦等爲妾。」《北史．宕昌羌傳》，故爰劍之後，子孫支分計百五十種，「其九種在賜支河首以西，及在蜀漢徼北，前史不載口數，唯參狼在武都，勝兵數千人；其五十二種衰少，不能自立，分散爲附落，或絕滅無後，或引而遠去；其八十九種，唯鍾最強，勝兵十餘萬。其餘大者萬餘人，小者數千人，更相鈔盜，盛衰無常。無慮順帝時，勝兵合可二十萬人。發羌、唐旄等絕遠，未嘗往來。氂牛、白馬羌在蜀漢，其種別名號，皆不可紀知也。」《後漢書·西羌傳》一百五十種中，見於〈西羌傳〉者，止二、三十種（註二〇），故羌族人口數目，頗難確認，范史記鍾族有勝兵十餘萬，又記順帝時諸羌勝兵二十萬，且羌人被殺俘降服者，率以萬千計（註二一），而羌人徙置內屬之數，又頗爲可觀（註二二），則羌人人口盛多，絕不在少。

羌族人數既衆，性復堅剛勇猛，爲求有效監理，並隔絕羌胡，使南北不得交關，漢或設郡置官以管理之；或屯田以爲武備；或徙置降羌於內地；或從羌人之請而內屬於邊郡；甚或以武力軍事征伐之；唯類此政策之制定，率皆剝奪羌人生機，執事者又多貪瀆凶殘之輩，復以羌人難用德懷，威脅利誘稍若不逮，故反畔屢起，遂成爲東漢邊患之最巨者。

第二節　永初羌亂略述

西漢時，武、宣、元三朝，各有羌亂。武帝元鼎五年，「九月，西羌衆十萬人反，與匈奴通使，攻安故，圍抱罕。六年十月，發隴西、天水、安定騎士及中尉，河南、河內卒十萬人，遣將軍李息、郎中令徐自爲征西羌，平之。」《漢書·武帝紀》，「羌乃去湟中，依西海、鹽池左右。漢遂因山爲塞，河西地空，稍徙人以實之。」《後漢書・西羌傳》；宣帝神爵元年，「西羌反，發三輔、中都官徒弛刑，及應募佽飛射士、羽林孤兒，胡、越騎，三河、潁川、沛郡、淮陽、汝南材官，金城、隴西、天水、安定、北地、上郡騎士、羌騎，詣金城。夏四月，遣後將軍趙充國、彊弩將軍許延壽擊西羌。六月，拜酒泉太守辛武賢爲破羌將軍，與兩將軍並進。……二年夏五月，羌虜降服。斬其首惡大酋豪楊玉、酋非首。置金城屬國以處降羌。」《漢書・宣帝紀》、「羌本可五萬人軍，凡斬首七千六百級，降者三萬一千二百人，溺河湟饑餓死者五六千人，定計遺脫……不過數千人，羌靡忘等自詭必得，清罷屯田。奏可，充國振旅而還。」《漢書・趙充國傳》；元帝永光二年，「秋七月，西羌反，遣右將軍馮奉世擊之。」《漢書・元帝紀》，「奉世將萬二千騎，以將屯爲名。典屬國任立、護軍都尉韓昌爲偏裨，到隴西，分屯三處。……羌虜盛多，皆爲所破，殺兩校尉。奉世具上地形部衆多少之計，願益三萬六千人乃足以決事。書奏，天子大爲發兵六萬餘人，拜太常弋陽侯任千秋爲奮武將軍以助焉。……十月，兵畢至隴西，十一月，並進，羌虜大破，斬首數千級，餘皆走出塞。」《漢書・馮奉世傳》此其大較也。

東漢自光武建武十年始，迄於獻帝興平元年止，百六十年間，與羌人征戰之時日，幾佔半數（註二三），與羌人大規模之征戰，計前後有五（註二四），王符《潛夫論》中，〈勸將〉、〈救邊〉、〈實邊〉、〈邊議〉四篇所述之第二次者，即以安帝永初元年起五至十年之羌亂爲主，雖未足涵蓋全局（註二五），若論貲財人命之耗費，此則爲東漢諸多羌亂之最，以微觀箸，則王符所指陳者，實爲研治東漢羌亂不可多得之資助也。

蓋安帝永初元年，遣騎都尉王弘發金城、隴西、漢陽諸郡降羌征伐西域，先此諸羌佈在郡縣，爲吏人豪右徭役，多有怨懣，從行羌人復懼遠屯不還，故行至酒泉而叛，「諸郡各發兵徼遮，或覆其廬落」《後漢書·西羌傳》，於是金城郡之勒姐、當煎二部同時崩潰，安定燒當降羌麻奴率其衆西出塞外，「群羌奔駭，互相扇動，二州之戎，一時俱發，覆沒騎守，屠破城邑。」《晉書·江統傳》其中尤以先零別種滇零與鍾羌之勢最盛。

先零羌於景帝時，有研種留何（註二六）率種人求守隴西塞，漢於是徙留何等於狄道、安故，至臨洮、羌道縣，是爲羌人附塞之始，然「數爲寇略，州郡不能討」《後漢書·來歙傳》；鍾羌則「九千餘戶，在隴西臨洮谷」《後漢書·安帝紀注》，此際即與先零別種滇零，大爲寇掠，斷隴道，羌人原先歸附已久，無有甲兵，「或持竹竿木枝以代戈矛，或附板案以爲楯，或執銅鏡以象兵。」《後漢書·西羌傳》，郡縣懦弱竟不能制。安帝乃遣車騎將軍鄧騭、征西將軍任尚將五營兵及三河、三輔、汝南、南陽、潁川、太原、上黨兵五萬人，屯漢陽；二年，諸郡兵尚未至，鍾羌數千人先敗鄧騭於冀西，滇零復大敗任尚於平襄（註二七），「鄧騭之征，棄甲委兵，輿尸喪師，前後相繼。」《晉書·江統傳》於是滇零「自稱天子於北地」《後漢書·西羌傳》，以丁奚城爲都城，有僭號文書，羌人之勢，至此而大熾。

而後，滇零招集武都、參狼、上郡、西河諸羌，「東犯趙魏，南入益州，殺漢中太守董炳，遂寇鈔三輔，斷隴道，湟中諸縣粟石萬錢，百姓死亡，不可勝數，朝庭不能制。」《後漢書．西羌傳》；三年，漢遣騎都尉任仁督兵救三輔，「衆羌乘勝，漢兵數挫」《後漢書．西羌傳》，羌人復攻沒破羌、臨洮二縣，生得隴西南部都尉；四年，滇零遣人入寇襄中，大掠百姓，漢中太守鄭勤戰歿，漢乃「徙金城郡都襄武」《後漢書．安帝紀》；五年，羌人入寇河東，至河內，漢使北軍中侯朱寵將五營士屯孟津，並詔魏郡、趙國、常山、中山繕作塢候六百一十六所以備，並「移隴西徙襄武，安定徙美陽，北地徙池陽，上郡徙衙」《後漢書．安帝紀》以避寇難，唯以百姓戀土，不樂離鄉，官府「刈其禾稼，發徹室屋，夷營壁，破積聚，時連旱蝗飢荒，而驅 劫略，流離分散，隨道死亡，或棄捐老弱，或爲人僕妾，喪其大半。」《後漢書．西羌傳》，遂有漢陽人杜琦自稱「安漢將軍」，與弟季貢、同郡王信等與羌通謀，入上邽城；後杜琦爲漢陽太守趙博遣刺客殺之，王信爲侍御史唐喜率郡兵斬之，杜季貢則亡從滇零；六年，滇零死，子零昌幼少代立，以同種狼莫爲謀，以杜季貢爲將軍，別居丁奚城。

元初元年，漢遣兵屯河內，「通谷衝要三十三所，皆作塢壁，設鳴鼓。」《後漢書．西羌傳》，零昌派兵寇雍城，燒當羌豪號多與當煎、勒姐大豪，分兵攻武都、漢中，漢中五官掾程信與巴郡板楯蠻破之（註二八），號多退回隴西；二年，號多率種人七千餘人降，而零昌復侵益州，漢遣左馮翊司馬鈞行征西將軍將兵八千人，與龐參所將羌胡兵七千餘人，分道北擊零昌，參爲杜季貢所敗抵罪，鈞亦兵敗，死三千餘人，坐徵自殺，自是史書所謂永初以來，將出不少，覆軍有五者（註二九），此已佔其三矣。漢復使任尚爲中郎將，將羽林、緹騎、五營子弟屯三輔，采虞詡之策，「舍甲冑，馳輕兵」《

後漢書．西羌傳》，局勢始爲之丕變。

三年，度遼將軍鄧遵率南單于及左鹿蠡王萬騎，擊破零昌於靈州，斬首八百餘級；任尚遣兵先破先零羌於丁奚城，又擊零昌於北地，殺其妻子，燒其廬落，斬首七百餘級；四年，任尚遣客刺殺杜季貢、零昌，並與馬賢並進北地擊狼莫，大破於富平上河，斬首五千級，還得所略男女千餘人，牛馬牲口十餘萬頭，狼莫敗走；五年，鄧遵復募人刺殺狼莫。

自零昌、狼莫死後，「諸羌瓦解，三輔、益州無復寇儆。」《後漢書．西羌傳》范史結之曰：「自羌叛十餘年間，兵連師老，不暫寧息，軍旅之費，轉運委輸，用二百四十餘億，府帑空竭。延及內郡，邊民死者，不可勝數，并涼二州，遂至虛耗。」又曰：「自西戎作逆，未有陵斥上國若斯其熾也，……搖動數州之境，日耗千金之資，至於假人增賦，借奉侯王，引金錢縑綵之珍，徵糧粟鹽鐵之積，所以賂遺購賞，轉輸勞來之費，前後數十巨萬。」《後漢書．西羌傳》，總計災亂覆被之區，除涼州所屬隴西、漢陽、安定、北地、武都、武威、張掖、酒泉、金城諸郡外，復及於并州所屬之西河、上郡、上黨三郡，益州之漢中郡，以及司隸三輔（京兆尹、左馮翊、右扶風）、河內、河東二郡，此正《潛夫論》所謂：「始自并涼，延及司隸，東禍趙魏，西鈔蜀漢，五州殘破，六郡削迹。」〈救邊〉，自是以後，涼州羌亂殊未絕迹（註三〇），故江統〈徙戎論〉曰：「自此之後，餘燼不盡，小有際會，輒復侵叛。」《晉書．江統傳》唯事皆在《潛夫論》〈勸將〉等四篇所述之後，故此不復贅述。

依王符所述，永初羌亂初起之時，原本易制，不足爲畏，其言曰：

前羌始反時，將帥以守令之郡，藉富厚之蓄，據列城而處利勢，權十萬之眾，將勇傑之士，以誅草創新叛散亂之弱虜，擊自至之小寇。〈勸將〉

羌始反時，計謀未善，黨與未成，人眾未合，兵器未備，或持竹木枝，或空手相捬，草食散亂，未有都督，甚易破也。〈邊議〉

前羌始叛，草創新起，器械未備，虜或持銅鏡以象兵，或負板案以類楯，惶懼擾攘，未能相持，誠易制爾。〈實邊〉

王符所以有此言者，蓋漢軍，「兵巧之械，盈乎府庫，孫吳之言，聒乎將耳」〈勸將〉，原足以制勝機先；而邊郡之民，初被殃禍，亡失財貨，「人褱奮怒，各欲報讎」〈實邊〉、「新離舊壤，思慕未衰，易獎勵也。」〈救邊〉，《後漢書．鄭太傳》載鄭太之言曰：「關西諸郡，頗習兵事，自頃以來，數與羌戰，婦女猶戴戟操矛，挾弓負矢，況其壯勇之士，以當妄戰之人乎？」史所謂「關西出將，關東出相」《後漢書．虞詡傳》，足見西北民氣可用，實可為漢庭之奧援；羌則兵械未備，甚或空手搏擊，《後漢書．西羌傳》所稱「或持竹竿木枝以代戈矛，或負板案以為楯，或執銅鏡以象兵」，正與王符所記相似。復以羌人雖「果於觸突」，而「不能持久」《後漢書．西羌傳》；雖種類繁熾，而「黨與未成，人眾未合」〈邊議〉，實有明顯之分裂傾向（註三一），所謂「不立君主，無相長一，強則分種為酋豪，弱則為人附落。」《後漢書．西羌傳》、「羌人所以易制者，以其種自有豪，數相攻擊，勢不一也。」《漢書．趙充國傳》、「無君臣上下，健者為豪，不能相一，種則群分，強者凌弱，轉相抄盜。」《風俗通》，故王符曰：「今虜新擅邊地，未敢自安，易震蕩也。」〈救邊〉羌亂初起，原本易制，乃竟「不能擒滅，輒爲所敗」〈勸將〉，遂使羌亂之勢大熾，王符又言之曰：

雲烝霧起，合從連橫，掃滌并涼，內犯司隸，東寇趙魏，西鈔蜀漢，五州殘破，六郡削迹，此非天之災，長吏過爾。〈勸將〉

往者羌虜背叛，始自并涼，延及司隸，東禍趙魏，西鈔漢蜀，五州殘破，六郡削迹，周迴千里，野無孑遺，寇鈔禍害，晝夜不止，百姓滅沒，日月焦盡。〈救邊〉

太守令長，皆奴怯畏偄，不敢討擊，故令虜遂乘勝自彊，破州滅郡，日長炎炎，殘破三輔，覃及鬼方，若此，已積十歲矣，百姓被害，訖今不止。〈邊議〉

前已言之，和帝元初二年，任尚采虞詡之策，舍甲冑，馳輕兵，鈔擊杜禹貢於丁奚城後，漢軍逆勢始爲之丕變。前此則羌人之勢，銳不可當，如：滇零先自稱天子於北地，定都於丁奚城；鄧騭、任尚、司馬鈞復先後兵敗，漢軍死者萬餘人；故羌人先寇鈔三輔，復寇河東，至河內，直逼京畿洛陽；漢庭爲避寇難，先徙金城郡於襄武，後又移隴西徙襄武，安定徙美陽，北地徙池陽，上郡徙衙。凡此即王符所言「寇鈔禍害，晝夜不止」之具體史實也。

形勢既禍連兵結，漢軍又「徒見王師之出，不聞振旅之聲」《後漢書．皇甫規傳》，推其所以然者，王符首以漢天子（註三二）無能識之，其言曰：

聖王養民，愛之如子，憂之如家，……古者，天子守在四夷，自彼氐羌，莫不來享，普天思服，行葦賴德，況我近民，蒙禍如此，可無救乎？〈救邊〉

齊桓晉文宋襄，衰世諸侯，猶恥天下有相滅而已不能救，況皇天所命，四海主乎？晉楚大夫，小國之臣，猶恥己之身而有相侵，況天子三公，典世任者乎？公劉仁德，廣被行葦，況含血之人，已同類乎？一人吁嗟，王道爲虧，況滅沒之民百萬乎，《書》曰：天子作民父母。父母之於子也，豈可坐觀其爲寇賊之所屠剝，立視其爲狗豕之所噉食乎？〈邊議〉

近民，即指近畿之民，江統〈徙戎論〉所謂「寇發心腹，害起肘腋，疢篤難療，瘡大遲愈也。」近畿之民，漢天子猶不願救，「況滅沒之民百萬乎？」上行下效，則羌亂不能制，從此可見。

次則公卿權臣，苟圖目前自安，不顧百世爲國之利，此亦足以助長羌亂擴大，故王符復譏之曰：

今苟以己無慘怛冤痛，故端坐相仍，不明脩守禦之備，陶陶閒澹，臥委天時，羌獨往來，深入多殺，己乃陸陸，相將詣闕，諧辭禮讓，退云無狀，會坐朝堂，則無憂國哀民懇惻之誠，苟轉相顧望，莫肯違正，日晏時移，議無所定，已且須後，後得小安，則恬然棄忘，旬時之間，虜復爲害，軍書交馳，羽檄狎至，乃復怔忪如前。若此以來，出入九載，庶曰式臧，覆出爲惡，佪佪潰潰，當何終極？〈救邊〉

今公卿苟以己不被傷，故競割國家之地以與敵，殺主上之民以餧羌，爲謀若此，未可謂知，爲臣若此，未可謂忠，才智若此，未足與議。〈邊議〉

王符嘗言，公卿始起州郡而致宰相，其聰明智慮，未必昏闇，「患其苟先私計而後公義」〈愛日〉，此即可爲前引二文作結。蓋羌亂邊害，「震如雷霆，赫如日月」，而公卿皆諱之如犬羊竊盜，不足爲患，「淺淺善靖，俾君子怠，欲令朝庭以寇爲小而不蚤憂。」〈救邊〉，害乃至此，公卿尚不欲救，故王符譏之曰：「假設公卿子弟，有被羌禍，朝夕切急如邊民者，則競言當誅羌矣。」〈救邊〉

又羌患被覆之郡縣，「傷害多矣，百姓急矣，憂禍深矣。」〈救邊〉，其刺史太守令長，或畏懦憚事，或不爲武備，故王符併斥之曰：

前羌始叛，草創新起，器械未備，……郡縣不爲備，乃皆大熾。〈實邊〉

羌始反時，計謀未善，黨與未成，人衆未合，兵器未備，……然太守令長，皆奴怯畏偄，不敢討擊，故令虜遂乘勝自彊，破州滅郡，日長炎炎，殘破三輔，覃及鬼方，若此，已積十歲矣。〈邊議〉

東漢光武七年，嘗下詔裁諸郡都尉，罷都試，惟邊郡仍置都尉，以輔佐郡守，典武職甲卒；郡守除爲郡之最高行政長官之外，復兼領武事，故又有郡將之稱。惟文武實難兼備，多不知曉軍事，故羌亂一發而不可收拾，王符亦曰：

今觀諸將，既無斷敵合變之奇，復無明賞必罰之信，然其士民，又甚貧困，器械不簡習，將恩不素結，卒然有急，則吏以暴發虐其士，士以所拙遇敵巧，此爲將吏驅怨以禦讎，士卒縛手以待寇也。……故曰：其敗者，非天之所災，將之過也。〈勸將〉

永初二年，羌衆南入益州，殺漢中太守董炳；三年，鍾羌沒臨洮縣，生得隴西南部都尉；四年，羌攻褒中，漢中太守鄭勤力戰而沒，漢軍死者三千餘人；元初元年，涼州刺史皮楊擊羌於狄道，大敗，死者八百餘人；二年，漢陽太守龐參代爲護羌校尉，爲杜季貢所敗；安定太守杜恢、北地太守盛包隨司馬鈞攻拔丁奚城後，違鈞節度，散兵深入，羌設伏擊之，光等並沒，死者三千餘人。此中實不乏王符所言不爲守備之例。而奴怯畏懦者，自以永初五年之徙四郡之民以避羌患，所謂「太守令長，畏惡軍事，皆以素非此土之人，痛不著身，禍不及我家，故爭徙郡縣以內遷。」〈實邊〉最爲眞實。

復次，刺史太守之外，掌控戎機，調兵遣將之軍事統帥，王符雖未指名道姓（註三三），然既夙多敗績，王符固以彼輩實非干城之選，王符曰：

兵巧之械，盈乎府庫，孫吳之言，聒乎將耳，然諸將用之，進戰則兵敗，退守則城亡，是何也哉？曰：彼此之情，不聞乎主上，勝負之數，不明乎將心，士卒進無利而退無畏，此所以然也。〈勸將〉

軍起以來，暴師五年，典兵之吏，將以千數，大小之戰，歲十百合，而希有功，歷察其敗，無它故焉，皆將不明於變勢，而士不勸於死敵也。其士之不能死也，乃其將不能故也，言賞則不與，言罰則不行，士進有獨死之禍，退蒙衆生之福，此其所以臨陣亡戰而競思奔北者也。〈勸將〉

王符嘗引《孫子》之言曰：「將者，民之司命，而國安危之主也。」並以智仁敬信勇嚴六德相期許，

「必有此六者，乃可折衝擒敵，輔主安民。」〈勸將〉時諸將攻則賞罰不明，守則畏葸失意，甚或虛應上官，隱慝實情，王符曰：

將帥皆怯劣軟弱，不敢討擊，但坐調文書，以欺朝庭，實殺民百則言一，殺虜一則言百，或虜實多而謂之少，或實少而謂之多，傾側巧文，要取便身利己，而非獨憂國之大計，哀民之死亡也。〈實邊〉

明帝永平元年，燒當羌豪滇吾之弟滇岸，詣漢謁者竇林請降，竇林為下吏所欺，謬奏滇岸以為大豪，封滇岸為歸義侯，加號漢大都尉，二年，滇吾降，竇林復奏其第一豪，與俱謁闕，一種兩豪，明帝疑非其實，竇林辭窘，乃以「滇岸即滇吾，隴西語不正耳」僞對之（註三四）；順帝永和年間，且凍羌入寇武都，燒隴關，掠苑馬，征西將軍馬賢擊之，軍敗於射姑山，馬賢與二子均戰沒，皇甫規上疏，直言邊將怠職，亦有「微勝則虛張首級，軍敗則隱慝不言」之言（註三五），是謬奏虛應之積習，由來已久，皆與王符所言相應。王符又曰：

將帥怯劣軟弱，不敢討擊，……又放散錢穀，殫盡府庫，乃復從民假貸，彊奪財貨，千萬之家，削身無餘，萬民匱竭，因隨以死亡者，皆吏所餓殺也，其為酷痛，甚於逢虜。寇鈔賊虜，忽然而過，未必死傷，至吏所搜索剽奪，旋踵塗地，或覆宗滅族，絕無種類，或孤兒婦女，為人奴婢，遠見販賣，至今不能自活，不可勝數也。〈實邊〉

元初二年，零昌種眾分寇益州，漢遣中郎將尹就討之，益州諺曰：「虜來尚可，尹來殺我。」（註三六）元初五年，羌人勢衰，任尚與度遼將軍鄧遵爭功，又「詐增首級，受賕枉法，臧千萬以上，檻車徵棄市，沒入田廬奴婢財物。」《後漢書．西羌傳》，類此「出於平人，回入姦吏」《後漢書．皇甫規傳》之例，必不在少，故王符所謂「其爲酷痛，甚於逢虜」者，實不爲過，而漢陽人杜琦，於隴西四郡內徙之後，自稱「安漢將軍」，與弟季貢、同郡王信等，入據上邽城，與滇零通謀，實亦其來有自矣。

第三節　永初羌亂之影響

永初羌亂，後雖平定，然其爲患之巨及影響之遠，如范書所謂「十餘年間，兵連師老，不暫寧息，軍旅之費，轉運委輸，用二百四十餘億，府帑空竭，延及內郡，邊民死者，不可勝數，并涼二州，遂至虛耗」《後漢書．西羌傳》者，民殘財盡，足爲漢庭大災。王符亦曰：

> 將帥皆怯劣軟弱，不敢討擊，……又放散錢穀，殫盡府庫，乃復從民假貸，彊奪財貨，千萬之家，削身無餘，萬民匱竭，因隨以死亡者，皆吏所餓殺也，其爲酷痛，甚於逢虜。〈實邊〉

> 今數州屯兵，十餘萬人，皆廩食縣官，歲數百萬斛，又有月值，但此久耗，不可勝供。〈救邊〉

《後漢書．龐參傳》載永初四年，龐參奏記於鄧騭之言曰：「比年羌寇特困隴右，供徭賦役，爲損日滋，官負人責，數十萬億。今復募發百姓，調取穀帛，衒賣什物，以應吏求，外傷羌虜，內困徵賦。

遂乃千里轉糧，遠給武都西郡，塗路險阻，難勞百端，疾行則抄暴爲害，遲進則穀食稍損，運糧散於曠野，牛馬死於山澤，縣官不足，輒貸於民，民已窮矣，將從誰求？」蓋暴師長久，國用自必不足，「搖動數州之境，日轉千金之資」《後漢書．西羌傳》，如漢軍師出千里，曠日持久，爲恐糧食絕乏，故「轉輸勞來之費，前後數十巨萬」《後漢書．西羌傳》；而爲防堵羌騎，永初五年，詔魏郡、趙國、常山、中山冀州四郡，繕作候塢六百十六所，元初元年，遣兵屯河內，作塢壁設鳴鼓於通谷衝要三十三所，三年，築馮翊北界候塢五百所（註三七），此皆徭役征發以爲之，勞民傷財，可以想見，而元初二年，中郎將任尚將兵屯三輔，時「三州屯兵二十餘萬人，棄農桑，疲苦徭役，而未有功效，勞費日滋。」《後漢書．西羌傳》，然則王符所言府庫殫盡，萬民匱竭者，徵之史實，誠信而有徵。

用兵不已，誅戰不休，百姓軍士必人命危淺，極武而亡，王符曰：

> 今吏從軍敗沒死公事者，以十萬數，上不聞弔唁嗟歎之榮名，下又無祿賞之厚實，節士無所勸慕，庸夫無所貪利，此其所以人暴懷沮解，不肯復死者也。〈勸將〉
>
> 往者羌虜背叛，始自并涼，延及司隸，東禍趙魏，西鈔蜀漢，五州殘破，六郡削迹，周迴千里，野無孑遺，寇鈔禍害，晝夜不止，百姓滅沒，日月焦盡。〈救邊〉
>
> 今邊郡千里，地各有兩縣，户財置數百，而太守周迴萬里，空無人民，美田棄而莫墾發。〈實邊〉

軍吏犯堅冒刃而殞命者，《後漢書》諸傳所載，固斑斑可考；而并涼百姓，特銜殘斃，「壯悍則委身於兵場，女婦則徽纆而爲虜，發冢露胔，死生塗炭」《後漢書．西羌傳》，甚或如王符所言，諸亡失財貨，奪土遠移之人，「不習風俗，不便水土，類多滅門，少能還者。」〈實邊〉，則「羌反以來，戶口減少」〈實邊〉之語，固爲實錄。若更以實際之人口數證之（註三八），實又可以無疑矣。

戶口減少，即指「覆宗滅族，絕無種類」〈實邊〉、「邊民死者，不可勝數」《後漢書．西羌傳》而言，庶幾能僥倖存命者，或因國用不足，府庫殫盡，乃復「從民借貸，彊奪財貨」，致使「千萬之家，削身無餘，萬民匱竭」〈實邊〉；或因「捐棄倉庫，背城邑走」〈救邊〉、「湟中諸縣，粟石萬錢」《後漢書．西羌傳》，而陷於窘困；或因徙民內遷，致使「孤兒婦女，爲人奴婢，遠見販賣，至今不能自活，不可勝數也。」〈實邊〉故王符感慨言之曰：

今羌叛久矣，傷害多矣，百姓急矣，憂禍深矣，上下相從，未見休時。〈救邊〉

當此之時，萬民怨痛，泣血叫號，誠愁鬼神而感天心，然小民謹劣，不能自達闕庭，依官吏家，迫將威嚴，不敢有違。〈實邊〉

范書載永初五年，漢陽人杜琦自號「安漢將軍」，與弟季貢、同郡王信，入據上邽城，與羌通謀；順帝建康元年，護羌從事馬玄，爲諸羌所誘，將領衆羌亡出塞外；靈帝中平年間，金城邊章、韓遂以託誅宦官爲名，與湟中義從胡北宮伯玉、李文侯等將數萬騎寇犯三輔，隴西太守李相如、涼州司馬馬騰、金城閻行、成公英，亦援兵反叛，而漢陽王國，自號「合衆將軍」，亦與韓遂相合（註三九），復有「曉習戰陣，識知山川」之諸多段熲時吏加入（註四〇），是則名雖羌亂，已有漢人相助，而以託誅宦官爲名，則羌亂已質變爲東漢朝庭上下對立之勢，源其所自，東漢中期後政經措施內外失序，實爲主因，而「十年之中，夷夏俱斃」、「中世之寇，惟此爲大」《晉書．江統傳》之永初之亂，王符所稱「非人之主，非民之將，非主之佐，非勝之主者」〈邊議〉者，實啓漢祚將亡之先兆，王夫之《讀通鑑論》亦曰：「永元之後，降羌布在郡縣，爲吏民豪右所徭役，積以愁怨，及迎段禧之役，徵發羌騎，諸羌犇潰，因結聚入寇，而隴右、三輔、并、益皆殘殺破敗，內亂乘之，漢因以衰。制之不早，火鬱極而燎原，屈伸必然之數也。」〈卷七〉其影響之鉅，胥即在此。

第四節　羌亂肇始之因及王符之因應之道

先秦時，羌族已多次進出華夏，兩漢時，羌人復陸續內遷，或自請內屬於邊境，或爲漢庭徙置於塞內，甚或深入三輔、河東內郡者，實絡繹不絕。塞外羌人，「更相抄暴，以力爲雄」《後漢書．西羌傳》，故漢夙以蠻夷讎寇視之（註四一），入塞羌人，被髮左衽，而與漢人雜處，「習俗既異，言語不通」，故多爲地方豪右欺壓凌辱，爲鞏固邊塞，防禦羌患，東漢邊郡屯田者，又多爲弛刑士、免刑罪人（註四二）等，「本非孝子順孫，皆以罪過徙補邊屯。」《後漢書．班超傳》，故羌人常「數爲小吏黠人所見侵奪，窮恚無聊，故致反叛，夫蠻夷寇亂，皆爲此也。」《後漢書．西羌傳》，不獨吏民貪利，侵奪無饜，邊郡郡守將帥，名雖「持節領護，理其怨結，歲時循行，問所疾苦。」《後漢書．西羌傳》，而反其道而行者，實大有人在，如任尚、馬賢、來機、劉秉之輩，既「天性刻虐」、「撫恤不足」、「性嚴急」（註四三），故「到州之日，多所擾發」；他如鄧騭、鄧遵者，以鄧太后之故，爵封優大，更無論矣。「諸將多斷盜牢稟，私自潤入，皆以珍寶貨賂左右，上下放縱，不恤軍事，士卒不得其死者，白骨相望於野。」《後漢書．西羌傳》，或虛應上官，或敷衍故事，朝庭為其所欺，如王符所言：「彼此之情，不聞於主上」〈勸將〉，公卿則「轉相顧望」、「怔忪如前」〈救邊〉，故《後漢書》有言曰：

> 夫羌戎潰叛，不由承平，皆由邊將失於綏御。乘常守安，則加侵暴，苟競小利，則致大害，微勝則虛張首級，軍敗則隱匿不言。軍士勞怨，困於猾吏，進不得快戰以徼功，退不得溫飽以全命，餓死溝渠，暴骨中原，徒見王師之出，不聞振旅之聲。酋豪泣血，驚懼生變，是以安不能久，敗則經年。〈皇甫規傳〉
>
> 中興以後，邊難漸大，朝規失綏御之和，戎帥騫然諾之信，其內屬者，或倥偬於豪右之手，或屈折於奴僕之勤，塞候時清，則憤怒而思禍，桴革暫動，則屬鞬以鳥驚。故永初之間，群種蜂起。〈西羌傳〉

若以史實證之，即以永初羌亂前言之，明帝中元二年，燒何羌有婦人比銅鉗者，年百餘歲而多智算，種人皆從其計策，「時為盧水胡所擊，比銅鉗乃將其衆來依郡縣。種人頗有犯法者，臨羌長收繫比銅鉗，而誅殺其種六七百人。」《後漢書．西羌傳》；章帝建初元年，「安夷縣吏略妻卑湳種羌婦，吏爲其夫所殺，安夷長宗延追之出塞」《後漢書．西羌傳》，種人恐見誅，遂殺宗延而與勒姐、吾良二種相結而叛；章和元年，護羌校尉傅育爲燒當羌豪迷吾所殺，隴西太守張紆代爲校尉，與迷吾戰於木乘谷，迷吾兵敗欲降，張紆納之，「遂將種人詣臨羌縣，紆設兵大會，施毒酒中，羌飲醉，紆因自擊，伏兵起，誅殺酋豪八百餘人，斬迷吾等五人頭，以祭育冢。復放兵擊在山谷間者，斬首四百餘人，得生口二千餘人。」《後漢書．西羌傳》迷吾子迷唐及其種人向塞號哭，於是與燒何、當煎、當闐解仇交質而叛；漢爲求功，復動輒「搆離諸種，誘以財貨」，所俘羌虜之餘，「悉沒入弱口爲奴婢」《後漢書．西羌傳》，至乃「絕其本根，不能使殖」《通鑑紀事本末．諸羌叛服》，是漢羌衝突之勢，遂乃愈演愈烈，終至安帝永初元年，騎都尉王弘發羌騎迫促，羌人懼遠屯不還，遂以烏合之衆，而釀大亂。

羌人勢大，兩漢禦羌之策，以史籍徵之，其大要不外攻擊、防守、退讓三者而已。西漢武帝、宣帝、元帝時，羌騎屢寇邊郡，漢以出擊及屯田二策，乘除互用，頗見功效。時移東漢，退讓棄邊之策，乃成朝議主張，蓋「朝議憚兵力之損，情存苟安，或以邊州難援，宜見捐棄，或懼疽食浸淫，莫知所限。」《後漢書．西羌傳》故遂有郡縣內徙之舉，較乎西漢時之北卻匈奴，西逐諸羌，初開河西，列置四郡，實有天壤懸殊之別。

以東漢初年言之，光武雖厭兵事，思樂息肩，然仍遣來歙、馬援大破先零、參狼二羌（註四四）；中元元年，武都參狼羌反，又爲隴西太守劉盱所破。然此之後，原先易制之諸羌種，迭經征戰，復解仇交質，漸成氣候，漢力有未及，故防守、退讓二策，遂應之而起。

所謂防守之策，即指屯田而言，東漢屯田之事，初起於和帝之時，永元二年，燒當羌豪迷唐爲漢護羌校尉鄧訓所逐，率餘衆西徙千餘里，鄧訓「遂罷屯兵，各令歸部，唯置弛刑徒二千餘人，分以屯田，爲貧人耕種，修理城郭塢壁而已。」《後漢書．鄧禹列傳附鄧訓傳》；永元十四年，又依隃麋相曹鳳「規固二榆，廣設屯田，隔塞羌胡交關之路，遏絕狂狡窺欲之源」《後漢書．西羌傳》之議，以曹鳳將徙士屯田龍耆，然以規模非廣，故「金城長史上官鴻上開置歸義、建威屯田二十七部，（金城太守）侯霸復上置東西邯屯田五部，增留、逢二部，帝皆從之。列屯夾河，合三十四部。」《後漢書．西羌傳》；永初羌亂之後，順帝永建間，韓皓先「轉湟中屯田，置兩河間，以逼群羌」、馬續復「先示恩信，乃上移屯田還湟中，羌意乃安。」《後漢書．西羌傳》順帝又納尚書僕射虞詡之奏，「乃復三郡（案，安定、北地、上郡三郡），使謁者郭璜督促徙者，各歸舊縣，繕城郭，置侯驛。既而激河浚渠爲屯田，省內郡費歲一億計。」《後漢書．西羌傳》；靈帝時，傅燮出爲漢陽太守，叛羌歸服，傅燮「乃廣開屯田，列置四十餘營，安置降羌。」《後漢書．傅燮傳》，東漢屯田，其大概如此。

屯田之利，原可益種五穀，而無遠糧之勞，復可勒兵而守，以備征戰，然東漢屯田吏士，多爲弛刑士，免罪犯人之流，倘不遇赦免，則依刑期或終身戍邊，軍心士氣，實無足道者，次以屯田區域廣大，連屬呼應，自屬不易，倘羌衆相逼，則屯田隨而瓦解罷置。征戰既常失利，屯田未見功效，故退讓邊郡之議，遂爭論於朝庭。

棄邊之議，東漢初始，即已有之（註四五），永初之後，羌勢日熾，棄邊退守之議，遂甚囂塵上，

《後漢書》載之曰：

> 永初四年，羌胡反亂，殘破并、涼，大將軍鄧騭以軍役方費，事不相贍，欲棄涼州，并力北邊，乃會公卿集議。騭曰：「譬若衣敗，壞一以相補，猶有所完。若不如此，將兩無所保。」議者咸同。詡聞之，乃說李脩曰：「竊聞公卿定策當棄涼州，求之愚心，未見其便。先帝開拓土宇，劬勞後定，而今憚小費，舉而棄之。涼州既棄，即以三輔爲塞；則園陵單外。此不可之甚也。喭曰：『關西出將，關東出相。』觀其習兵壯勇，實過餘州。今羌胡所以不敢入據三輔，爲心腹之害者，以涼州在後故也。其土人所以推鋒執銳，無反顧之心者，爲臣屬於漢故也。若棄其境域，徙其人庶，安土重遷，必生異志。如使豪雄相聚，席卷而東，雖賁、育爲卒，太公爲將，猶恐不足當禦。議者喻以補衣猶有所完，詡恐其疽食侵淫而無限極。棄之非計。」脩曰：「吾意不及此。微子之言，幾敗國事。然則計當安出？」詡曰：「今涼土擾動，人情不安，竊憂卒然有非常之變。誠宜令四輔九卿，各辟彼州數人，其牧守令長子弟皆除爲冗官，外以勸勵，荅其功勤，內以拘致，防其邪計。」脩善其言，更集四府，皆從詡意。（虞詡傳）

龐參、鄧騭等意欲棄邊者，殆即以國用不足之故，且欲救邊郡，則實困三輔，三輔既困，則還復爲邊郡之禍，故以棄邊之事，乃勢所必行。然王符以爲期期不可者，其說多與虞詡相合。王符曰：

> 前羌始反，公卿師尹，咸欲捐棄涼州，卻保三輔，朝庭不聽，後羌遂侵掠，而論者多恨不從咸議。余竊笑之，所謂媾亦悔，不媾亦有悔者爾。未始識變之理，地不可無邊，無邊亡國。是故

失涼州，則三輔爲邊，三輔納入，則弘農爲邊，弘農納入，則洛陽爲邊，推此以相況，雖盡東海，猶有邊也。今不勵武以誅虜，選材以全境，而云邊不可守，欲先自割，以便寇敵，不亦惑乎？〈救邊〉

齊魏却守，國不以安，子嬰自削，秦不以在，武皇帝攘夷柝境，廣數千里，東開樂浪，西置燉煌，南踰交阯，北築朔方，卒定南越，誅斬大宛，武軍所嚮，無不夷滅。〈救邊〉

蹙國減土，非所當爲，且地不可無邊，無邊亦即無國，三輔與涼州，猶脣齒相依，體心相連，「脣亡齒寒，體傷心痛，必然之事，又何疑焉？」〈救邊〉，然則涼州之不可棄，王符故以爲事理之所必然。至若憚以國用不足而言棄邊，王符則駁之曰：

今數州屯兵，十萬餘人，皆廩食縣官，歲數百萬斛，又有月値，但此久耗，不可勝供，而反憚暫出之費，甚非計也。〈救邊〉

今邊陲搔擾，日啓族禍，百姓晝夜望朝庭救己，而公卿以爲費煩不可，徒竊笑之，是以晏子輕囷倉之蓄，而惜一杯之僭何異，今但知愛見薄之錢穀，而不知未見之得民先也，知徭役之難動，而不知中國之待邊寧也。〈邊議〉

《後漢書．西羌傳》載虞詡之刺公卿懦弱之狀曰：「容頭過身，張解設難，但計所費，不圖其安。」王符亦曰：「明於禍福之實者，不可以虛論惑也，察於治亂之情者，不可以華飾移也。」〈邊議〉事有輕重緩急，今不致選賢才，以全邊境，「而云邊不可守，欲先自割，以便寇敵，不亦惑乎？」〈救

邊〉

永初四年棄邊之議，雖太尉李脩善虞詡之言，「更集四府，皆從（虞）詡議。」《後漢書・虞詡傳》、「鄧騭及公卿以國用不足，欲從（龐）參議，衆多不同，乃止。」《後漢書・龐參傳》，然次年則因羌人入寇河東，至河內，百姓相驚，「二千石，令長多內郡人，並無戰守意，皆爭上徙郡縣以避寇難，朝庭從之。」《後漢書・西羌傳》，遂移隴西等四郡。王符嘗記此徙移慘狀曰：

> 太守令長，畏惡軍事，皆以素非此土之人，痛不著身，禍不及我家，故爭徙郡縣以內遷，至遣吏兵，發民禾稼，發徹屋室，夷其營壁，破其生業，彊劫驅掠，與其內入，捐棄羸弱，使死其處，當此之時，萬民怨痛，泣血號叫，誠愁鬼神而感天心。然小民謹劣，不能自達闕庭，依官吏家，迫將威嚴，不敢有違，民既奪土失業，又遭蝗旱饑遺，逐道東走，流離分散，幽冀兗豫荊楊蜀漢，饑餓死亡，復失太半，邊地遂以丘荒，原禍所起，皆吏過爾。〈實邊〉

羌亂未及弭定，而漢民已先受害，故《潛夫論》中，王符力斥公卿端坐相仍，以失據會之非，其言曰：

> 今苟以己無慘恒寃痛，故端坐相仍，不明脩守禦之備，陶陶閒澹，臥委天時，羌獨往來，深入多殺，己乃陸陸，相將詣闕，諧辭禮謝，退云無狀。會坐朝堂，則無憂國哀民懇惻之誠，苟轉相顧望，莫肯違正，日晏時移，議無所定，已且須後，後得小安，則恬然棄志，旬時之間，虜復爲害，軍書交馳，羽檄狎至，乃復怔忪如前，若此以來，出入九載。〈救邊〉
>
> 今羌叛久矣，傷害多矣，百姓急矣，憂禍深矣。上下相從，未見休時，不一命大將，以掃醜虜，而

州郡稍稍興役，連連不已，若排㮴障風，探沙灌河，無所能禦，徒自盡爾。〈救邊〉端坐相仍，以緩旦夕之禍，實爲召憂之媒，縱漢庭稍事興兵，仍以因循爲用，殊無進取之意，猶如排簾障風，探沙壅河，實無益於時局，且數州屯兵吏士，數至十餘萬衆，穀食俸祿之須，實不足以勝供，爲求一勞永逸之計，王符遂倡言三策。

一、勵武征戰

王符曰：

遣大將誅討迫脅，離逖破壞之，如寬假日月，蓄積富貴，各懷安固之後，則難動矣。《周書》曰：「凡彼聖人必趨時。」是故戰守之策，不可不早定也。〈救邊〉

《易》利禦寇，《詩》美薄伐，自古有戰，非乃今也。……一人吁嗟，王道爲虧，況滅沒之民百萬乎？〈邊議〉

今言不欲動民興煩可也，即然，當脩守禦之備，必今之計，令虜不敢來，來無所得，令民不患寇，既無所失。〈邊議〉

王符所以獻此攻伐征戰之策者，蓋漢軍吏士，非全不能戰，若坐以待時，實爲策之下者，「今兵巧之械，盈乎府庫」、「孫吳之言，聒乎將耳」〈勸將〉，實可放手一搏，即以虞詡例之，初鄧太后以虞詡夙有將帥之略，乃遷爲武都太守，羌率衆數千，遮之於陳倉、崤谷之間，虞詡取孫臏示弱之計，反其道而行，「令吏士各作兩竈，日增倍之，羌不敢逼。」《後漢書·虞詡傳》遂日夜進道，兼行百餘里而到郡。范史載：

> 既到郡，兵不滿三千，而羌眾萬餘，攻圍赤亭數十日，詡乃令軍中，使彊弩勿發，而潛發小弩。羌以為矢力弱，不能至，并兵急攻。詡於是使二十彊弩共射一人，發無不中，羌大震，退。詡因出城奮擊，多所殺傷。明日悉陳其兵眾，令從東郭門出，北郭門入，貿易衣服，回轉數周。羌不知其數，更相恐動。詡計賊當退，乃潛遣五百餘人於淺水設伏，候其走路。虜果大奔，因掩擊，大破之，展獲甚眾，賊由是敗散，南入益州。詡乃占相地埶，築營壁百八十所，招還流亡，假賑貧人，郡遂以安。《後漢書·虞詡傳》

羌人雖善戰，虞詡猶能制之，其餘諸郡將帥，「據列城而處利勢」〈勸將〉，固無示弱之理，且以板楯蠻之小，永初之時，羌人入寇漢川，郡縣得其救助保全，「羌死敗殆盡，故號為神兵。羌人畏忌，傳語種輩，勿復南行。」《後漢書·南蠻西南夷列傳》，而以漢之廣博，「典兵之吏，將以千數」〈勸將〉，「數州屯兵，十餘萬人」〈救邊〉，旗幟蔽野，干戈若林，豈容「當且放縱，以待天時」〈救邊〉？復次，涼州乃「天下要衝，國家藩衛」《後漢書·傅燮傳》，雖屢遭羌寇，民皆「人褢憤怒，各欲報讎」〈實邊〉，「新離舊壤，思慕未衰，易獎厲也。」〈救邊〉《後漢書·虞詡傳》亦載虞詡之言曰：「諺曰：『關西出將，關東出相。』觀其習兵壯勇，實過餘州。今羌胡所以不敢入據三輔，為心腹之害者，以涼州在後故也。其土人所以推鋒執銳，無反顧之心者，為臣屬於漢故也。」涼州士人，頗曉兵事，婦女亦「戴戟操矛，挾弓負矢」《後漢書．鄭太傳》，是民氣大有可用，而公卿庸駑，尚不願戰，故王符譏之曰：「痴兒騃子，尚云不當救助，且待天時，用意若此，豈人也哉？」〈邊議〉

二、慎選將帥

征戰之計既為可行，則王符所深念者，唯在慎選將帥而已，「將者，民之司命，而國安危之主也。」〈勸將〉軍將既為國輔，故王符引《孫子》之言，以智、仁、敬、信、勇、嚴諸德兼具，方為天下之將，其言之曰：

> 智以料敵，仁以附眾，敬以招賢，信以必賞，勇以益氣，嚴以一令。故料敵則能合變，眾附愛則思力戰，賢智集則陰謀得，賞罰必則士盡力，勇氣益則兵勢自倍，威令一則唯將所使，必有此六者，乃可折衝擒敵，輔主安民。〈勸將〉

將以士為體，士以將為心，將士合一，乃可以全國保勝，然依《潛夫論．勸將》所記，永初羌亂之時，諸多邊郡將帥，「既無斷敵合變之奇，復無明賞必罰之信」，其士民則「器械不簡習，將恩不素結」，卒然有急，「則吏以暴發虐其士，士以所拙遇敵巧」，故「其敗負也，理數也然」。又〈勸將〉亦言軍起以來，暴師五年，「大小之戰，歲十百合」，而希有功者，無其他之故，「皆將不明於變勢，而士不勸於死敵」，將則「言賞而不與，言罰則不行」，士則「進有獨死之禍，退蒙眾生之福」，如此將士，宜乎「其所以臨陣亡戰而競思奔北者也。」尋其所以致此者，實以朝庭選將，或苟惟基序，或私阿親戚，自難持久與羌寇爭鋒，王符曰：

> 夫世有非常之人，然後定非常之事，必遇非常之事，然後見非常之功，是故選諸有兵之長吏，宜踔躒豪厚，越取幽奇，材明權變。任將帥者，不可苟惟基序，或阿親戚，使典兵官，此所謂以其國與敵者也。〈勸將〉

永初元年冬，漢遣車騎將軍鄧騭將五營及三河、三輔諸部之兵五萬人討羌，征西校尉任尚副之。鄧騭乃鄧太后之兄，雖兵敗於冀西，班師而還，「朝庭以太后故，遣五官中郎將迎拜騭爲大將軍。軍到河南，使大鴻臚親迎，中常侍齎牛酒郊勞，王、主以下候望於道。既至，大會郡臣，賜束帛乘馬，寵靈顯赫，光震都鄙。」《後漢書．鄧禹列傳附鄧騭傳》；任尚屢爲竇憲、鄧騭腹心，繼鄧騭之後，亦兵敗於平襄，死者八千餘人，反遷中郎將，屯於三輔。後羌人力盡瓦解，任尚猶與鄧遵爭功，「詐增首級，受賕枉法，臧千萬以上，檻車徵棄市，沒入田廬奴婢財物。」《後漢書．西羌傳》一爲紈袴，一爲債帥（註四六），實不足以克堪大任，此亦王符所以申言選將尤須明擇非常，待以不次之意也。

三、移民實邊

除選將以剋成遠業，爲「充邊境，安中國」〈實邊〉，王符復申言移民實邊之至要，其言曰：

> 夫土地者，民之本也，誠不可以久荒，以開敵心。且扁鵲之治病也，審閉結而通鬱滯，虛者補之，實者瀉之，故病癒而名顯；伊尹之佐湯也，設輕重而通有無，損積餘以補不足，故殷治而

君尊。賈誼痛於偏枯躄痱之疾，今邊郡千里，地各有兩縣，戶財置數百，而太守周迴萬里，空無人民，美田棄而莫墾發，中州內郡，規地拓境，不能半邊，而戶口百萬，田畝不全，人眾地狹，無所容足，此亦偏枯躄痱之類也。〈實邊〉

幽并涼州，人口少稀，倘不開草闢土，興利除害，則「戶口百萬，田畝不全」之中州內郡，非特其「人眾地狹，無所容足」之經濟枯窘依舊，而邊郡丘荒無人，遂使「西北羌虜，必生窺欲，誠大憂也。」〈實邊〉故王符之移民實邊，所謂「百工制器，咸填其邊，散之兼倍，豈有私哉？乃所以固其內爾。」、「先聖制法，亦務實邊，蓋以安中國也，譬猶家人遇寇賊者，必使老小羸軟居其中央，丁彊武猛衛其外，內人奉其養，外人禦其難，蛩蛩距虛，更相恃仰，乃俱安存。」〈實邊〉即已合經濟須求與戰略考量為一矣。

然邊郡戶口單小，則所謂「虛者補之」實邊之道為何？王符曰：

> 今誠宜權時，今邊郡舉孝廉一人，廉吏三十舉一人，益置明經百石一人，內郡人將妻子來占著，五歲以上，與居民同均，皆得選舉，又募運民，耕邊入穀，遠郡千斛，近郡二千斛，拜爵五大夫，可不欲爵者，使食倍賈於內郡，如此，君子小人，各有所利，則雖欲令無往，弗能止也。〈實邊〉

漢制舉孝廉之制，內地邊郡有異，《後漢書．丁鴻傳》：「自今郡國率二十萬口，歲舉孝廉一人，四十萬二人，六十萬三人，八十萬四人，百萬五人，百二十萬六人。不滿二十萬，二歲一人，不滿十萬，三歲一人。」此內郡之制也；又《後漢書．和帝紀》載永元十三年之詔曰：「幽并涼州，戶口率少，邊役衆劇，束脩良吏，進仕路狹。撫接夷狄，以人爲本，其令緣邊郡口十萬以上，歲舉孝廉一人，不滿十萬，二歲舉一人，五萬以下，三歲舉一人。」然則王符所指邊郡選舉孝廉、明經者，實以「羌反以來，戶口減少，又數易太守，至十歲不得舉」〈實邊〉，固重申前令而稍有增易而已；而募運民以耕邊入穀，或拜爵九級五大夫，或使倍價於內郡售之，實即以利誘之，合而言之，「君子小人，各有所利」，「則雖欲令無往，弗能止也」。

王符移民實邊之策，又可以史實說之。兩漢之時，西北屯田之事，所在多有，屯田原爲移民實邊之前提，西漢時先遣戍田卒「務使以時，益種五穀」《漢書．西域傳》，復「募民壯健有累重敢徙者詣田所，就畜積爲本業，益墾溉田，稍築列亭，連城而西，以威西國。」《漢書．西域傳》。東漢和帝永元二年，鄧訓雖罷河湟屯兵，各令歸部，然置弛刑徒二千餘人，「分以屯田，爲貧人耕種，修理城郭塢壁而已。」《後漢書．鄧禹列傳附鄧騭傳》此即先屯田而後移民實邊之事。東漢屯田，固時置時罷，然依王符所言，倘能因其規模，增其舊制，復誘之以利，獎之以賞，如王符所言君子小人，各有所利者，則移民實邊之功，應在屯田之上，既可充羡戶口，殖穀富邊，且省委輸運轉之費，繼而征戰誅討之，則漢殆可以無西方之憂，此正王符所稱「邊無患，中國乃得安寧」〈邊議〉之意也。

惜永初羌亂後，漢庭統領之道，率無常法，唯「臨事制宜，略依其俗」《後漢書．西羌傳》而已。故王符所言，征戰實邊之策，未見其功，即或迭經征討，羌人復時降時叛，誠所謂「得不酬失，功不半勞。暴露師徒，連年而無所勝，官人屈竭，烈士憤喪。」《後漢書．西羌傳》，至桓帝時，雖爲皇甫規、張奐、段熲先後略定，然創夷未瘳，而漢祚亦衰。計羌亂之起，直與東漢相終始，貲財人命之耗損，實爲驚人（註四七），論其先導，則永初羌亂王符《潛夫論》所陳述者，實不可以攢眉而束置高閣矣。

【附註】

註一　《史記·匈奴列傳》：「冒頓既立……大破滅東胡王……西擊走月氏，南并樓煩、白羊河南王。悉復收秦所使蒙恬所奪匈奴地者，與漢關故河南塞，至朝那、膚施，遂侵燕、代，……至冒頓而匈奴最彊大，盡服從北夷，而南與中國爲敵國。」

註二　見《後漢書·烏桓鮮卑列傳》。

註三　同註二。

註四　《後漢書·烏桓鮮卑列傳》：「桓帝時，鮮卑檀石槐者，……施法禁，平曲直，無敢犯者，遂推以爲大人。檀石槐乃立庭於彈汗山歠仇水上，去高柳北三百餘里，兵馬甚盛，東西部大人皆歸焉。因南抄緣邊，北拒丁零，東卻夫餘，西擊烏孫，盡據匈奴故地，東西萬四千餘里，南北七千餘里，網羅山川水澤鹽池。」

註五　《史記·匈奴列傳》：「（匈奴）置左右賢王、左右谷蠡王、左右大將、左右大督尉、左右大當戶、左右骨都侯。……大者萬騎，小者數千，凡二十四長，立號曰萬騎，諸大臣皆世官。……左右賢王、左右谷蠡王最爲大，左右骨都侯輔政，諸二十四長亦各置千長、百長、什長、裨小王、相、封都尉、當戶、且渠之屬。」；《後漢書．烏桓鮮卑列傳》：「檀石槐……乃自分其地爲三部，從右北平以東至遼東，接夫餘、濊貊二十餘邑爲東部，從右北平以西至上谷十餘邑爲中部，從上谷以西至敦煌、烏孫二十餘邑爲西部，各置大人主領之，皆屬檀石槐。」

註　六　《後漢書．張奐傳》：「舊制：邊人不得內移。」唯有軍功（如張奐之徙屬弘農華陰），及特殊詔命（如移隴西諸郡之民內屬）等，方爲例外。王符乃安定臨涇人，當在內移行列之中。

註　七　同第一章註一四。

註　八　參見馬長壽《氐與羌》第三章。

註　九　同註八。

註一〇　見《晉書．江統傳》。

註一一　同註八。

註一二　《後漢書．西羌傳》：「羌胡被髮左衽，而與漢人雜處，習俗既異，言語不通。」《魏書．宕昌》：「俗皆土著，……俗無文字，但候草木榮落，記其歲時。」

註一三　《後漢書．西羌傳》：「更相抄暴，以力爲雄，殺人償死，無它禁令。……以戰死爲吉利，病終爲不祥，堪耐寒苦，同之禽獸，雖婦人產子，亦不避風雪。性堅剛勇猛，得西方金行之氣焉。」

註一四　《荀子．大略》：「氐羌之虜也，不憂其係壘也，而憂其不焚也。」《莊子》曰：「羌人死，燔而揚其灰。」《太平御覽七九四》，《呂氏春秋．義賞》亦曰：「氐羌之民，其虜也，不憂其系累，而憂其死不焚也。」

註一五　同註八。

註一六　《漢書·趙充國傳》：「計度臨羌東至浩亹，羌虜故田及公田，民所未墾，可二千頃以上。」所謂羌虜故田，即羌人昔日所開墾之田，與漢未開墾之田約二千頃以上，則羌人所開墾面積之大，從此可知；又羌種之中，燒當羌之勢尤衆，「南得鍾存以廣其衆，北阻大河因以爲固，又有西海魚鹽之利，緣山濱水，以廣田蓄，故能強大。」《後漢書·西羌傳》即以廣拓田蓄而於諸種稱雄。光武建武十年，來歙大破先零羌於金城，「斬首虜數千人，獲牛羊萬餘頭，穀數十萬斛」《後漢書·來歙傳》；和帝永元五年，貫友攻燒當羌豪迷吾於大小榆谷，「獲首虜八百餘人，收麥數萬斛。」《後漢書·西羌傳》，並羌人農稼豐登之證。

註一七　漢軍虜掠羌人牲口數目，從數千餘頭（如元初二年，任尚抄擊杜季貢於丁奚城，斬首四百餘級，獲牛馬羊數千頭），至二十餘萬頭（如建康元年，衛瑤追擊諸羌，斬首八百餘級，得牛馬羊二十餘萬頭）不等，《後漢書·西羌傳》言：「梟剋酋健，摧破附落，降俘載路，牛羊滿山。」即盛稱羌人牲口數目之衆。

註一八　如《詩·商頌·殷武》：「昔有成湯，自彼氐羌，莫敢不來享，莫敢不來王。」《後漢書·西羌傳》亦曰：「至於武丁，征西戎、鬼方，三年乃克。」可證。

註一九　即庸、蜀、羌、髳、微、盧、彭、及濮人。見《尚書·牧誓》。

註二〇　參見馬長壽《氐羌傳》、及管東貴〈漢代的羌族〉（上）一文，載食貨月刊（復刊）第一卷第一期

註二一　如：安帝元初四年，任尙、馬賢與羌人戰於富平上河，斬首五千級；永寧元年，馬賢擊當煎種羌，斬首數千級；順帝陽嘉四年，鍾羌且昌等率種人十餘萬詣涼州刺史降；漢安元年，罕種率邑落五千餘戶降；桓帝建和二年，益州刺史率板楯蠻討破白馬羌，斬首招降二十萬人等。

註二二　如：和帝永元六年，大牂夷種羌豪造頭等，率種人五十餘萬口內屬；安帝永初元年，羌龍橋等六種萬七千二百八十口內屬；永初二年，羌薄申等八種三萬六千九百口舉土內屬；廣漢塞外參狼種羌二千四百口內屬等。

註二三　參見管東貴〈漢代處理羌族問題的辦法的檢討〉附錄〈漢代羌事年表〉，載食貨月刊（復刊）第二卷第三期。

註二四　同註八。

註二五　安帝永初羌亂，至元初五年始暫止，前後十二年，，《潛夫論》〈勸將〉等四篇所述，最遲至元初三年，（案：此依金發根先生所說〈勸將〉等四篇，乃王符於永初元年後五年至十年內寫定推算）未述及結局。

註二六　爰劍曾孫忍有子研，至爲強健，秦孝公時，立爲酋豪，故羌中號其後爲研種。見《後漢書．西羌傳》。

註二七　見《後漢書．安帝紀》、〈西羌傳〉。

註二八　板楯蠻爲八氏之一支，天性健勇，世居渝水左右，東漢以後，地方郡守常率以征戰。見《後漢書．南蠻西南夷列傳》。

註二九　《後漢書．皇甫規傳》：「自永初以來，將出不少，覆軍有五，動資巨億。」《資治通鑑．卷五十四》

胡注曰：「謂鄧騭敗於冀西、任尚敗於平襄、司馬鈞敗於丁奚城、馬賢敗於射姑山、趙沖敗於鸇陰河。」

註三〇　滇零雖亡，涼州羌亂，猶未止息。由元初六年，勒姐羌、隴西種羌通謀欲反叛，爲馬賢逆擊於安故起，又有多次羌民暴動，此皆安帝永初羌亂之延續，亦間接導致其後多次大規模之羌亂。參見馬長壽《氐與羌》第三章。

註三一　參見崔瑞德、魯惟一等編《劍橋中國秦漢史》第六章。

註三二　案：此即漢安帝劉祜。

註三三　如：車騎將軍鄧騭、征西校尉任尚、騎都尉任仁、征西將軍司馬鈞、護羌校尉龐參、侯霸、馬賢諸人。

註三四　見《後漢書·西羌傳》。

註三五　見《後漢書·皇甫規傳》。

註三六　見《後漢書·南蠻西南夷列傳》。

註三七　同註三四。

註三八　《續漢書·郡國志》劉昭注引《帝王世紀》曰：「光武中興，百姓虛耗，十有二存。……迄於孝和，民戶滋殖，及孝安永初、元初之間，兵飢之苦，民人復損。」又引伏無忌之言曰：「和帝永興（案：當爲元興）元年，戶九百二十三萬七千一百一十二，口五千三百二十五萬六千二百二十九，……安帝延光四年，戶九百六十四萬七千八百三十八，口四千八百六十九萬七百八十九。」二十年間，戶雖稍增，唯口數銳減四百五十餘萬，則羌亂造成人口傷亡，數固不在少。又趙文林、謝淑君著《中國人口史》第三章，依《漢書．地理志》所載西漢元始二年涼州十郡人口數，與《續漢書．郡國志》劉昭注引《帝王世紀》所載東漢永和五年同一區域人口數相較，則東漢時涼州人口減少殆近百分之七十，實不能謂與羌亂無涉。又馬長壽《氐與羌》第三章，亦有比較表，亦可參考。

註三九　見《後漢書．董卓列傳》、《三國志．魏書．張既傳》注引〈魏略〉、〈典略〉。

註四〇　見《後漢書．劉陶傳》。

註四一　見《後漢書．段熲傳》：「中興以來，羌寇最盛，誅之不盡，雖降復叛。今先零雜種，累以反覆，攻沒縣邑，剽略人物，發冢露尸，禍及生死。」〈南匈奴列傳〉：「（安帝永初四年）單于見諸軍並進，大恐怖，……乃遣使乞降，許之。單于脫帽徒跣對龐雄等拜陳道死罪。於是赦之，遇待如初。乃還所鈔漢民男女，乃羌所略轉賣入匈奴中者，合萬餘人。」羌人剽略漢民，發冢露尸，乃至所略漢人轉賣匈奴，宜乎漢以寇讎視之。

註四二　參見劉光華《漢代西北屯田研究》第九章。

註四三　見《後漢書．班超傳》、〈西羌傳〉。

註四四　此建武十年至十二年之事。見《後漢書．光武帝紀》。

註四五　《後漢書．馬援列傳》：「是時（建武十一年），朝臣以金城破羌之西，塗遠多寇，議欲棄之。援上言，破羌以西，城多完牢，易可依固，其田吐肥壤，灌溉流通。如令羌在湟中，則爲害不休，不可棄也。帝然之。」

註四六　參見王夫之《讀通鑑論》卷七。

註四七　人口減少之例，可參見註三八；若論貲財之損耗，則《後漢書．段熲傳》所載，至爲明晰，其言曰：「伏記永初中，諸羌反叛，十有四年，用二百四十億；永和之末，復經七年，用八十餘億。費耗若此，猶不誅盡，餘孽復起，于茲作害。」又曰：「今若以騎五千，步萬人，車三千兩，三冬二夏，足以破定，無慮用費爲錢五十四億。」

第六章 結論

——王符《潛夫論》所顯示之時代意義

南朝范曄以王符、王充、仲長統三人同傳，且嘗謂王符《潛夫論》之書，實可「指訐時短，討讁物情，足可觀見當時風政」《後漢書・王符傳》者，蓋東漢和安之後，國政漸非，「庶官多非其人，下民被姦邪之傷」《後漢書・和帝紀》，在朝之士，雖規諷殷勤，如和帝時，竇太后臨政，竇憲兄弟各擅威權，太傅丁鴻乃上封事以刺；安帝時，乳母王聖及中常侍樊豐、侍中周廣，謝惲等，「更相扇動，傾搖朝廷」《後漢書・楊震傳》，太尉楊震遂上疏諫之；順帝時，尚書令左雄上疏，力陳「俗浸彫敝，巧僞滋萌，下飾其詐，上肆其殘」、「髡鉗之戮，生於睚眦，覆尸之禍，成於喜怒，視民如寇讎，稅之如豺虎」《後漢書・左雄傳》之積弊；又大將軍梁冀專擅驕横，朝庭側目，莫敢違命，太尉黃瓊乃於梁冀，前後所託辟召，「一無所用，雖有善人而爲冀所飾舉者，亦不加命」《後漢書・黃瓊傳》，類此美言忠行之士，實足良多，然抗言高行，殆皆針對一時之偏而立論，實不若王符《潛夫論》所緊扣東漢中葉後，政治、經濟、社會、國防等諸般情勢之廣。且丁鴻「深言日食」《後漢書・丁鴻傳》；

楊震則嘗聞其師所言：「地者陰精，當安靜承陽」之理，故延光二年十二月戊辰，京師地動，楊震乃以「動搖者，陰道盛也，其日戊辰，三者皆土，位在中宮，此中臣近官盛於持權用事之象」說之《後漢書．楊震傳》；左雄亦善「推災異，以爲下人有逆上之徵」《後漢書．左雄傳》；黃瓊尤盛言「卦位錯謬，寒燠相干，蒙氣數興，日闇月散，原之天意，殆不虛然」《後漢書．黃瓊傳》之意；王符雖亦有珍異災異之言，然其意固在倡言「天道曰施，地道曰化，人道曰爲」、「和氣生人，以統理之」〈本訓〉之人爲修德、主觀動能之旨（註一），故尤駁斥將鬼神方術誣妄之事，附會於人倫現實之中，所謂「非有事故，何奈於我」、「若人治之，有牧守令長矣，向之何怒，背之何怨」〈卜列〉、「人無釁焉，妖不自作」、「人不可多忌，多忌妄畏，實致妖祥」〈巫列〉，是其論證東漢政經社會衰頹之因果關係，實較前引諸人爲精準。

又據《後漢書．王符傳》載：「和安之後，世務游宦，當塗者更相薦引。」王符既耿介不同於流俗，又終生未仕，是《潛夫論》所記東漢政經諸事，較史冊所記尤屬客觀公正（註二）；而王符身爲安定邊隅逢掖，於「震如雷霆，赫如日月，而談者皆諱之」〈救邊〉之羌亂邊患，其觀察判斷，固爲灼然直接；又嘗游學洛陽帝都（註三），於政情之考察，經濟社會脈動之掌握，必有過人之處，且王符「與馬融、竇章、張衡、崔瑗等友善」《後漢書．王符傳》，馬融諸人，雖皆顯貴之後，但皆勤於任事著述，然則王符所聞見者，實非一曲之私，固必有取於彼數人。是王符雖如清汪繼培所言，「未能涉大庭與論議，以感動人主，又不得典司治民，以效其能，獨蓄大道，托之空言，斯賈生所爲太息，次公以之略觀者已」，然其閔俗陵替，發憤所爲之言，誠爲「精習經術，而達於當世之務，其言用人行政諸大端，皆按切時勢，令今可行，不爲卓絕詭激之論。」（《潛夫論箋．自序》）故范史雖以王符與王充、仲長統同傳，若以三家之書相較，則前人嘗謂《潛夫論》實兼有《論衡》、《昌言》之長而過之，「符書洞悉政體似《昌言》，而明切過之，辨別是非似《論衡》，而醇正過之。」（《四庫全書總目提要》）而《四庫全書簡明目錄》又曰：「符遭逢亂世，發憤著書，然明達治體，所敷陳多切中得失，非迂儒矯激務爲高論之比也。」所謂「明達治體」、「切中得失」，與前此范書所稱之「指訐時短，討謫物情，足以觀見當時風政」，千載上下，殊無二致，此皆可爲《潛夫論》之顯明定論。

王符嘗曰：「明於禍福之實者，不可以虛論惑也，察於治亂之情者，不可以華飾移也。」〈邊議〉故浮游之說，不疑之事，王符固以爲不必聽謀，若有事理之所應然當然者，則應直言無諱，不必曲爲之隱，故「問陰對陽，謂之彊說，論西詰東，謂之彊難」〈釋難〉，誠所謂「背是實而更爭言」〈邊議〉者也。《潛夫論》書中，王符察治亂之情，審是非之實，復以「芻蕘雖微陋，先聖亦咨詢」〈敘錄〉自許，故今人實有以「獨立性格」之「進步思想家」推許者（註四）。今通檢全書，《潛夫論》所論及此意者，凡有三要，茲分三節略述於左。

第一節　斥責對平民百姓等級隸屬之專制壓迫

吾國思想界，以孔孟儒家爲主，儒家之政治理想，厥爲民本主張，此一思想之極致，即以平民百姓爲政治主體，而求「本固邦寧」之境界實踐。然衡之以政治現實，則帝王天子位尊勢重，實爲政治主體，因帝王天子之尊無與上，遂使儒家之民本主張，多趨於晦暗。

春秋、戰國之際，諸侯放恣，處士可以橫議，故周天子名雖天子，實爲諸侯共主而已。秦國祚短促，可以不論，至西漢高祖劉邦，撥亂世反之正，平定天下，其後武帝遂「疇咨海內，舉其俊茂，與之立功，興太學，修郊祀，改正朔，定曆數，協音律，作詩樂，建封禪，禮百神，紹周後，號令文章，煥焉可述。」《漢書．武帝紀》文治武功雖盛而專制極權之盛，至此亦趨極致，然帝王天子以一己好惡才智，固不足以應對天下神器，故「明有所蔽，德不能綏」《漢書．成帝紀》，甚或「彼日而微，遂祲天路」《後漢書．安帝紀》者，此誠以人主之好惡殊方故也。《潛夫論》中，王符雖盛稱天子權勢之尊曰：

> 夫帝王者，其利重矣，其威大矣，徒懸重利，足以勸善，徒設嚴威，可以懲姦，乃張重利以誘民，操大威以驅之，則舉世之人，可令冒白刃而不恨，赴湯火而不難。〈明忠〉

然以「國以民爲基，貴以賤爲本」〈邊議〉之言準之，則知王符於漢天子挾勢壓迫百姓之抨擊，實不稍假辭色：

> 世主之於貴戚也，愛其嬖媚之美，不量其材而授之官，不使立功，自託於民，而苟務高其爵位，崇其賞賜，令結怨於下民，縣罪於上天，惡既積，過既成，豈有不顚隕者哉？〈思賢〉

> 夫君國者將民之以處，民實瘠而君安得肥？夫以小民，受天永命，竊願聖主，深惟國基之傷病，遠慮禍福之所生。且夫物有盛衰，時有推移，事有激會，人有變化，智者揆象，不其宜乎？〈邊議〉

人主治世，當深惟國基之傷病，遠慮禍福之所生，固不敢以爵祿私其所愛，以高壓逞其冥頑，然竟使「貪權冒寵，蓄積無極，思登顛隕之臺，樂循覆車之迹，願禆福祚，以備員滿貫者，何世無之？」〈忠貴〉者，實以其既不知「苟以親戚邑人典官者，譬猶以愛子易御僕，以明珠易良藥，雖有可愛好之情，然而其覆大車而殺病人也必矣」〈思賢〉之理，人主復「徒信貴人驕妒之議，獨用苟媚蠱惑之言」，故賢者如「豐禮者」，常「蒙僽咎」，「論德義者」，亦「見尤惡」，而「諛臣佞人又從以詆訾之法，被以議上之刑」，詆訾之法，乃「伐賢之斧」，驕妒之臣，實「噬賢之狗」，人主內秉「伐賢之斧，權噬賢之狗」，此正王符所稱：「己有所愛，則因以斷之，不稽於衆，不謀於心，苟眩於愛，唯言是從」，而外欲招賢，「欲其至也，不亦悲乎？」凡此皆王符所以有〈潛歎〉之旨，又羌亂之時，「一人吁嗟，王道爲虧，況滅沒之民百萬乎？」〈邊議〉，「一人吁嗟，王道爲虧，況百萬之衆，叫號哭泣，感天心乎？」〈救邊〉，漢天子乃「坐觀其爲冠賊之所屠剝，立視其爲狗豕之所噉食」〈邊議〉，是東漢季世之弊，固由天子昏庸而始也。

天子之外，外戚王侯，群臣百僚，同爲專制壓迫平民百姓之權力來源，而依王符所言，外戚王侯爲禍之患，最爲酷烈，其言曰：

今諸侯貴戚，……或既欺負百姓，上書封租，願且償責，此乃殘掠官民，而還依縣官也，其誣罔慢易，罪莫大焉。〈斷訟〉

當今列侯，率皆襲先人之爵，因祖考之位，其身無功於漢，無德於民，專國南面，臥食重祿，下殫百姓，富有國家，此素餐之甚者也。〈三式〉

列侯本皆剖符受策國之大臣，誠宜「助聰明，與聖賢，以佐天子」〈三式〉，豈可以「坐作奢僭，驕贏負責，欺枉下民，淫恣酒色，職為亂階，以傷風化而已乎？」〈三式〉，而觀王符之記，則列侯之橫行不法，驕盈不馴，實足駭人；外戚則以天子之母系或妻系家族成員，黨親連體，根據朝庭，甚或干涉律法，結成勢力網罟，「說聽於上，謁行於下，是故雖嚴令尹，終不能破壞斷絕。」〈述赦〉而〈浮侈〉所載外戚之富貴嫁娶，不獨侈靡僭上，其喪葬送死，尤其奢麗過禮，「但作煩攪擾，傷害吏民」、「一饗之所費，破終身之本業」、「費工傷農，可為痛心」，此正百姓流離失所，生計無以為繼之因由也。

外戚王侯外，朝庭群臣百僚，王符亦稱多貪瀆凶殘、拱默無能之輩，如中朝尚書，雖攬權獨握，然以察察小惠，終無大能，故「太守擅權，臺閣不察」〈敘錄〉，下民倘有冤曲，詣闕而能省問者，不過百一，而「既對尚書，空遣去者，復十六七」〈述赦〉，然則號稱「三獨座」、「三臺」之一，不得享司法，選舉大權之尚書，實多無足道者；外朝官僚系統，則因戚宦尚書專政，故多有名無實，難有做為，上至三公九卿，下至州郡縣邑，王符皆以彼輩不獨缺乏治事績效（王符於〈勸將〉、〈救邊〉、

〈邊議〉、〈實邊〉四篇，言之尤詳），而欺壓百姓，侮辱細民者，則競相爲先。如三公九卿，「始起州郡而致宰相，此其聰明智慮，必未闇也，患其苟先私計而後公義爾」〈愛日〉，所謂私計，正指營私家，食重祿而言，此固以細民爲其取得之代價，下民之有冤曲，必延以日月，「公府不能昭察眞僞，則但欲罷之以久困之資，故猥設一科令，比滿百日，乃爲移書」〈愛日〉；公卿既循常習故，如「婦女之檢柙，鄉曲之常人」《後漢書・仲長統傳》，則所轄郡國守相「率多怠慢，違背法律，廢忽詔令，專情務利，不恤公事」〈三式〉；郡國守相所屬縣令長「不思立功，貪殘專恣，不奉法令，侵冤小民」〈考績〉、「正士懷冤結而不得信，猾吏崇姦宄而不痛坐，此郡縣所以易侵小民，而天下所以多饑窮也」〈愛日〉；乃至令長所屬鄉亭部吏決斷辭訟，所謂「直者眞正而不撓志，無恩於吏，怨家賂主者，結以貨財，故鄉亭與之爲排直家」〈愛日〉，實已不足訝異。而考課不公、監察不實之官場風氣，尤助長「在位所以多非其人，而官職所以數亂荒」〈考績〉之弊，昏庸、愚昧、殘苛、虛假，遂成爲東漢官場上下之風氣寫照，故王符結之曰：

人臣不奉遵禮法，竭精思職，推誠輔君，效功百姓，下自附於民氓，上承順於天心，而乃欲任其私知，竊君威德，以陵下民，反戾天地，欺誣神明，偷進苟得，以自奉厚，居累卵之危，而圖泰山之安，爲朝露之行，而思傳世之功，譬猶始皇之舍德任刑，而欲計一以至於萬也，豈不惑哉？〈忠貴〉

是王符雖爲布衣處士，面對龐大、專制勢力，上至天子三公王侯貴戚，下至令長鄉吏閥閱豪右，乃以一批判者之角色，提出正面、直接、強烈之抨擊，如此道德勇氣，殆即顧炎武所謂三代以下，風俗之美，未有如東京者（註五）之至佳範例，而東漢君臣上下之因循苟且，尸位素餐，以平民百姓為魚肉，觀諸王符所言：「非人之主，非民之將，非主之佐，非勝之主」〈邊議〉、「盜賊何從消？太平何從作？」〈愛日〉，其中消息，固不待多言矣。

又專制壓迫，不獨專指政治勢力之定於一尊，經濟資源之獨佔壟斷亦可從屬之，蓋二者之間，常可互為相待而滋長也。東漢之世，帝室戚貴為求獨佔優勢，朝庭官府又欲確保賦稅、徭役、兵役之來源，遂施行「案比」之戶籍登記，縣吏功曹逐戶檢驗戶口貲財，並造冊登記，如此編戶之民，既為兵役力役調度，與王室朝庭財政之提供者，亦淪為受專制壓迫之對象。

蓋漢代帝室支出，以供御、賞賜為主，朝庭支出則以俸祿、祭祀、軍費、營造為主（註六）不論出自何者，最終須由平民百姓承受，則為不爭事實，倘能撙節用度，百姓或可贍於衣食，唯若掌權執政者，一意貪聚無饜，則百姓嗟怨，遮道號呼，又不啻為另一形式之專制壓迫也。

先以朝庭支出言之，東漢光武雖先并官省職，十置其一，然明、章之後，又稍增置，至於東漢末世，吏員數目達十餘萬人之眾（註七），雖減俸、絕俸、假俸之事時有，然亦可知官吏俸祿支出之龐大，誠為驚人，若論國防軍費支出，僅以西北羌亂計之，前後所耗費者，計三百餘億，其餘回於姦吏，私自潤入，即可以不必論矣，其餘若天地鬼神山川先祖之祭祀，宮殿宗廟陵園之修築，不獨煩費擾民，尤使國用枯竭；再以帝室支出言之，如服御、膳食、珍玩、聲樂、器用、後宮之供養，「天下雖復盡力耕桑，猶不能供」《後漢書．宦者呂強傳》，而天子於佞幸權貴之賞賜過制，竟致於「空竭帑藏，損耗國資」《後漢書．何敞傳》，凡此「公家之用」，皆「百姓之力」《後漢書．何敞傳》，而漢天子即或有計金授官，入錢各有差，唯所得又全供一己揮霍，上有好之者，下必如響斯應，故各種不法經濟勾當，遂充斥於官場，王符嘗例之曰：

且夫竊位之人……一旦富貴，則背親捐舊，喪其本心，皆踈骨肉而親便辟，薄知友而厚狗馬，財貨滿於僕妾，祿賜盡於猾奴，寧見朽貫千萬而不忍賜人一錢，寧知積粟腐倉而不忍貸人一升，人多驕肆，負債不償，骨肉怨望於家，細民謗讟於道，前人以敗，後爭襲之，誠可傷也。〈忠貴〉

封君王侯貴戚豪富，……假舉驕奢，以作淫侈，高負千萬，不肯償責，小民守門，號哭啼呼，曾無怵惕慙怍哀矜之意，苟崇聚酒徒無行之人，傳空引滿，啁啾罵詈，晝夜鄂鄂，慢游是好，或毆擊責主，入於死亡，與群盜攻剽，劫人無異。〈斷訟〉

此即王侯權貴因公行私，轉相賦斂之例，而其所憑籍者，正其威勢也。

　　此外，朝庭舉措不當，亦為變相之專制壓迫，如賦稅徭役之不平、不實、苛取、豪奪，王符所謂：「公卿師尹，卒勞百姓，輕奪民時」〈敘錄〉、「君不明則百官亂而姦宄興，法令鬻而役賦繁」〈愛日〉，此正細民「困於吏政」〈愛日〉、「誠可憤諍」〈敘錄〉之故；又廣大之自耕農民或為佃農、雇農、或為游民、或沒身為奴、乃至淪為盜賊，除因須承受天災人禍、賦稅徭役之傷害外，官府之煩擾苛察，以至「日力」、「民功」之無從推展，戚宦權貴、公卿大臣之大肆兼併土地，間接促成人地比之不均，其中實不乏仗勢爲之以遂取其經濟利益者，而平民百姓人命流亡，尤直接受害。

又地方豪強，乃至市井之末業商賈，亦均可透過特權及政經勢力之運作，或納貲鬻爵，直接求取仕進，或交通王侯，以致力過吏勢，此王符所謂：「多散苟得之財，奉以諂諛之辭，以轉相驅，非有第五公之廉直，孰能不爲顧？」、「請至貴戚寵臣，說聽於上，謁行於下，是故嚴令尹，終不能破壞斷絕」〈述赦〉；而東漢社會流行之方術迷信，如所謂「宅有宮商之第，直符之歲」〈卜列〉者，殆即以「邪淫誑惑」〈卜列〉取得權勢高位之例，若此之輩，居官任職，其於平民百姓之屠剝，亦無庸細述。

第二節　指訐時短，揭露東漢王朝諸種弊端

《潛夫論》之撰述旨趣，王符自謂：「中心時有感，援筆紀數文，字以綴愚情，財令不忽忘」〈敘錄〉，又稱：「芻蕘雖微陋，先聖亦咨詢」〈敘錄〉，其書以譏當時得失爲意，而指訐時短，討讁物情處，實足以觀見當時風政，芻蕘一言可采，即當綴而不忘，況此三十六篇乎？

王符嘗曰：「物之有然否也，非以其文也，必以其眞也。」〈釋難〉故稱明於禍福之實者，「不可以虛論惑也」〈邊議〉，察於治亂之情者，「不可以華飾移也」〈邊議〉，王符又曰：「予豈好辯？將以明眞。」〈敘錄〉則王符申論東漢風教實眞狀貌，今所欲知者，厥有二事，一爲撰述方式，二爲指

訐內容。

先就方式言之，可分直接、間接二法。所謂直接方式，即王符著書，多以論議形式出之，篇篇標題明確，主旨分明，不獨論議深切中肯，入木三分，而文筆遒勁犀利，字中多挾風霜，尤足令人歎服，《四庫全書簡明目錄》、《鄭堂讀書記》二書，均稱其「非迂儒矯激務爲高論之比」，誠爲不虛；間接之法者，王符著書，尤善「引物連類，論事取喻」（註八），時見殫精盡思，自出機杼之妙，如以司佃之隨聲逐響，懼失麟鹿而獲艾猳，以刺群司舉士之不察眞僞〈賢難〉；以一門五子十孫，父母不察精慄，則勤力者懈弛，惰慢者遂非，以喻考績之至要〈考績〉；以生飯秔粱，旨酒甘醪乃養生之具，而病人惡之，以爲不若菽麥糟糠飲清之食，以刺闇君之不能尊賢任能〈思賢〉；以父母之失，常在不能已於媚子，而刺人君之不能已於驕臣〈忠貴〉；他若以人身之病，待醫而治，以喻國之亂，待賢而治〈思賢〉；治病當得眞人蔘，反得支羅服，當得麥門冬，反得烝橫麥，故治世不得眞賢，譬猶治疾不得眞藥〈思賢〉；爲國者必知民之所苦，禍之所起，猶如治病者，必先知脈之虛實，氣之所結〈述赦〉；又以扁鵲之治病，審閉結而通鬱滯，虛者補之，實者瀉之，以喻邊郡內郡之人地比應均平〈實邊〉。凡此或虛設其義，或以人倫醫用爲喻，此正王符所稱：「夫譬喻也者，生於直告之不明，故假物之然否以彰之」〈釋難〉之意。且王符論事，又善舉史實人物以爲證，人物有正邪，史實有是非，引證或長或短，王符信手拈入，實具畫龍點睛之妙，而〈潛歎〉載周世天子聽政，「使三公至於列士獻典，良史獻書，師箴，瞍賦，矇誦，百工諫，庶人傳語，近臣盡規，親戚補察，瞽史教誨，耆艾脩之」，而後天子方斟酌以行事；〈考績〉載古者諸侯貢士，「一適謂之好德，載適謂之尚賢，三適謂之有功，則加之賞，其不貢士也，一則黜爵，載則黜地，三黜則爵土俱畢，附下罔上者死，附上罔下者刑，與聞國政而無益於民者斥，在上位而不能進賢者逐」；〈班祿〉記古時「九州之內，合三千里，凡千八百國」，其上下班祿之事，各有等差（文長不錄）；是王符於古昔典章制度之記述，固有援古證今之說服力。外此，王符論述，亦喜紹續前賢之言以為張本，諸如：老子、子產、荀子、孫子，均有徵引，而引孔子及五經，尤所常見（註九）；其暗襲者，則道家、墨家、法家、名家、雜家、乃至醫家、天文家（註一〇），均為王符理論提供「遂遠聖述」〈敍錄〉之系統基礎，而《潛夫論》書中，引東漢諺語謠言亦多常見，此亦可知王符論議，非徒斷章破句，以掉其書袋而已。

次就內容言之，《潛夫論》所指訐揭露之東漢時弊，約略計之，則為政治、經濟、社會、國防外患（羌亂）四者。

先就政治弊端而論，此為王符所揭露內容之最豐富者，可分三事析之。一則就天子對群僚、上官對下屬而言，王符尤指斥漢世選舉用人不公之流弊，其言曰：

今當塗之人，既不能紹練賢鄙，然又怯於貴人之風指，脅以權勢之囑託，請謁闐門，禮贄輻湊，迫於目前之急，則且先之，此正士之所獨蔽，而群邪之所黨進也。〈本政〉

舉世多朋黨而用私，競背實而趨華，貢士者非復依其質幹，準其材行也，直虛造空美，掃地洞說，擇能者而書之，公卿刺史掾從事茂才孝廉，且二百員，歷察其狀，德侔顏冉，寂其行能，多不及中，誠使皆如狀文，則是爲歲得大賢二百也，然則災異曷爲譏？此非其實之效。〈實貢〉〈斷訟〉亦言有酒徒無行之人，「傳空引滿，啁啾罵詈，晝夜鄂鄂，慢游是好」，此不當復得在選辟之科者，「州司公府反爭取之」，則其餘可以無論矣，故王符譏之曰：「太平之世，而云無士，數開橫選，而不得眞，甚可憤也。」又曰：「今漢土之廣博，天子尊明，而曾無一良臣。」〈實貢〉以天下之大，四海之衆，天子尊明，而無善士，王符所言，正有無限嘲弄之意，而所以致此者，王符殆以「以族舉德，以位命賢」〈論榮〉說之，蓋以族姓閥閱取士，名實不符，求貢不稱，故「虛張高譽，彊蔽疵瑕，以相誑耀」〈實貢〉，不獨相沿成習，而「務多交游，以結黨助，偷勢竊名，以取濟渡」〈務本〉，官場之循私舞弊，誠不堪聞問矣；二則就臣僚對天子，下屬對上官言之，王符所揭露者，除此輩既擅逢迎蔽上：

今多姦諛以取媚，撓法以便己，苟得之徒，從而賢之，此滅貞良之行，而開亂危之原者也。〈務本〉

或因類聾，或空造端，痛君不察，而信讒言。〈敍錄〉

當塗之人，咸欲專君，雍蔽賢士，以擅主權。〈敍錄〉

又喜妬賢傷賢：

以大漢之廣博，士民之衆多，朝廷之清明，上下之脩治，而官無直吏，位無良臣，此非今世之無賢也，乃賢者廢錮，而不得達於聖主之朝爾。〈實貢〉

賢者所以廢錮者，一因「主有求賢之心，而無得賢之術」〈潛歎〉，此即謂選舉諸法（如察舉、徵辟、任子、納貲等）實有濫選浮僞之弊；二因「臣有進賢之名，而無進賢之實」〈潛歎〉，蓋貿易選舉，財貨自通，已成風氣，而驕臣之視賢者，必欲去之而後快，「妬媢之攻擊，亦誠工矣，賢聖之居世也，亦誠危矣」〈賢難〉、然則「修行論議之士，得不遇於嫉妬之害，免於刑戮之咎者，蓋其幸者也。」〈賢難〉上不求賢，下不舉賢，東漢政情之所以頹敗，豈是偶然？三則考科不公、監察不實，此東漢官場中，貪吏、酷吏、俗吏所以充斥之故，王符嘗指斥之曰：

> 令長守相，不思立功，貪殘專恣，不奉法令，侵冤小民，州司不治，令遠詣闕，上書訴訟，尚書不以責三公，三公不以讓州郡，州郡不以討縣邑，是以凶惡狡猾，易相冤也。〈考績〉

官場所爲者，如「案比」、「上計」之事，但坐調文書，以欺朝庭，致使「有功不賞，無德不削，甚非勸善懲惡，誘進忠賢，移風易俗之術」〈三式〉，故「聖漢踐祚，載祀四八」，所以不能成教化而安民氓者，王符以爲實因「教不修而功不考，賞罰稽而赦贖數」〈考績〉之故。而與考績相待之監察制度，亦失喪其公正客觀，復以赦贖頻繁，故肅官箴而察非法，徒成空談，刺史、督郵之流，多「專情務利，不恤公事」〈三式〉，甚或與姦猾之黨相連結，「共橫枉侵冤，誣奏罪法」，令主上「妄行刑辟，高至死徙，下乃論免」〈述赦〉，既不以察舉爲憂，亦不以發覺爲負，范史所稱「垂頭塞耳，阿私下比」《後漢書．觴帝紀》正與王符所言相近。

次就經濟弊病而論，東漢之際，因天災人禍頻仍、賦稅徭役繁重、日力失時無效、土地兼併嚴重、在在均呈現農桑本業荒蕪、農民流離失怙之悲慘寫照。王符所揭露經濟弊病之最驚人者，厥爲貧富不均、兩極對立之惡質標幟，富者如貴戚，依〈浮侈〉所載，其衣食車輿，文飾廬舍，「皆過王制，僭上甚矣」；嫁娶富貴，則「車軿駱驛，騎奴侍僮，夾轂節引」；喪葬棺槨則必欲江南楩梓，豫章楩柟，「伐斫連月，然後訖，會衆然後能動擔，牛列然後能致水，潰油入海，連淮逆河，然後到雒，工匠彫治，積累日月」；陵墓則「金鏤玉匣，檽梓楩柟，良田造塋，黃壤致藏，多埋珍寶，偶人車馬，造起大冢，廣種松柏，廬舍祠堂，崇侈上僭」；葬祭則「都官屬縣，各當遣吏齎奉，車馬帷帳，貸借待客之具，競爲華觀」；誠可謂駭人聽聞，而「假舉驕奢，以作淫侈，高負千萬，不肯償責」〈斷訟〉，致令小民守門，「號哭啼呼，曾無怵惕慙怍哀矜之意」〈斷訟〉，又誠屬無恥之尤，其餘富貴之家或「財貨滿於僕妾，祿賜盡於猾奴，寧見朽貫千萬而不忍賜人一錢，寧知積粟腐倉而不忍貸人一升」〈忠貴〉；或「競於驕僭，貪樂慢傲」〈交際〉；或「衣必細緻，履必麞麂，組必文采，襪必綸貲，文飾車馬，多畜奴婢」〈浮侈〉；此皆壟斷政經資源，因而既富且貴者也。貧者則因末末不相供，奪失人功，物價騰躍，「則民安得不飢寒」〈浮侈〉，又農村破產，農民或爲地主佃雇，以苟延殘喘，餘則或沒爲奴隸，「遠見販賣，自令不能自活，不可勝數」〈實邊〉；或爲亡命流民，「逐道東走，流離分散」〈實邊〉；或淪爲盜匪，「飢寒並至，則安能不爲非？」〈浮侈〉貧富兩相對照，王符遂直陳其故曰：

> 世人之論也，靡不貴廉讓而賤財利焉，及其行也，多釋廉讓而甘財利，……前人以病，後人以爲仁不富，爲富不仁。〈敘錄〉

競，庶民之愚而衰闇之至也。〈遏利〉

政治情勢與經濟情勢，本互為表裡，王符時東漢國勢所以如日薄西山者，正因二者已趨凋弊破敗，而《潛夫論》所指訐者，正足以見其一斑。

再就社會情況論之，依王符所聞見，東漢之整體社會價值觀，多以財富功利、浮華虛偽相倡，此不獨遍殖於各個社會階層，且人人競此為務，惶惶唯恐居後，此誠「傷道德之至實」〈務本〉者也。

唯其講求財富功利，故於人所當為之積學努力，常不予理會，王符曰：

當世學士，恆以萬計，而究塗者，無數十焉，其故何也？其富者則以賄玷精，貧者則以乏易計，或以喪亂，朞其年歲，此其所以違初喪功而反其童蒙者也。」〈讚學〉

即或有治學者，亦不以成就理性思維為念，「今學問之士，好語虛無之事，爭著彫麗之文，以求見異於世，品人鮮識，從而高之，此傷道德之實，而惑矇夫之大者也。」〈務本〉故於孔門經典，皆以為「五經之言誣」〈思賢〉，積弊所及，遂不曉是非然否，「直以面譽我者為智，諂諛己者為仁，處姦利者為行，竊祿位者為賢爾」〈賢難〉，不智不仁，無行無賢，正以「學淫則詐偽」〈務本〉故也；又因講求財富功利，故於「孝悌之原，忠正之真，綱紀之化，本途之歸」〈賢難〉，殊不能知，王符嘗例之曰：

今多違志以儉養，約生以待終，終沒之後，乃崇飾喪紀以言孝，盛饗賓旅以求名，誣善之徒，從而稱之，此亂孝悌之真行，而誤後生之痛者也。〈務本〉

喪葬本爲稱情而立文之禮，乃竟爲社會上下追逐誇尙之手段，本書〈浮侈〉王符所揭露者，固歷歷在目也；不獨此也，財富功利之流風所及，遂使東漢社會，畸形之農工商末業盛行，人人不特索利無饜，亦且演爲時尙，大者積貯倍息，小者逐其蠅利，而兩不與焉之游手好閒之徒，遂應運而生，王符曰：

或以謀姦會任爲業，或以游敖博奕爲事，丁夫不傅犁鋤，懷丸挾彈，攜手遨游，或取好土作丸賣之，……或作竹簧，削銳其頭，有傷害之象，傅以蠟蜜，有口舌之類，皆非吉祥善應，或作泥車瓦狗，馬騎倡俳，諸戲弄之具，以巧詐小兒。〈浮侈〉

而人之交際往來，亦以財富功利是圖，「富貴則人爭附之」，「貧賤則人爭去之」〈交際〉，此誠以俗士淺短之識見，「見有益則先至，顧無用則後輩，是以欲速之徒，競推上而不暇接下，爭逐前而不遑卹後」〈交際〉，故世俗之交，王符復譏之曰：

未相照察，而求深固，探懷扼腕，拊心祝詛，苟欲相護，論議而已，分背之日，既得之後，則相棄忘，或受人恩德，先以濟度，不能拔舉，則因毀之，爲生瑕釁，明言我不遺力，無奈自不可爾。〈交際〉

一味唯利是圖，故詐騙欺紿之事，亦厚顏爲之，王符稱一歲斷獄，雖以萬計，然辭訟之辯，鬭賊之發，鄉部之治，獄官所治理者，「其狀一也，本皆起民不誠信而數相欺紿也。」〈斷訟〉，故「輕薄父兄，淫僻婦女，不惟義理，苟疎一德，借本治生，逃亡抵中，卒以致於刳腹芟頸滅宗之禍者，何所無之？」〈斷訟〉，而貞潔寡婦，痛失匹配，已不幸矣，然不仁世叔，無義兄弟，「或利其娉幣，或貪其財賄，或利其兒子」，故「彊中欺嫁，處迫脅遣送，人有自縊房中，飲藥車上，絕命喪軀，孤捐童孩，此猶迫脅人命自殺也。」〈交際〉凡此皆王符所稱「言方行圓，口正心邪，行與言謬，心與口違」〈交際〉之顯例，亦與王符另有不見於《潛夫論》所言：「仁義不能月昇，財帛而欲日增，余所惡也。」（註一一）義正相合。

又因講求浮華虛假，故人之理性思維，不獨不見於政界袞袞諸公，與學界溝猶瞀儒，廣大之平民社會階層，王符亦以其沈迷方術伎倆爲憂，此《潛夫論》所以有〈巫列〉、〈卜列〉、〈相列〉、〈夢列〉四篇述作之意也。蓋卜筮巫覡之事，王符實以爲其作用有限，所謂「巫覡祝請，亦其助也，然非德不行」、「巫史祈祝者，蓋所以交鬼神而救細微爾，至於大命，未如之何」〈巫列〉、「向之何怒？背之何怨？」〈卜列〉；相術所指，亦以爲有不必然者，「能期其所極，不能使之必至」〈相列〉；占夢之事，王符尤不以此爲必要，「人於清明計事，起而行之，尚有不從，況於忘忽雜受，亦可必乎？」〈夢列〉、「今一寢之夢，或屢遷化，百物代之，而其主不能究道之，故占者有不中也。」〈夢列〉上述諸事，不獨與理性思維相違，有害於「天地之所貴者，人也」〈讚學〉之義，且常爲姦人所利，盜賊所中，「或裁好繒，作爲疎頭，令工采畫，雇人書祝，虛飾巧言，欲邀多福，或裂拆繒綵，裁廣數分，長各五寸，縫繪佩之，或紡綵絲而縻，斷截以繞臂，此無益於吉凶，而空殘滅繒絲，縈悸小民」、「今多不脩中饋，休其蠶絲，而起學巫祝，鼓舞事神，以欺誣細民，熒惑百姓」〈浮侈〉，然竟不乏「世俗小人，醜妾婢婦，淺陋愚戇，漸染既成，又數揚精破膽，今不順精誠行向，而彊之以其所畏」、「

今民生不見正道，而長於邪淫誑惑之中，其信之也，難卒解也」〈卜列〉之輩，合之其餘「妄傳姓於五音，設五宅之符第」、「商家之宅，宜出西門」、「宅有宮商之第，直符之歲」〈卜列〉諸多類同後世堪輿之事驗之，則東漢社會畸形之虛假浮妄事，王符所言，實非憑空臆造。

未就羌亂言之，《潛夫論》中，〈勸將〉、〈救邊〉、〈邊議〉、〈實邊〉四篇所反映者，雖只限永初羌亂，然因人命貲財之耗損，既爲東漢諸多羌亂之最，災禍所被覆之地區，又至爲廣大，「始自并涼，延及司隸，東禍趙魏，西鈔蜀漢，五州殘破，六郡削迹」〈救邊〉，百姓不獨深受羌禍之苦，「周迴萬里，野無孑遺，寇鈔禍害，晝夜不止，百姓滅沒，日月焦盡」〈救邊〉，而漢吏放縱之禍，王符尤以爲在羌患之上，「從民借貸，千萬之家，削身無餘，萬民匱竭，因隨以死亡者，皆吏所餓殺也，其爲酷痛，甚於逢虜」、「寇鈔賊虜，忽然而過，未必死傷，吏所搜索剽奪，旋踵塗地，或覆宗滅族，絕無種類，或孤兒婦女，爲人奴婢」〈實邊〉，故此四篇所揭露者，不啻另一虛耗分散，疏離顛沛之血淚史也。

蓋永初羌亂初起之時，漢庭公卿師尹，即以萬里路遙，不欲征戰，「咸欲捐棄涼州，卻保三輔」〈救邊〉；其後羌勢轉盛，安帝竟從二千石令長之請，遂移徙隴西等四郡，百姓戀土，不願內遷，太守令長遂發遣吏兵，彊迫從之，「芟民禾稼，發其室屋，夷其營壁，破其生業，彊劫驅掠，與其內入，捐棄羸弱，使死其處」、「民既奪土失業，又遭蝗旱饑遺，逐道東走，流離分散，幽冀兗豫荊楊蜀漢，饑餓死亡，復失太半」〈實邊〉，其能內徙者，遂使內郡「戶口百萬，田畝不全，人衆地狹，無所容足」〈實邊〉，邊郡則「地各有兩縣，戶才置數百，而太守周迴萬里，空無人民，美田棄而莫墾發」〈實邊〉，社會、經濟秩序，兩相解體，遂貽無窮禍患，及至羌亂「已積十歲」，太守令長，猶「奴怯畏偄，不敢討擊」〈邊議〉，公卿更以爲「費煩不可」〈邊議〉，故王符譏之曰：

夫仁者恕己以及人，智者講功而處事，今公卿內不傷士民滅沒之痛，外不慮久兵之禍，各懷一切，所脫避目前，苟云不當動兵，而不復知引帝王之綱維，原禍變之所終也。〈邊議〉

永初羌亂，依《潛夫論》所記，原本易制，不足爲畏，蓋漢庭「兵巧之械，盈乎府庫，孫吳之言，聒乎將耳」，將帥以守令之郡，籍富厚之蓄，「據列城而處利勢，權十萬之衆，將勇傑之士」〈勸將〉，實大有可爲，邊郡之民，「暴被殃禍，亡失財貨，人褱憤怒，各欲報讎」〈實邊〉，又足可爲漢庭之奧援，而羌人器械未備，「或持銅鏡以象兵，或負板案以類楯，惶懼擾攘，未能相持，誠易制爾」〈實邊〉，是勝負高下之勢，實爲顯明。

然竟以漢天子昏庸不仁：

古者天子守在四夷，自彼氐羌，莫不來享，普天思服，行葦賴德，況近我民，蒙禍如此，可無救乎？〈救邊〉

一人吁嗟，王道爲虧，況滅沒之民百萬乎？《書》曰：天子作民父母。父母之於子也，豈可坐觀其爲寇賊之所屠剝，立視其爲狗豕之所噉食乎？〈邊議〉

公卿怔忪無能：

端坐相似，不明脩守禦之備，陶陶閒澹，臥委天時，羌獨往來，深入多殺，已乃陸陸，相將詣闕，諧辭禮謝，退云無狀，會坐朝堂，則無憂國哀民懇惻之誠，苟轉相顧望，莫肯違正，日晏時移，議無所定，已且須後，後得小安，則恬然棄志，旬時之間虜復爲害，軍書交馳，羽檄狎至，乃復怔忪如前，若此以來，出入九載，庶曰式臧，覆出爲惡，佪佪潰潰，當何終極。〈救邊〉

將帥傾側巧文：

典兵之吏，將以千數，大小之戰，歲十百合，而希有功，歷察其敗，無他故焉，皆將不明於變勢，而士不勸於死敵也。〈勸將〉

將帥皆怯劣軟弱，不敢討擊，但坐調文書，以欺朝庭，實殺民百則言一，殺虜一則言百，或虜實多而謂之少，或實少而謂之多，傾側巧文，要取便身利己，而非獨憂國之大計，哀民之死亡也。〈實邊〉

太守令長奴怯畏偄：

太守令長，皆奴怯畏愞，不敢討擊，故令虜遂乘勝自彊，破州滅郡，日長炎炎，殘破三輔，覃及鬼方，若此，已積十歲矣，百姓被害，訖今不止。〈邊議〉

故羌人雖爲「草創新叛散亂之弱虜」、「自至之小寇」〈勸將〉，竟「不能擒滅，輒爲所敗」〈勸將〉，王符曰：

雲烝霧起，合從連橫，掃滌并涼，內犯司隸，東寇趙魏，西鈔蜀漢，五州殘破，六郡削迹。〈勸將〉

永初羌亂，後雖平定，然如范史所言，「府帑空竭，延及內郡，邊民死者，不可勝數，并涼二州，遂至虛耗。」《後漢書．西羌傳》王符安定人，蒿目時艱，身罹羌患，故其盱衡時勢，所指訐揭露之言，誠鞭辟入裡，刻劃入微，不獨可與范史所記相參驗，尤爲東漢羌亂干戈不息，朝庭食祿素餐，細民民不聊生之至最印證。

第三節　殫見洽聞，提供至當不移之建言

范史謂王符無外家，夙爲鄉人所賤，又以性情耿介不同於俗，不得升進，故「志意蘊憤」、「著書以譏當時失得」《後漢書．王符傳》、《潛夫論》指訐時短，文雖波瀾老成，暢快淋漓，然王符實非隱憂深恨，若無所容者，其良工心苦之意，固在力挽狂瀾於將倒，故揭露時弊之餘，其體大思精之建言，尤多鉤深致遠之旨而不可忽也。

就政情而論，東漢天子昏庸無能，戚宦結黨營私，結爲勢力網罟，王符有見於此，故首揭櫫「國以民爲基」〈邊議〉之民本主張，並以天意制約君權，並使君權受限於等同天意之民意，其言曰：

帝以天爲制，天以民爲心，民之所欲，天必從之。〈遏利〉

「順天心者，必先安其民」、「民安樂則天心順，民愁苦則天心逆」〈本政〉，是民以君爲天之傳統舊習，王符則易之爲君以民爲天矣，王符此論，雖不脫迷信色彩，然民之主體性，固彰彰在焉。

君既以民爲天，故君之職責所務，非以役民，乃在「誅暴除害，利黎元也。」〈班祿〉故「安民」、「利民」、「富民」、「教民」，實爲君王所當務，倘「結怨於下民，獲罪於上天」，則「惡既積禍既成，豈有不顛隕者哉？」〈思賢〉，能顛隕者誰？上天云云，實爲虛假，王符釋之曰：

「人行之動天地，譬猶車上御駟馬，蓬中擢舟船矣，雖爲所覆載，然亦在我，何所之耳。」〈本訓〉

復以「天工，人其代之」〈本訓〉驗之，則能顛隕者，實質爲民耳。故王符曰：「國之所以爲國者，以有民也。」〈愛日〉民之爲政治主體，正以此故。

民既爲主體，則君王天子「其利雖重」、「其威雖大」〈明忠〉，然此似爲主體之主體，實非主體，即或有主體（握有治權），亦屬局限，蓋民方爲主體也。而天子局限主體之有無，王符又以天子之明闇說之，兼聽則明，明則有之；偏信則闇，闇則無有，蓋「聽塞於貴重之臣，明蔽於驕妒之人，故天下潰叛，莫得聞也。」〈明闇〉而爲求天子之聽斷以明，王符遂提供系列之建言，如：兼聽納諫於臣僚，訪詢謠言於民氓，所謂「務下言以招外敬，納卑賤以誘賢也。」〈明闇〉而後天子以識見才智斷之，庶幾可以「舉無遺失，而政無廢滅」〈潛歎〉；他若「思正以出令」〈衰制〉、「明操法術，自握權秉」〈明忠〉亦爲必要，此似於法家而實與法家有異，蓋王符此意，「貴勢而不尚獨斷，尚法而

不崇尊嚴，任術而不貴陰謀」（註一二），故實不可以酷嚴少恩視之，又招賢、納賢尤爲天子聽斷公正之至要法門，《潛夫論》中，〈思賢〉、〈賢難〉、〈潛歎〉諸篇所載，皆是此意，所謂賢，王符嘗以恕平恭守四本、仁義禮信四行稱之，「四本並立，四行乃具，四行具存，是謂眞賢。」〈交際〉而漢世以位命賢，以族舉德，純以閥閱爲先者，實非選賢至論之淑眞，「此亦遠於獲眞賢矣。」〈論榮〉又王符論賢，亦不以求全兼備、私心自用爲是，尤痛賢者「忠信未達，爲左右所鞫按，當世而覆被，更爲否愚惡狀之臣者，豈可勝數哉？」〈明忠〉故招賢納賢之事，尤以實選爲先，「得臣以選爲本，選舉實則忠賢進，選虛僞則邪黨貢，選以法令爲本，法令正則選舉實，法令詐則選虛僞。」〈本政〉此正王符所謂「得賢之術」、「進賢之實」〈潛歎〉之實質步驟，而天子所以能聽斷以公者，正由於此。

國以民爲基，天子因民而有明闇威侮，官吏何嘗不然？故王符於官吏任事，除倡言專職分工，所謂「名自命而號自定，群臣所當盡情竭慮，稱君詔」、「有號者必稱於理，典名者必效於實」〈考績〉外，而爲求其陳力就列，不營私交爭，則俸祿固須足以養優，王符以爲如此方能「官政專公，不慮私家，子弟事學，不干財利」、「君任德而不陷，臣養優而不隘，吏愛官而不貪，民安靜而彊力」〈班祿〉，而官吏之考課、監察二事，王符尤以爲加強行政效率，行政管理之必要手段，蓋考課所重在考課百官、舉荐人才，「群僚師尹，咸有典司，各居其職，以責其效，百郡千縣，各因其前，以謀其後，辭言應對，各緣其文，以覈其實，則奉職不懈，而陳言者不得誣矣。」〈考績〉；監察所講求者，則在察舉非法、糾劾違失，如「顯行賞罰以明善惡，嚴督牧守以擒姦猾」〈述赦〉：二者於官場之整飭，實可以互爲表裏，而「居官任職，則無功效」〈敍錄〉之東漢政治積弊，即可因而斷絕。

次就經濟情勢言之，經濟問題常伴隨政治問題而生，又常爲社會問題產生之淵藪，故學者志士於探究人生哲學、政治思想之際，固不能於經濟問題漠然視之。兩漢之際，畸形經濟現象叢生，貧富兩極對立之異常，日趨嚴重，王符之前，若賈誼、晁錯、董仲舒、司馬遷、桑弘羊、耿壽昌、桓譚、王充、班固諸人，各有議論，而王符《潛夫論》所記述者，不特有可以補前修未密之憾，其後出轉精之勝，實尤可稱道。

王符針對東漢經濟衰頽之情勢，深諳「民危而國安者誰也？下貧而上富者誰也？」之理，故其論民富而國富，王符遂有異於前賢之建言。

其一爲農工商並重，王符之前，崇本抑末之方式，容或而有不同，而重農輕商之動機，則無二致。然以實際言之，農作工具之進步，實有賴於手工業之發達，農耕產品之流通，又非商賈不能爲之，故工商業之進步發達，實與農桑本業息息相關，故農工商三業，王符多視之爲富民富國之本業，王符曰：

夫富民者，以農桑爲本，以游業爲末，百工者，以致用爲本，以巧飾爲末，商賈者，以通貨爲本，以鬻奇爲末，三者守本離末則民富，離本守末則民窮。〈務本〉

而所謂末業者，端視其有無實用、有無俾益於國計民生計之，王符曰：

今民去農桑，赴游業，披采眾利，聚之一門，雖於私家有富，然公計愈貧矣，……今工好造彫琢之器，飾巧僞之端，以欺民取賄，雖於姦工有利，而國計愈貧矣，……今商競鬻無用之貨，極淫侈之弊，以惑民取產，雖於淫商有得，然國計愈失矣。〈務本〉

唯因農工商末業盛行，故東漢諸多畸形經濟現象，諸如：奢侈消費、土地兼併、游民蠭起、商業都市繁華、農村破產等，遂因之而行，故王符以爲爲政者，當「明督工商，勿使淫僞，困辱游業，勿使擅利，寬假本農，而寵遂學士，則民富而國平矣。」〈務本〉此不獨可以縮短貧富差距，削減兩極對立，且可以強化農工商之正常發展，尤有助益於整體經濟與歷史文明之進化，而王符經濟主張之傑出，正以此也。

又農工商雖爲並重，惟因農業人口居多，以農立國夙爲吾國傳統，故王符特重視農業之發展，其所提供之具體步驟，如：開墾土地、重視人地比、移民實邊等，均有其一定之價值，而尤其吐屬不凡者，則爲「日力」之說。

王符以爲農業生產之績效，誠與勞動時間之有無多寡相關，「穀之所以豐殖者，以有人功也，功之所以能逮者，日力也。」〈愛日〉「日力」不獨可以衡量經濟效益之大小有無，王符並將「日力」此一抽象概念，轉化爲具體之生產計量單位，並以之檢算「民廢農桑而守之辭訟告訴，及以官事應對吏者」〈愛日〉，得出家國之損失，實爲驚人，蓋一日之間，以廢十萬人計，則以「一人有事，二人護餉」〈愛日〉核之，則「是爲日三十萬人，離其業也」〈愛日〉，而以中農之家一人之力，足可贍養七人計之，「則是歲二百萬口，受其饑也。」〈愛日〉他如因徭役煩重而造成農民之損失，方術迷信如反支卜筮等之荒誕誤事，即可以此推而知之，姑不論精準若何，王符此說，實前人所未及，亦爲其經濟主張之尤特殊卓絕處也。

若論社會主張，王符又嘗以東漢社會充斥功利財富，浮華虛假爲憂，蓋以功利相倡，則人不獨不好學，即或肯學，亦多「好語虛無之事，爭著彫麗之文」〈務本〉，故於人文化成之義，所謂「孝悌之原，忠正之眞，綱紀之化，本途之歸」〈賢難〉，實昏憒無知，而擅游業末作，無事生非之輩如〈浮侈〉所言者，固比比皆是，至若人際交接，唯利是圖，故詐騙欺紿，又何所無之？而虛假浮華成風，則上層如政界、學界，下層如細民百姓者，或競言讖緯，弋獵聲名，故面牆學術，不識臧否；或沈迷方術，狎於卜筮，乃至街巷有巫，閭里有祝，故王符遂有建言三事，以爲整飭社會習俗秩序之助。

其一曰明贊學術：王符指稱之學術，實以孔門經典爲宗，所謂「文之以《禮》、《樂》，導之以《詩》、《書》，幽贊之以《周易》，明修之以《春秋》」〈讚學〉，蓋王符殫精盡慮，以爲索道於當世，實莫有善於經典者，「此先聖之所制，先聖得道之精者，以行其身，欲賢人自勉，以入於道」〈讚學〉，學者「從師就學，按經而行，聰達之明，德義之理，亦庶矣」〈讚學〉，復以師友之化導，積漸之努力，自可以成就理性思維，而後無入而不自得，「聰明無蔽，心智無滯，前紀帝王，顧定百世」、「學問聖典，心思道術，則皆來覯矣。」〈讚學〉王符嘗言事理如有心所不能解之者，實可以理性思維解之，亦猶目之有所不能見者，「及設盛燭，則百物彰矣」〈讚學〉，王符所稱人之所以可貴者，固即在此。故君子之出處進退，自有分寸界度，諸如讖緯迷信、方術伎倆、乃至冀企赦贖以行僥倖……

……等如《潛夫論》中所例舉諸多畸形社會行爲，均可以此破除之。

其二曰崇尚德化：王符所以恆言此者，蓋學術之事，王符承荀子積漸之旨，屬之爲外鑠之事，「君子者，性非絕世，善自託於物也」、「人之情性，未能相百，而其明智，有相萬也，此非其眞性之材也，必有假以致之也。」〈讚學〉所假之物，即外鑠之學也；而德化之事，則爲中庸民內在修養所必須，「莫大於道，莫盛於德，莫美於教，莫神於化」、「道者所以持之也，德者所以苞之也，教者所以知之也，化者所以致之也。」〈德化〉王符並以恕平恭守四本，仁義禮信四行爲內容，正心、愼微、反省爲步驟，以求明義利而知榮辱，「財賄不多，衣食不贍，聲色不妙，威勢不行，非君子之憂也，行善不多，申道不明，節志不立，德義不彰，君子恥焉」〈遏利〉、「雖有天下，不足以爲重，無所用，不足以爲輕，處隸圉，不足以爲恥，撫四海，不足以爲樂」〈論榮〉，而修己而後安人，乃爲德化之終極目的，故王符嘗總之曰：

舉世之人，咸懷方厚之情，而無淺薄之惡，各奉公正之心，而無姦險之慮，則義農之俗，復見于茲，麟龍鸞鳳，復畜于郊矣。〈德化〉

是崇尚德化之功效，固可與明讚學術相輝映矣。

其三曰加強法治：法治之於王符，雖不以其能「興大化而升太平」〈本訓〉，然論治國安國，法治固有補強德化不足以獨治之消極功能，「君子之有喜怒也，蓋以止亂也，故有以誅止殺，以刑禦殘。」〈衰制〉而杜絕姦吏妄爲，「吏之所以無姦者，官有法」〈衰制〉；防止姦亂橫行，「凡立法者，非以司民短而誅過誤，乃以防姦惡而救禍敗，檢淫邪而內正道爾」〈德化〉；護衛善良，「立法之大要，必令善人勸其德而樂其政，邪人痛其禍而悔其心」〈斷訟〉凡此積極之功能，尤爲衰亂之世所急須者。

法治功能既如此之鉅，而東漢司法機關之組織、司法官吏之編制、司法訴訟之程序，不可不謂完備，乃竟「正士懷冤結而不得信，猾吏崇姦宄而不痛坐」〈愛日〉者，實因司法執行之方式手段不公之故，故王符復闡明司法施行之要旨，如：賞罰應公正公開、賞厚罰重、罕赦贖等，此皆爲至當不易之論，以《後漢書．循吏傳》所述徵之：若和帝時，王渙爲功曹時，即「當職割斷，不避豪右」，後爲兗州刺史，「繩正部郡，風威大行」；仇覽爲蒲亭長，爲制科令，子弟有「剽輕游恣者，皆役以田桑，嚴設科罰，躬助喪事，賑恤窮寡，朞年稱大化」；順帝時，第五訪拜護羌校尉，「邊境服其威信」；桓帝時，劉寵爲會稽太守，「簡除煩苛，禁察非法，郡中大化」；則王符之所以崇尚法治，固不待多言矣。

末就羌亂而論，東漢邊患，以羌亂最爲凶暴，《潛夫論》中，〈勸將〉等四篇所記，雖僅限於安帝永初年間之羌亂，然此十餘年間之傷害，范史嘗謂：「府帑空竭，延及內郡，邊民死者，不可勝數，并涼二州，遂至虛耗。」《後漢書．西羌傳》類此搖動數州之境，日轉千金之資之禍，正與王符所稱：「五州殘破，六郡削迹，周迴千里，野無孑遺，寇鈔禍害，晝夜不止，百姓滅沒，日月焦盡」〈救邊〉相合。邊患酷痛如此，王符既羞於天子公卿之昏憒無能，將帥郡守之怯懦畏懼，復深痛百姓流亡之泯沒焦盡，而隴西四郡之徙移內遷，漢吏彊驅劫略之酷，王符以爲尤在羌敵之上，故雖不得升進，王符猶以漢庭棄邊退守之議，乃不知脣亡齒寒之理，「欲先自割，以便寇敵，不亦惑乎？」〈救邊〉故期期以爲不可，而公卿朝議又有以爲煩費不可，久耗不足勝供者，王符復譏之曰：「今但知愛見薄之錢穀，而不知未見之得民心也，知徭役之難動，而不知中國之待邊寧也。」〈邊議〉故視漢庭上下之庸駑散漫，王符除譏之曰：「痴兒騃子，尙云不當救助，且待天時，用意若此，豈人也哉？」〈邊議〉爲求一勞永逸，故王符復獻戰守之三策：勵武征戰、愼選將帥、移民實邊是也。蓋以兵巧之械、甲士之多、守列城而據利勢，故漢軍非不能戰，要在愼選將帥而已，「苟惟基序，或私親戚」〈勸將〉如鄧騭、任尙之徒，絕不可使典兵官，宜選「踔躁豪厚，越取幽明，材明權變」〈勸將〉者，此因有非常之人，方能定非常之事，見非常之功也，又移民實邊，亦爲禦羌之上計，除可益種五穀，充羡戶口，以禦羌人外，又可以解除內郡、邊郡人地比不均之窘困。蓋王符之議，實已合國家經濟利益與戰略考量爲一，惜乎漢庭未能明見於此，而國祚遂與羌亂相終始，然則謂王符所議論者，殫見洽聞，至當不移，孰曰不宜？

合而言之，王符論東漢政經情勢，容或有其局限，如論政治，誠難脫離董仲舒天人感應之束縛；論經濟，則兩漢土地之兼幷，王符論之實嫌疏略；論社會，則方術卜筮之迷信色彩，亦未足全然消除，論羌亂，則仍以寇讎視之，未見以仁德化撫之意；然王符以平民百姓之代言自居，針對東漢諸般時弊，其揭露之廣，諷刺之深、批判之烈，建言之誠，在在均呈現具體之步驟與理論基礎，雖不能力挽狂瀾，然視其書爲觀見東漢風政之至要之獻，則《潛夫論》固有其不可磨滅之價値在。清乾隆甲戌年，李方泰重刻是書，並有序曰：「夫先生一布衣耳，而又丁漢室之衰，非有豐功偉烈，足以耀當時而垂後世也。而度遼一迎，榮流當代，昌黎一贊，名炳儒林，夫豈無所修爲，而令人愛慕一致此歟？」《潛夫論箋·附錄二》榮流當代、名炳儒林二語，不獨說明書生道義之可貴，亦正足爲王符一生志行之寫照矣。

【附註】

註一　參見胡楚生先生〈王符思想中一基本觀念「人道曰爲」之解析〉一文，載《潛夫論集釋》附錄三；徐蓀銘〈王符「人道曰爲」的主觀能動思想〉一文，載中國文化月刊第一一四期。

註二　參見金發根先生〈王符生卒年歲的考證及潛夫論寫定時間的推論〉，文載中央研究院歷史語言研究所集刊四十本下冊。

註三　參見王義鑫〈關于王符游學洛陽及其師承問題的初步考察〉，文載安徽大學學報（哲學社會科學版）一九八八年第一期。

註四　參見侯外廬編《中國思想通史》第二卷第十二章。

註五　參見《日知錄》。

註六　參見羅彤華《漢代的流民問題》，第四章第六節。

註七　杜佑《通典·職官典》卷三十六記後漢官秩差次：「都計內外官及職掌人十五萬二千九百八十六人。」

註八　參見王步貴《王符思想研究》第六章。

註　九　參見胡楚生先生《潛夫論校釋．遏利》注一。又劉文英曰：「據不完全統計，全書直接舉出五經《論語》、書名和完整引用其語錄者達一三七次，其中引《詩經》四十四次，引《尚書》二十二次，引《周易》經傳二十九次，引《禮記》三次，引《春秋》經傳二十次，引《論語》十九次，至於「德輶如毛」、「爲仁由己」之類的詞句或短語，簡直俯拾即是。」《王符評傳》第二章。

註一〇　參見劉文英《王符評傳》第二章。

註一一　見馬總《意林》卷三，王仁俊《經籍佚文》疑此爲《潛夫論》佚文。

註一二　見王步貴《王符思想研究》第七章，同章王氏又曰：「同韓非的權、術觀比較起來，王符的權、術思想要溫和的多，通情達理的多，反映在他的法治思想上是嚴肅、深沈，而不是殘酷無情，玩弄權術，以求達到損人利己的目的。」

參考書目

專書部份

十三經注疏　藝文館景阮刻本

韓詩外傳考徵　賴炎元　臺灣師大

左傳會箋　竹添光鴻　廣文書局

經學通論　皮錫瑞　萬有文庫本

史記會注考證　瀧川資言　藝文印書館

漢書　唐顏師古注　仁壽本廿五史景南宋福唐郡庠本

漢書補注　清王先謙　藝文印書館景虛受堂本

後漢書　唐章懷太子注　仁壽本廿五史景南宋福唐郡庠本

後漢書集解　清王先謙　藝文印書館景虛受堂本

三國志集解　盧　弼　藝文印書館

晉書斠注　劉承幹吳士鑑　仁壽本廿五史景南宋福唐郡庠本

資治通鑑	元胡三省注	啓明書局景明刻本
讀通鑑論	明王夫之	里仁書局
漢記	漢荀悅	四部叢刊景明本
十七史商榷	清王鳴盛	叢書集成本
廿二史考異	清錢大昕	叢書集成本
廿二史劄記	清趙翼	世界書局
國語	吳韋昭注	讀未見書齋重刻天聖明道本
水經注	後魏酈道元注	四部叢刊景武英殿本
三輔黃圖		古今逸史本
通典	唐杜佑	臺灣商務印書館
通志	宋鄭樵	臺灣商務印書館
漢制考	宋王應麟	叢書集成新編本
文獻通考	元馬端臨	臺灣商務印書館
東漢會要	徐天麟	國學基本叢書本
國史舊聞	陳登元	大通書局
秦漢史	呂思勉	開明書局

秦漢史　翦伯贊　中國圖書刊行社
秦漢史　林劍鳴　上海人民出版社
秦漢史論稿　邢義田　東大圖書公司
劍橋中國秦漢史　崔德瑞魯惟一編　中國社會科學出版社
漢晉學術編年　劉汝霖　長安出版社
荀子集解　清王先謙　世界書局
陸賈新語　漢魏叢書本
賈誼新書　子彙本
春秋繁露義證　蘇輿　河洛圖書出版社
鹽鐵論　林振翰校釋　國學基本叢書本
白虎通德論　漢魏叢書本
潛夫論箋　清汪繼培箋彭鐸校正　中華書局
潛夫論集釋　胡楚生　鼎文書局
王符與潛夫論　劉紀華　世紀書局
王符思想研究　王步貴　甘肅人民出版社
王符評傳　王步貴　陝西人民教育出版社

王符評傳　劉文英　南京大學出版社
全上古三代秦漢三國六朝文　清嚴可均輯　中文出版社
王函山房輯佚書　清馬國翰輯　廣林出版社
中論　漢徐幹　國學基本叢書本
老子校釋　朱謙之　世界書局
莊子纂箋　錢　穆　開明書局
墨子集解　張純一　文史哲出版社
韓非子集釋　陳其猷　世界書局
商君書解詁　朱師轍　世界書局
管子校正　清戴望　國民基本叢書本
呂氏春秋集釋　許維遹　世界書局
論衡校釋　黃　暉　臺灣商務印書館
風俗通義　漢魏叢書本　新興書局景印
顏氏家訓彙注　周法高　台聯國風出版社
原鈔本日知錄　清顧炎武　明倫出版社
兩漢思想史　徐復觀　學生書局

學術與政治之間	徐復觀	中央書局
兩漢思想史	祝瑞開	上海古籍出版社
中國法律與中國社會	瞿同祖	里仁書局
中國封建社會	瞿同祖	里仁書局
中國心性論	蒙培元	學生書局
中國社會政治史	薩孟武	三民書局
中國政治思想史	蕭公權	華岡出版社
秦漢法律史	孔慶明	陝西人民出版社
兩漢土地問題研究	鄒紀萬	臺大文史叢刊
氐與羌	馬長壽	上海人民出版社
漢代豪族研究—豪族的士族化與官僚化	劉增貴	自印本
先秦兩漢經濟史稿	李劍農	華世出版社
秦漢賦役制度研究	黃金言	江蘇教育出版社
中國歷史上的重本抑末思想	張守軍	中國商業出版社
中國封建社會史論	侯外廬	谷風出版社
中國經濟史資料	傅筑夫王毓瑚編	中國社會科學出版社

漢代的流民問題	羅彤華	學生書局
漢代西北屯田研究	劉光華	蘭州大學出版社
秦漢賦役資料輯錄	馬怡唐宗瑜編	山西經濟出版社
漢代的巫者	林富士	稻香出版社
漢代社會性質研究	楊生民	北京師範學院出版社
漢代婚喪禮俗考	楊樹達	上海文藝出版社
漢代婚姻形態	彭　衛	三秦出版社
漢代婚姻制度	劉增貴	華世出版社
漢代厚葬風氣之研究	丁筱媛	自印本
兩漢赦宥制度考察	陳宗乞	自印本
中國知識階層史論	余英時	聯經出版事業公司
中國古代行政立法	蒲　堅	北京大學出版社
中國人口史	趙文林謝淑君	人民出版社
中國農民戰爭史（秦漢卷）	朱大昀主編	人民出版社
中國農民戰爭史（秦漢卷）	孟祥才	湖北人民出版社
先秦漢魏晉南北朝詩	逯欽立纂輯	學海出版社

論文部份

東漢幾個政治家的思想　容肇祖　國立第一中山大學語言歷史研究所週刊第一集第二期

潛夫論中的五德系統　顧頡剛　史學集刊第三期

王符的生平、著作及其基本概念　賀凌虛　書目季刊第十二卷第一、二期合刊

王符生平卒年歲的考證及潛夫論寫定時間的推論　金發根　中央研究院歷史語言研究所集刊第四十本下冊

王符的人才觀　王鑫義　安徽大學學報（哲學社會科學版）一九八二第二期

王符的人口思想　程紹珉　蘭州大學學報（哲學社會科學版）一九八四第三期

王符宇宙觀的二元論傾向分析　周乾溁　天津師大學報一九八六第四期

王符經濟、政治、哲學思想論略　朱紹侯　河南大學學報（哲學社會科學版）一九八七第一期

王符的无神論傾向及其思想特色　劉文英　蘭州大學學報（社會科學版）一九八七第二期

關於王符游學洛陽及其師承問題的初步考察　王鑫義　安徽大學學報（哲學社會科學版）一九八八第一期

王符「人道曰爲」的主觀能動思想　徐蓀銘　中國文化月刊第一一四期

王符人性思想發微　王步貴　蘭州學刊一九八九第三期

《潛夫論》與漢代經學　劉文英　孔子研究一九九四第三期

陰陽五行學說究源　戴君仁　大陸雜誌三十七卷第八期
中國中古賢能觀念之研究　毛漢光　中央研究院歷史語言研究所集刊第四十八本第三分
漢魏的浮華士風　胡守為　學術研究一九八三第一期
漢末批判思潮與人文主義哲學的重建　蒙培元　北京社會科學一九九四第一期
論漢代的內朝與外朝　勞　榦　中央研究院歷史語言研究所集刊第一八本
漢代的豪彊及其政治上的關係　勞　榦　慶祝李濟先生七十歲論文集
漢代察舉制度考　勞　榦　勞榦學術論文集甲編
兩漢刺史制度考　勞　榦　勞榦學術論文集甲編
關於漢代官俸的幾個問題　勞　榦　國立臺灣大學文史哲學報第三期
漢代尚書的職任及其和內朝的關係　勞　榦　中央研究院歷史語言研究所集刊第五十一本第一分
兩漢選舉制　鄒文海　廈大學報第二集
漢代郡府之功曹與督郵　嚴耕望　大陸雜誌第六卷第一期
漢代地方官吏之籍貫限制　嚴耕望　中央研究院歷史語言研究所集刊第二十二本
漢代地方行政制度　嚴耕望　中央研究院歷史語言研究所集刊第二十五本
漢代郡國「守」「相」的權責　楊樹藩　大陸雜誌第十五卷第一期
東漢的選舉　韓復智　楊雲萍教授榮休紀念論文集

關於秦郡和兩漢州部　譚其驤　復旦學報一九八二第五期
兩漢任子問題之探討　廖曉晴　遼寧大學學報一九八三第五期
關於漢代的宦官　蕭璠　中國歷史論文集
兩漢宦官考　馬良懷　中國史研究一九八七第一期
東漢在政治上對宗室的限制與利用　岳慶平　山東師大學報（社會科學版）一九八七第二期
漢代的案比和上計　程敦復　楊州教育學院學報一九八七第一期
漢代俸祿制度的特點　羅慶康　湖南師範大學社會科學學報一九八七第一期
漢代案比制度的淵源及其流演　錢劍夫　歷史研究一九八八第三期
漢代的上計制度　張桂平　北京師範學院學報（社會科學版）一九八九第一期
漢代郡政府行政職能考察　陳長琦　暨南學報（哲學社會科學）第十五卷第四期
秦漢經濟史資料㈠手工業　馬非白　食貨半月刊第二卷第八期
秦漢經濟史資料㈢農業　馬非白　食貨半月刊第三卷第一期
秦漢經濟史資料㈤人口及土地　馬非白　食貨半月刊第三卷第三期
秦漢社會的土地制度與農業生產　許宏休　食貨半月刊第三卷第七期
兩漢的租稅制度　黃君默　食貨半月刊第三卷第七期
秦漢經濟史資料㈦租稅制度　馬非白　食貨半月刊第三卷第九期

漢代的雇傭制度　勞榦　中央研究院歷史語言研究所集刊第二十三本上冊
戰國秦漢間重農輕商之理論與實際　谷霽光　中國社會經濟史集刊第七卷第一期
從四民月令看東漢大地主的田莊　邱漢生　歷史教學一九五九年十一月號
論漢代抑商政策的實質　高敏　蘭州大學學報一九六三年
秦漢賦稅制度考釋　高敏　秦漢史論集
秦漢時期的重農思想蠡測　高敏　秦漢史論集
秦漢的徭役制度　高敏　中國經濟史研究一九八七第一期
試論東漢時期的封建莊園　何天明　內蒙古師大學報一九八四第一期
中民之家和兩極分化－秦漢社會解剖之一　蘇誠鑒　安慶師院學報（社科版）一九八八第三期
論漢代的民貲的登記及有關問題　傅舉有　中國經濟史研究一九八八第三期
漢代的古典借貸關係　秦暉　中國經濟史研究一九九〇第三期
關於漢代高利貸的幾個問題　劉秋根　中國經濟史研究一九九一第四期
漢代豪民私債考評　王彥輝　中國史研究一九九四第四期
秦漢的流民和豪族　孫如琦　浙江學刊一九九三第三期
中國奴隸制度　梁啓超　清華學報第二卷第二期

東漢的豪族　楊聯陞　清華學報第十一卷第四期
兩漢戶籍與地理之關係　勞　榦　勞榦學術論文集甲編
東漢末期的大姓名士　唐長孺　中華學術論文集一九八一
伏無忌所記東漢戶口數字之檢討　馮承基　大陸雜誌第二十七卷第二期
傳統家族試論　杜正勝　大陸雜誌第六十五卷第二、三期
論漢代家庭的自然構成與等級構成　黃金山　中國研究史一九八七第四期
試論漢代婚姻關係中的禮法觀念　劉增貴　中國婦女史論集續集
兩漢復仇盛行的原因　周天游　歷史研究一九九一第一期
漢代薄葬論的歷史背景及其意義　蒲慕州　中央研究院歷史語言研究所集刊第六十一本第三分
東漢宗族組織試探　張鶴泉　中國史研究一九九三第一期
東漢羌亂的檢討　陳致平　中興評論第三卷第八、九期
兩漢的羌患　闞鎬曾　國立政治大學學報第十四期
漢代的羌族　管東貴　食貨月刊（復刊）第一卷第一、二期
漢代處理羌族問題的辦法的檢討　管東貴　食貨月刊（復刊）第二卷第三期
東漢至西晉初期（西元二五－二八〇）中國境內游牧民族的活動　金發根　食貨月刊（復刊）第十三卷第九期

論古代羌人與藏族的歷史淵源關係　格　勒　中山大學學報一九八五第三期

論東漢羌人起義　劉光照韋世明　民族文史論集一九八五

東漢對西羌長期作戰的原因與教訓　趙　明　中國史研究一九九四第一期